Enrique Rojas

LOS LENGUAJES DEL DESEO

vivir mejor

Enrique Rojas

LOS LENGUAJES DEL DESEO

Claves para orientarse

en el laberinto de las pasiones

temas'de hoy.

Colección: VIVIR MEJOR

Paseo de Recoletos, 4. 28001 Madrid
www.temasdehoy.es
Diseño de colección: Pep Carrió y Sonia Sánchez
Diseño de cubierta: Rudesindo de la Fuente y Germán Carrillo
Fotografía de cubierta: Getty Images
Fotografía del autor: Cortesía de *Horizontes*
Primera edición: abril de 2004
ISBN: 84-8460-334-2
Depósito legal: M. 13.951-2004
Compuesto en J. A. Diseño Editorial, S. L.
Impreso en Lável, S.A.
Printed in Spain-Impreso en España

ÍNDICE

A mi hermano Luis: modelo de identidad.
Tus lenguajes me seducen, con el pensamiento te retengo.

1. ¿Se puede educar el deseo?

EL VOCABULARIO DEL DESEO

A lo largo de este libro iremos utilizando una serie de conceptos cuyo significado preciso sería conveniente aclarar antes que nada. Se trata de términos como educar, desear, querer, aspirar, buscar, sentir y muchos otros que, pese a la banalización del lenguaje cotidiano, son de una enorme importancia para el desarrollo del ser humano. Vayamos por partes.

Educar es introducir en la realidad con amor y conocimiento. Educar es convertir a alguien en persona. La educación es la base para edificar una trayectoria personal adecuada. Etimológicamente significa «acompañar» y «extraer», pero es algo más: educar es cautivar con argumentos positivos, entusiasmar con los valores, seducir con lo excelente. Esto implica comunicar conocimientos y promover actitudes. En resumen, la educación es una suma de información y formación. Educar no es sólo impartir ciertas materias, como literatura o contabilidad, sino preparar a una persona para que viva su vida de la mejor manera posible. La educación correcta incluye reglas de urbanidad y convivencia, hábitos positivos para no ser sujeto masa, anónimo e impersonal, así como valores morales.

Si la educación es la estructura del edificio personal, la cultura es la decoración. La primera enseña a nadar para no verse arrastrado por las mareas de todo tipo que amenazan al ser humano; la segunda enseña a vivir. La cultura es la estética de la inteligencia. Hablamos ya de un nivel superior, que empuja a caminar hacia unos objetivos verdaderamente dignos. Por eso la cultura es libertad, el espesor del conocimiento vivido, lo que queda después de olvidar lo aprendido.

Educación y cultura forman un entramado de influencias recíprocas, con fronteras difusas y linderos mal definidos. De ahí que, a la hora de ocuparnos del deseo, sea preciso hacer una serie de matizaciones previas. El deseo es la tendencia del pensamiento y de la conducta que proporciona alegría o que termina con algún tipo de sufrimiento. El deseo consiste en apetecer algo que depende de sensaciones exteriores. Hay unos mecanismos que se disparan de forma más o menos inmediata y que empujan en una dirección determinada. Hay ejemplos clarificadores, como los instintos o las tendencias básicas, el hambre, la sed, la sexualidad, etc. El deseo es apetito, una inclinación que impulsa a la acción.

El deseo es cosa característica del vivir hacia delante del ser humano: en él se basa esa proyección hacia el futuro que es la dimensión más viva de nuestra existencia. Cicerón introdujo la doctrina de las pasiones fundamentales dividiéndolas en dos clases: los bienes, que pueden ser presentes (alegría) y futuros (deseo); y los males, que también pueden ser presentes (tristeza) y futuros (temor o más bien, como diríamos hoy, ansiedad).

La teoría se puede completar indicando que hay deseos que dependen de uno mismo, mientras que otros están más relacionados con las circunstancias. Si cada uno de nosotros es un haz de deseos —ya que son tantas las cosas hacia las que corremos— es importante poner en claro cuáles son las que de verdad interesan y posponer las otras. La persona superior, la que se sabe gobernar, no debe dejarse llevar por las pasiones, sino que las domina y controla. La administración inteligente del deseo es propia de los que tienen una visión panorámica de la realidad. Levantan la mirada y ven más allá de lo que aparece delante de sus ojos.

Hay otra palabra próxima cuyo significado conviene precisar. Me refiero al término querer, que en el lenguaje coloquial se suele confundir con desear. Querer es verse motivado a hacer algo que nos mejora y nos eleva hacia planos superiores. El querer brota de vivencias más profundas que el deseo. Entra de lleno en este ámbito la voluntad, esa pieza clave que nos hace capaces de renunciar a lo inmediato por lo lejano, capacidad para aplazar la recompensa próxima buscando bienes de mayor calado. La voluntad es la capacidad de elegir, y elegir es anunciar y renunciar. El que elige correctamente apuesta por cosas que tardarán en llegar, pero cuya posesión será más enriquecedora. Esto complica las cosas, porque requiere un mayor grado de madurez. Querer es tener determinación, y por eso necesita del apoyo de una voluntad firme, templada en la lucha y el esfuerzo. Hay una nota característica de este concepto: buscar, es decir, intentar conseguir algo con ánimo firme, resuelto, y poner todos los medios posibles para alcanzarlo.

En la práctica desear y querer aparecen mezclados, como veremos en otro capítulo de este libro. Sin embargo, en la teoría es bueno distinguirlos, para saber qué terreno estamos pisando. Es precisa una mirada cartesiana sobre la realidad tumultuosa que nos asedia, por estar inmersos en una sociedad de consumo que trata de vendernos un producto detrás de otro, creándonos necesidades que realmente no tenemos.

Tanto el desear como el querer buscan la felicidad, pero los caminos son distintos y los medios ofrecen recortes y matices rescatados de esfuerzos continuados. La felicidad es un resultado, la consecuencia de lo que hemos ido haciendo con nuestra vida. Siguiendo este curso de ideas, la felicidad es un sentimiento de equilibrio entre lo que hemos querido y lo que hemos conseguido, entre los objetivos y los resultados, entre los sueños juveniles y las metas conquistadas.

Los antiguos contemplaban la vida desde dos puntos de vista: ocio y negocio. El ocio permite saborear la existencia, lo humano y sus derroteros. El negocio está lleno de esfuerzo por alcanzar un cierto nivel de vida, un determinado bienestar, a través de un trabajo profesional concreto. La felicidad busca un territorio intermedio entre ambos. Hay en esa travesía toda una ingeniería de la conducta que cada uno debe saber diseñar.

Es más fácil desear que querer. Desear es más superficial e inmediato; querer es más profundo y lejano. El deseo va al corto plazo, con mirada fragmentada. El querer va al largo plazo, con una visión alargada, extensa, espigada, que se sitúa en los aledaños del futuro.

¿Qué es lo que hace que apuntemos hacia esa dirección, qué es lo que nos arrastra? Sentirnos motivados por lo que nos interesa. La motivación es la representación anticipada de la meta, todo lo cual conduce a la acción. A través de la motivación nos sentimos empujados a realizar algo valioso que hemos elegido. El problema está en saber cómo fomentar la voluntad para buscar lo que uno quiere, cuando hay otros muchos deseos que nos sacan del camino emprendido y nos distraen del sendero que conduce a la meta. ¿Cómo no cansarse cuando el objetivo, que es bueno y valioso, está lejos, tardará en llegar y es costoso ya de entrada? Yo daría la siguiente respuesta: teniendo claro lo que uno quiere, concretando al máximo su contenido y evitando la dispersión; y a continuación, sabiendo hacer atractiva la exigencia. Esto se logra mirando siempre fijamente al horizonte de las ilusiones del porvenir, poniendo una mirada inteligente, sublimando esfuerzos, no dándose uno por vencido cuando las cosas van mal o aparecen el cansancio y las dificultades, creciéndose uno ante los problemas con una fortaleza que se va haciendo rocosa. Ese es el método: la educación del deseo, que iremos describiendo en los capítulos siguientes.

Los esfuerzos y las renuncias de ahora tendrán su recompensa. Sólo el que sabe esperar es capaz de utilizar la voluntad sin recoger frutos inmediatos. La vida feliz aspira a desarrollar de forma equilibrada el proyecto personal, cuyo envoltorio es la ilusión y cuyo contenido está habitado de amor, trabajo y cultura.

El hombre actual está cada vez más perdido. Nunca había tenido tanta información sobre tantos temas y, al mismo tiempo, nunca había flotado sin asidero como en los tiempos que corren. Veo a mucha gente que no hace pie en lo fundamental en nuestros días. Y es que los modelos de identidad que nos presentan los grandes medios de comunicación social son cada vez más pobres, menos sólidos. Pueden tener una nota sorpresiva de entrada, pero poca consistencia de salida. Pensemos en los cantantes, los artistas folclóricos, los futbolistas, los presentadores de televisión y, en general, muchos de los que aparecen en los grandes medios de comunicación, en especial en la televisión. Si los vemos y analizamos en la cercanía, se nos desmoronan enseguida. La televisión fabrica personajes famosos sin fondo. No perdamos de vista la diferencia entre la fama y la popularidad, entre tener una consistencia o, simplemente, ser conocido.

La educación es ante todo educación de los deseos. Pensemos en el sexo convertido en un bien de consumo, de usar y tirar, sin casi ningún componente afectivo y de compromiso personal, que convierte esas relaciones en algo anónimo y vacío. La sexualidad consumista no busca al otro, sino el cuerpo del otro como objeto de placer. Igual ocurre en todos los aspectos del consumismo: tener y acumular como meta.

Hoy en día los educadores se las ven y se las desean para transmitir valores. La vida ejemplar sigue siendo una lección abierta, pero los medios de comunicación las silencian y sólo los buscadores de tesoros las encuentran. Hay que ir más allá de las apariencias, del ruido que hacen los que comunican, perforar superficies y encontrar allí ingredientes valiosos.

Los valores son bienes y realidades positivas que merecen un aprecio general: realidades estimables. En la filosofía clásica se hablaba de «los universales»: el bien, la verdad, la belleza, la unidad. Son cualidades esenciales que no son un medio, sino fines en sí mismos. Miran al ser humano con amor y aspiran a un cierto ideal que es una mezcla de categoría, exquisitez, maestría, calidad humana y culminación de lo que puede llegar a dar de sí la condición humana.

Hoy asistimos a una cierta dictadura de la mediocridad: exaltación de lo vulgar, presentación hasta la saciedad de personajes vacíos y sin ningún tipo de mensaje, lucha contra cualquier tipo de excelencia. Y en consecuencia los deseos y las formas de querer que inspiran son de una gran pobreza. El primer gran comunicador es la televisión, sobre la que según parece no hay control ni gobierno que valga: casi todo lo que toca la televisión se convierte en banal. Ante tal situación hay que alimentarse de otros modelos, y la lectura nos ayuda a buscar personajes auténticos, prototipos ideales, verdaderos espejos en los que mirarse, paradigmas que sirvan de norte, unos pasados y otros de mayor actualidad.

Querer es la mejor manera de descifrar la realidad, esa pirotecnia de propósitos concretos que, al reducirse a unos pocos, aterrizan en objetivos claros, que nos seducen con su carisma y están bien delimitados. El que no sabe lo que quiere no puede ser feliz. Si utilizamos la voluntad, lo iremos consiguiendo, porque su sombra es larguísima y sus frutos sabrosos.

EL DESEO ES UNA MIRADA

Vamos recorriendo el perímetro de la palabra deseo, que nos lleva por parajes afectivos en los que los caminos se funden y luego se abren y se hacen más explícitos. Sorteemos las dificultades lingüísticas que nos salen al paso. *Desear es pretender algo con ímpetu y fogosidad, con un enorme interés que nos lleva a su conocimiento, deleite o pertenencia.* Esta definición tiene varias notas que conviene entresacar:

1. Hay un *anhelo*, una aspiración, una pretensión que es vivida con fuerza, como un viento impetuoso que nos

lleva en esa dirección casi como un imán. Este aspecto externo es muy importante. Es una fuerza que nos lleva como tirando de nosotros, a conocer, a sentir y a obrar[1].

2. Puede significar el *conocimiento* de algo que despierta en nosotros una pasión destacada: entender algo, adentrase en sus entresijos. Puede ser un tema literario, un segmento de la historia, un tipo de música, una persona... Podríamos decir que tiene unos perfiles más intelectuales, en principio, que los otros aspectos que a continuación mencionaré.
3. *Deleite* es placer, goce, disfrute, gusto por aquello que se ha alcanzado tras el estímulo del deseo. Produce una mezcla de contento, alegría, felicidad y, a la vez, descanso. Pensemos en las tendencias más primarias del ser humano: la comida, la bebida, la sexualidad; o aquellas otras más secundarias: afectivas, intelectuales, profesionales, familiares, etc. El deseo de placer es bueno siempre que esté orientado hacia el mejor desarrollo de la persona, y es malo cuando anula la libertad o deshumaniza. Hay cuatro tipos esenciales de placeres: del *cuerpo*, de lo *psicológico* en sentido amplio, de lo *social* y de lo *espiritual*. La distinción conceptual entre unos y

[1] Spinoza en su *Ética* definía el deseo como «el apetito con conciencia de sí mismo es la esencia misma del hombre en cuanto es concebida como determinada a hacer algo, en virtud de una afección cualquiera». Uno se ve arrastrado, pero no como el animal, que al estar dirigido por los instintos es incapaz de negarse. El ser humano percibe ese tirón, esa fuerza motriz, pero es capaz de transformarlo, sublimarlo, encauzarlo de otra manera, darle la vuelta al argumento presionador. Tal es la finalidad de la educación y de la cultura, en primer lugar, y de la ética, que de alguna manera procede de las dos anteriores.

otros está bastante clara, aunque en la realidad de cada vida, unos y otros se superponen y tienen áreas y territorios de confluencia[2].

4. Aparece ahora la *posesión*. Poseer algo es saber que eso es de nuestra propiedad, que nos pertenece, que somos dueños de eso, que está de alguna manera a nuestra disposición, salvo que se trate de personas.

El deseo y el placer forman un edificio común. La planta baja del deseo lleva al piso de arriba, que es el placer; la escalera que los comunica es la imaginación. El deseo va antes, actúa como estímulo. No se puede vivir sin deseos. Precisamente los depresivos se mueven en un estado de indiferencia

[2] La felicidad es estar contento con uno mismo al analizar los resultados del *proyecto de vida* que cada uno debe desarrollar. Lo que diferencia a unas personas de otras es la jerarquía de valores del proyecto. Ahí es nada. Teniendo unas parecidas condiciones de salida, en una misma familia, uno va viendo las trayectorias tan diversas en esos cuatro planos: unos ponen el máximo empeño en lo corporal (pensemos en la obsesión por la imagen, la pasión desordenada por la cirugía estética, por la búsqueda de sexo desvinculado, etc.); otros en lo psicológico (la obsesión por los libros de autoayuda sin asimilar de verdad su contenido, los cursos de psicología a granel para encontrarse a uno mismo, etc.); otros en lo social (desde personas que están aisladas, sin comunicación, pasando por aquellas otras que viven entregadas a unas relaciones sociales epidérmicas con el único objetivo de codearse con los famosos, pasando por aquellos sumergidos en una timidez excesiva que les lleva a evitar y/o aplazar las relaciones interpersonales por miedo al fracaso...); y otros en lo espiritual (aquí el espectro también se alarga: desde la carencia de ideales propia del hombre *light,* a la ausencia de una formación moral de cierta solidez, hasta el moderno *new age* o religión a la carta, el nihilismo del vacío interior del hombre postmoderno y tantas otras posibilidades). Cada uno es hijo de su proyecto personal. Se retrata con sus contenidos. La vida es el arte de combinar estos cuatro argumentos, de los cuales a su vez se desgajan matices, pliegues y gamas que dan una gradación multicolor al resultado de nuestra travesía biográfica.

que conocemos con el nombre de *anhedonia:* incapacidad o grave dificultad para sentir placer o buscarlo. Lo que antes gustaba y apetecía, ahora se desdibuja y no mueve a su búsqueda. Luego esta experiencia entra dentro de la patología[3], aunque no podemos perder de vista que el único ser capaz de negarse placeres y gozos es la persona, que tiene una mirada que va más allá de lo que se puede ver y observar.

El deseo está lleno de promesas. Es la tierra prometida, el porvenir de muchas esperanzas agolpadas y galopantes que deben ser atendidas a su tiempo, ordenándolas de alguna manera, aunque un cierto desorden forma parte de su idiosincrasia, del imán que nos traslada hacia su búsqueda. *La palabra deseo tiene magia, embeleso, un tono embriagador y hechicero que nos seduce y fascina.* Y eso significa fuerza de arrastre, un empujón que nos dirige hacia esa meta que asoma en el horizonte personal.

EL BUEN GOBIERNO DEL DESEO

La historia de las distintas concepciones sobre la felicidad es muy rica y tiene matices y vertientes diferentes, pero de algún modo puede resumirse en una serie de ingredientes que se

[3] Todo tiene sus matices. Los místicos pueden aproximarse a esa cierta indiferencia en lo material, pero hipertrofiando lo espiritual. San Juan de la Cruz, en su libro *Dichos de luz y de amor,* dice: «Niega tus deseos y hallarás lo que desea tu corazón». Esto parece en sí mismo una contradicción, pero a la luz de la fe emerge la aspiración divina como máximo anhelo; y aquella otra: «El que de los apetitos no se dejare llevar, volará ligero como el ave a la que no le falta pluma»; o «Escoge para ti un espíritu robusto no asido a nada y hallarás dulzura y paz en abundancia, porque la sabrosa y durable fruta en tierra fría se coge» (*Obras completas*, BAC, Madrid, 1973, p. 15, 23 y 41).

han ido repitiendo a lo largo de los siglos. Este es el objetivo universal y omnipresente. En definitiva: la felicidad es el fondeadero en el que echar el ancla. Hemos de responder de entrada el *qué* (contenidos) y el *cómo* (el modo, el procedimiento) de la felicidad. Aristóteles, en su *Ética a Nicómaco,* dice que «la felicidad es el fin de todos los actos».

El *helenismo* es posterior a Sócrates, Platón y Aristóteles y corresponde a un periodo larguísimo que va desde el siglo IV a. C al IV d. C. En esta época el griego se hace cosmopolita gracias a la expansión propiciada por Alejandro Magno (que murió en el año 323 a. C.), y aparecen las grandes bibliotecas, como la de Alejandría. También surgen la Academia, los liceos peripatéticos y distintas escuelas de pensamiento. *La filosofía pasa entonces del amor a la sabiduría, a convertirse en el arte de saber vivir y de buscar la felicidad.* Cambio notable de orientación. En este periodo aparecen cuatro escuelas que nos ofrecen su perspectiva sobre la felicidad:

1. El *epicureísmo*. Su fundador nace en Samos en el año 345 a. C., pero se establece después en Atenas y crea el grupo de los llamados «filósofos del jardín», ya que se instalan en el jardín de su casa y allí desarrollan sus debates, pretendiendo bucear en el secreto de la felicidad. Epicuro la concebía como *placer*. Analiza las sensaciones como criterio de verdad y validez objetivas; y las representaciones mentales, como percepciones archivadas en la memoria y de una enorme importancia. Para él los sentimientos de placer y dolor tienen una función superior, siendo *el placer el principio de la felicidad:* el máximo placer consiste en la supresión del dolor, es la tranquilidad del alma, la carencia de sufrimiento que debe conquistar mediante un instrumento, la *virtud*, que nos

ayudará a valorar los distintos placeres. Dice Epicuro: «No sufrir dolor en el cuerpo, ni turbación en el alma. [...] Pero ni todo dolor es un mal, ni todo placer es elegible... Conviene juzgar todas estas cosas con cálculo; el sabio, frente a la necesidad, sabe más dar que tomar; éste es su tesoro». Es una gran aspiración la que sigue esta corriente: no depender de las cosas externas. Un discípulo de él, Crisipo, lo expresa de manera más tajante: «El sabio es indiferente a la vida y a la muerte, a la gloria y a la ignominia, al placer y al dolor, a la riqueza y a la pobreza, a la salud y a la enfermedad; ha de despreciar todo lo humano, excepto la sabiduría».

2. Otra escuela importante es la de los *estoicos*, llamados así porque desplegaron su tarea docente en un pórtico (*stoa*, en griego) decorado con pinturas de Polignoto. Su figura inicial más destacada fue Zenón, y su rastro duró casi cinco siglos (del III a. C. al II d. C). Tiene como principales representantes a Séneca, Marco Aurelio y Epicteto. Para ellos la felicidad se alcanza mediante la *virtud*, siendo su principal aspiración el conseguir *ser imperturbable*. Séneca, en su libro *Sobre la felicidad*, subraya que para conseguirla es preciso vivir según la naturaleza y obrar según la razón. Todas las virtudes están conectadas unas con otras, y el más feliz es el que sabe mejor armonizarlas. Pero la virtud no es innata, debe conseguirse mediante un esfuerzo y «no necesita de la concupiscencia ni del placer, ni de ningún otro de los bienes materiales». «El sumo bien es la felicidad armónica del alma.» Repite con insistencia: «Es feliz la vida según la virtud. [...] La felicidad es una actividad conforme a la virtud». Ningún animal debe ser tratado con más arte que el ser humano, artesanía que lleva a sacar lo mejor

de su persona, y en este sentido toda la tónica senequista brilla con luz propia, instalada en la siguiente atalaya: el arquetipo del sabio no es el que se queda impasible ante los hechos de la vida, sino el que se autodomina y llega a ser *señor de sí mismo*.

3. El *escepticismo* se basa en la ausencia de cualquier tipo de verdad, en un radical desprecio de principios ontológicos. Según esta escuela hay que mirar no los criterios objetivos, que no existen, sino los subjetivos, y estos dependen de la posibilidad del obrar. Se aterriza así en la *epoché*, que es la suspensión de todo juicio sobre la realidad. Toda razón se opone a otra de igual valor, por ello es imposible dibujar ningún tipo de dogma o principio esencial.
4. Finalmente nos encontramos con los *eclécticos*. Son los que integran todas las posturas, dándole a cada una de ellas su propio espacio. El representante más destacado es Cicerón (106-44 a. C.), quien dijo: «Todos estamos movidos por el vivo deseo de ser felices, pero el alma del sabio no es movida por el deseo, ni arrastrada por el placer. [...] Es libre porque no es esclavo de sus deseos». Llega incluso a decir que para tocar la felicidad «hay que suprimir el deseo».

Todas las teorías sobre la felicidad pueden inscribirse (esquematizando mucho el tema) dentro de dos polos contrapuestos: *la felicidad por el deseo, el placer, el bienestar y el nivel de vida*, en un lado; y por *la virtud, la renuncia, la paz interior en el control de uno mismo y la ascética y la austeridad*, en otro. Son dos estilos entre los cuales cabe un abanico de posibilidades y matices que se engarzan entre la *satisfacción del deseo* y el *afán de renuncia*.

Hablaría yo en este momento de mi recorrido por la *aspiración a la felicidad por la resta*. Se trata no de sumar y sumar cosas, sino de ser cada vez más feliz con menos cosas. La libertad interior consiste en necesitar cada vez menos, no crearse uno necesidades, ni acumular cosas, sino más bien almacenar sabiduría para desenvolverse mejor en la travesía personal, sorteando dificultades con ese acopio de conocimiento. Cada edad tiene unos deseos específicos de felicidad[4]. El niño va descubriendo la vida, y cuando tiene un juguete necesita romperlo para descubrir qué hay en su fondo. Luego la imaginación va fabricando escenarios según la forma de madurar de cada uno. El adolescente sueña con sus paraísos y el joven habla de *cuando sea mayor,* dándonos así una respuesta de lo que es la ilusión: la anticipación gozosa de algo que se anhela y que se representa en la mente como satisfactorio.

La transición de la secuencia de los deseos cambia con el paso del tiempo. En la adolescencia el sexo tiene un enorme tirón; en la primera juventud, lo profesional y sus cotas; en el hombre maduro, el dinero y el poder; en la persona madura (y sensata), la búsqueda de la coherencia y la integridad; en la recta final de la vida, la paz, que a esas alturas es serenidad y benevolencia.

El deseo tiene un carácter universal. Su despertar trae la marea de un contenido concreto. Desear algo es normal, sano, está inscrito en la naturaleza humana. Lo malo es la obsesión o el dejarse arrastrar por un deseo cuyo final no es bue-

[4] La edad cronológica es un invento administrativo de los romanos. La edad psicológica es privada y depende de las ilusiones por cumplir. Esto nos lleva a la conclusión de que la edad emocional no depende de los años, sino de la óptica personal, y por ese paisaje asoman los deseos con el vigor de cada tiempo y circunstancia.

no. De ahí la importancia de ir consiguiendo una *mirada inteligente* que sepa ver más allá de las apariencias, que descubra la conveniencia o no de esa presión que pide abrirse paso entre un enjambre de solicitudes diversas. *El deseo puede volverse impaciente, febril, apasionado, devorador... Puede escorarse hacia la avidez ansiosa, voracidad sobre la que se pierde el control.* Hay una frontera huidiza en ese pasadizo psicológico que puede llevar a una forma progresiva de autodestrucción. Lo que diferencia un proyecto de vida de otro es la administración inteligente del deseo. Saber mirar por elevación, otear el futuro personal y evaluar la conveniencia del mismo, es lo importante. Seguir el derrotero del deseo inadecuado puede ser malo, porque anula la libertad y uno se pierde inducido por su carga.

El deseo es tetradimensional: biológico, psicológico, cultural y espiritual. Valoraremos estos planos de la existencia más adelante, pero podemos adelantar que el deseo tiene su carga genética, aunque procede de unas preferencias personales complejas en las que naturaleza, cultura y espiritualidad han ido formando un fondo, un rescoldo de vivencias que se van depositando, dejando cada una, con sus ramificaciones, una impronta. El deseo va de lo congénito a lo adquirido, formando un mapamundi propio que es reflejo de la biografía. Por eso su clasificación puede ser interminable, el cuento de nunca acabar. *El deseo de felicidad tiene en el ser humano propiedad y sentido;* no ocurre lo mismo en el animal, que no tiene capacidad para elaborar un proyecto personal. *El deseo es anhelo, presión, inmediatez en la gran mayoría de las ocasiones, búsqueda de algo que aspira a su satisfacción.* Es un impulso motor que debe ser regulado con la inteligencia, la afectividad y la voluntad; tres bastiones esenciales que tienen en cada individuo matices y connotaciones particulares y que dan lugar a una rica gama de personalidades.

El ser humano tiende a complicar sus deseos. Una vez cubiertas las necesidades primarias, uno prefiere un buen vino, con cuerpo y estructura, que un vino vulgar poco elaborado; otro busca más la comida sabrosa y exenta de grasas, una dieta sana pero de calidad; otro prefiere ilustrarse y saber con qué criterios cuenta para salir adelante en nuestra sociedad; el sujeto primario va detrás del sexo, la comida y la bebida de forma urgente, rápida, simple, con escaso control de sí mismo; la persona secundaria valora las consecuencias de su conducta y sopesa sus resultados, sin precipitarse; el que va detrás del dinero, con un deseo ávido de enriquecerse, puede ocurrir que nunca se pare a pensar para qué quiere tener tanto y a dónde va a llegar de ese modo... Y así sucesivamente.

Cubiertas las necesidades básicas, la conducta serpentea por territorios de calidad y cantidad. Los deseos más ligados a lo biológico pueden llegar a cansar e incluso, con el paso del tiempo, producen hastío, saturación, hartazgo; por eso deben dosificarse de forma adecuada. Los deseos más ligados a las otras tres esferas (psicológica, cultural y espiritual) resulta más difícil colmarlos, pues tienen un fondo que no se llena fácilmente, se modifican, se asocian con otros formando una mixtura *sui generis*, escogen un vericueto preciso y piden y reclaman novedades, pero ayudan al encuentro con uno mismo. Pensemos en el *anhelo de excelencia:* ir a lo mejor, alcanzar las cotas más altas a las que puede llegar una persona. Este camino se vuelve interminable, y si uno se fija metas precisas, se da cuenta entonces de los posibles avances que va logrando. Algo parecido sucede con el *deseo de saber:* pensemos en lo difícil que es dominar una disciplina, y esto va desde los vinos o los tipos de peces, hasta la historia, la literatura o la psiquiatría. Los conocimientos se van ampliando y aparecen los generalistas y los especialistas. Estos últimos se dedican tan sólo a una parte, ante la imposibilidad material de abarcar todo lo que confluye dentro de ese sector de estudio. Pensemos en la *sabiduría* en el sentido clásico del término: saber vivir y tener talento, ilustración, formación erudita y experiencia de la vida y lucidez para actuar, que dan como síntesis una especie de madurez compacta. Ese *deseo de sabiduría* siempre se queda corto, porque su geografía es proteiforme y se desdobla en planos diversos. *Una persona sabia está cerca de la felicidad.* A medida que una persona sabe más, descubre lo que le queda por conocer, y de ese modo tiene una mayor conciencia de su ignorancia; el inculto, el que está poco preparado y escasamente leído, no se plantea esto. Al contrario: su desconocimiento le hace atrevido.

El deseo como posesión de cosas materiales, puede volver al ser humano ansioso, pues la oferta en un mundo consumista es inagotable. Por eso, si se sigue ese camino, lo que ocurre es que se van sustituyendo unos objetos por otros, cada vez más sofisticados, o bien la necesidad de la novedad se pone en primer plano. Es casi lo opuesto al *deseo de amor,* afán que nunca se colma, pues tanto el amor humano como el divino siempre tienen un fondo precario, desde Tristán e Isolda, Abelardo y Eloísa, Romeo y Julieta... Se espera de ellos más de lo que realmente pueden dar. Y en el amor divino, el hombre es deudor, por eso desfallece a pesar de su grandeza, como nos cuentan santa Teresa de Jesús, san Juan de la Cruz, Edith Stein, etc.

La felicidad es un estado de ánimo personal e intransferible, de alegría y paz, como resultado de lo que es la vida hasta un momento determinado. No es algo objetivo, porque entonces sólo se podría medir a través de las cosas externas o materiales que se poseen, y la felicidad no se encuentra ahí. Es evidente que se requieren unas *condiciones mínimas materiales* de salida, que tengan cubierto lo esencial de cualquier ser humano. Por eso todo intento de concretar demasiado los bienes de la felicidad es complicado.

Mi fórmula de la felicidad, lo he comentado ya, consiste en *una cierta madurez de la personalidad* como puerta de entrada, y después *la vida como proyecto* con tres grandes notas en su seno: *amor, trabajo y cultura*. Estas dimensiones, con sus ramificaciones correspondientes, exploran y analizan cómo va la felicidad de alguien.

DEL DESEO A LA FELICIDAD

Los distintos ámbitos de la felicidad son interminables[5]. No acaba uno de nombrarlos nunca. Su extensión es tan amplia, sus matices son tantos, que a medida que uno avanza en el análisis, parece que no ha abordado casi nada, es como si constantemente se empezara de nuevo.

[5] El tema de la felicidad es un pozo sin fondo. No ha perdido actualidad y por mucho que se estudie su contenido, hay cuestiones que siempre quedan al margen y matices que requieren su aclaración. La bibliografía es inmensa. Dos psicólogos de distinta orientación han publicado textos muy sugerentes: M. Argyle, *The psichology of happiness*, Mathuen, Londres, 1987; M. Seligman, *Authentic happiness*, Knopf, Nueva York, 1993, este último conductista. P. Bruckner, *La euforia perpetua*, Tusquets, Barcelona, 2001, que acentúa el deber de ser feliz que invade la sociedad de nuestros días. H.G. Culter, *The art of happiness*, Riverhead, Nueva York, 1998; A. da Re, *L'etica tra felicitá e dovere*, EDB, Bolonia, 1986.

Hay algunos textos de autores en español verdaderamente sugerentes: quizá el mejor según mi opinión es el de Julián Marías: *La felicidad humana,* Alianza, Madrid, 1986, en donde encontramos muchas de las mejores

Ahora bien, partiendo del deseo hay que ensayar una definición. Muchas veces oímos que alguien le dice a otra persona: «Lo tienes todo para ser feliz y, sin embargo...»; otro dice: «Qué feliz sería si...» ¿Qué falta entonces para ser feliz, en una persona que no carece de casi nada material? ¿Qué piedra filosofal necesita? ¿Dónde está la clave? La respuesta no es fácil darla de forma tajante, pero yo diría: *la felicidad consiste en el arte de vivir;* lo que no hemos alcanzado es *saber vivir* y hacerlo como seres humanos, racionales y afectivos. Y eso necesita arte y oficio, talento y aprendizaje. Montaigne lo decía en sus *Ensayos*: «Nos enseñan a vivir cuando la vida ya ha pasado». Sucede con frecuencia esto en los grandes temas de la vida[6].

El deseo es carencia de aquello que se anhela. Generalmente apreciamos más aquello que no tenemos que lo que poseemos. En *El banquete,* Platón cuenta la celebración, durante la primavera, de un premio de poesía otorgado a Agatón; entre los comensales están Sócrates, el propio Platón y un nutrido grupo de destacadas personalidades de su tiempo, y se propone un tema de conversación: el amor. Y dice Sócrates: «Amor es el deseo de engendrar en la belleza». Deseo es lo

páginas de su autor. También el de G. Fernández de la Mora, *Sobre la felicidad,* Nobel, Oviedo, 2001, libro lleno de sugerencias, culto, con una *weltanchaung* excelente y un recorrido histórico muy completo. Además, F. Savater, *El contenido de la felicidad*, Aguilar, Madrid, 1986; el libro de J.M. Delgado, *La felicidad*, Temas de Hoy, Madrid, 1986. Y J. Muñoz, *Filosofía de la felicidad*, Anagrama, Barcelona, 1977. No olvidemos que la gran mayoría de los pensadores han escrito sobre la felicidad contemplando ángulos y vertientes diferentes.

[6] En el amor se observa esto a menudo: cuando el amor llega suele ser ciego, pero cuando se va es muy lúcido. Conocer tarde es no conocer. El ignorante de las grandes materias de la vida es como el que no ve. Se entera del contenido de la existencia demasiado tarde.

que no se posee. *El hombre es un animal descontento*. Por eso la felicidad es como llenar de agua un cesto de mimbre: todo se escapa por las rendijas. *La felicidad es un ideal, una utopía, un concepto maravilloso que está en la imaginación y que rara vez se alcanza*. Es un rincón de brisas suaves por el que uno transita de forma pasajera; una mirada serena sobre nuestra propia vida, en la que hay amor y perdón a uno mismo, alegría y aceptación tranquila de los resultados conseguidos hasta ese momento. *La felicidad es un icono que sintetiza nuestros haber y debe biográficos, nuestro arqueo de caja personal*. A la vez no hay que olvidar que ningún paraje más o menos positivo se gana para siempre.

El amor humano resulta difícil de mantener bien estructurado, pero el desamor está casi a la vuelta de la esquina. El contenido de la felicidad es tan complejo, tiene tantos matices y recovecos, que muy a menudo presenta deficiencias. El primer argumento que sustenta la vida personal, hoy menospreciado, es el concepto de *pareja*. En la actualidad ésta se entiende como relación más o menos esporádica que puede durar o no y que se defiende como algo transitorio, que si se rompe no pasa nada. Simplemente se inicia otra relación y adelante, lo importante es ir cambiando de cónyuge hasta que uno encuentra a la persona con que realmente puede convivir. Esta forma de pensar es inconsistente y le da al *proyecto personal* un tono frívolo en uno de sus guiones más decisivos.

El deseo amoroso es preferencia, elección, aspiración deliberada que escoge y selecciona a otra persona. En lo emocional se mezclan la pasión, el ardor, la inclinación sexual y la presión más o menos inmediata que empuja en ese sentido. *El vocabulario personal de la afectividad necesita uno tenerlo claro, distinguiendo la seda del percal*, sabiendo discernir la apariencia de la realidad. En este terreno actúan distinciones sugerentes que nos abren el entendimiento y lo iluminan[7]. Igual que los buenos abogados ganan muchos pleitos por cuestiones de matiz, distinguir lo aparente de lo real, en este campo en el que ahora nos movemos, no es baladí.

Dice Spinoza en su *Ética* que «el deseo es la esencia mis-

[7] Aquí subrayaría yo viejos matices que es bueno traer a la memoria, en forma de pares: *ver y mirar, oír y escuchar, desear y querer*. *Ver* se refiere al sentido de la vista y capta la apariencia de las cosas que contemplamos; percibimos gracias a la acción de la luz. Es una sensación, en la que no hay advertencia intelectual ni consciente. En el *mirar* hay una tarea más precisa y concreta, ya que fijamos la atención, observando con detenimiento algo, una persona, un paisaje, un animal en su medio natural, una cosa: mirar es calibrar los detalles; hay cuidado, aprecio, detención reposada frente a lo que tenemos delante de los ojos. El lenguaje coloquial es muy expresivo en este sentido: «Mira lo que haces; mirar por una persona; se mira en él como en un espejo».

Oír es percibir sonidos que alguien dice o emite; es la sensación auditiva. Así: «Como el que oye llover; ver, oír y callar; ¡oiga!». Esta última como fórmula para llamar la atención y que a uno le hagan caso. *Escuchar* viene del latín *auscultare*: «aplicar el oído». Es prestar atención a lo que alguien dice, con la inteligencia y la voluntad prontas. En castellano antiguo se refiere al *centinela,* que de noche vigila los movimientos del enemigo, para acechar con cautela sus pasos; también existía la «ventana pequeña» de palacio, para que los monarcas pudieran escuchar a su gusto las advertencias de sus consejeros o súbditos.

Desear (éste es nuestro tema, por arriba y por abajo) es anhelo, ganas, pulsión, inclinación hacia algo que apetece; es la *epithymia* de los griegos: deseo básico. Y también *concupiscencia* o tendencia hacia algo que aparece física o mentalmente y que busca satisfacciones primarias. Se puede expresar también como: «me gusta, lo necesito, busco eso ahora». Disposición que activa la conducta con un cierto tono inmediato. Es pretender algo con el mundo de los sentimientos y las emociones en primer plano. En cuanto a *querer,* es pretender conseguir algo con la voluntad por delante. Hay una elección sosegada, hay determinación, firmeza en el objetivo y conocimiento de las consecuencias que tiene esa conducta; todo tiene un tono mediato.

Las tres distinciones van de la superficie a la profundidad.

ma del hombre». Ser feliz será tener lo que uno deseó, al menos en un primer momento. *El deseo es «carencia de»*. Lo que ya poseemos ha dejado de vivirse como presión o inmediatez de la acción hasta conseguir ese algo. Mientras deseamos lo que nos falta sentimos anhelo por ello, la esperanza de alcanzarlo.

Por este derrotero yo formularía la siguiente proposición: *la felicidad es un estado de ánimo de alegría y paz, en el que uno se da cuenta de que hay una buena relación entre lo que ha deseado y lo que ha conseguido*. Este es el punto adonde quería llegar: *la felicidad es un sentimiento que es a la vez gozo y serenidad por haber logrado un resultado positivo con el proyecto personal, trenzado de amor, trabajo y cultura*. Hay una cierta plenitud en la exploración que se lleva a cabo con uno mismo, siempre con la nota clara de la limitación que tiene cualquier obra humana.

Para el materialismo la felicidad está muy relacionada con el dinero, el placer, el poder o las fórmulas más recientes de *bienestar* y *nivel de vida*. Todo queda de ese modo reducido a bienes materiales. Son muchos los que, teniéndolo casi todo, no son felices o incluso son muy desgraciados. ¿Qué les falta a esas personas, qué necesitan para ser felices? *La felicidad consiste en hacer algo que merezca la pena con la propia existencia, algo grande según las posibilidades y tipo de vida de cada uno*. Cada uno es el protagonista de sus pasos.

A eso se le debe llamar *saber vivir:* gestionar los grandes asuntos de forma positiva, correcta, equilibrada, como seres humanos, con una reflexión previa. Es más importante saber pensar que sentir. Hoy se da una cierta exaltación de lo sentimental, que se desliza en ocasiones hacia un sentimentalismo de escasa solidez. Saber vivir implica un pensamiento operativo, no quedarse en la mera hipótesis de lo que uno debe hacer. Se trata de reinsertar la fortuna en el proyecto[8], porque siempre sucederán avatares y vicisitudes, altibajos y retrocesos que nos saquen de la dirección trazada, dejándonos a veces en la cuneta de nuestras principales aspiraciones. *La felicidad consiste en tener una vida completa, coherente, en la que los deseos hayan salido bien o hayan fracasado, pero que por encima de todo tracen un hilo de fondo que lo enlace todo: un sentido de la vida.* Eso es lo que descubrimos los psiquiatras al perforar la superficie de una biografía. Voy a ser más apasionado en mis palabras: *hay que hacer de la propia vida una pequeña obra de arte.* Por ahí nos topamos de frente con el castillo de la felicidad, su puente levadizo nos abre sus compuertas. Soy un artista, modesto, bien es cierto, pero trabajo con artesanía cada uno de los planos que tejen la urdimbre de mi vida. *La felicidad consiste en un arte de vida tejido de sencillez y complejidad, de pequeñeces y grandezas, que aúna capacidad de superación, rectificación y mirada en lejanía.*

Tratamos de encontrar ese sentido personal que lo hilvana todo, incluso cuando los temas más íntimos se deshilachan. Sentido de la vida quiere decir lo siguiente:

1. Ante todo *dirección:* se apunta hacia una meta, hay un objetivo hacia el que se dirigen nuestros pasos, saltando por encima de las dificultades de dentro y de fuera.

[8] La felicidad está más ligada al futuro que al pasado, es una forma de mirar al porvenir. En la visión retrospectiva, la felicidad es aquel estado en el que nada falta, todo está presente y la paz es su eje y la alegría, su motor.

2. También quiere decir *significado:* lo que se hospeda dentro de la persona, la realidad última de sus actos. La motivación que empuja a hacer esto y no aquello. Todo tiene un *sentido,* incluso cuando el sufrimiento aparece justo donde más daño puede hacer. Por esos valles y quebradas se otea la razón de ser de una persona.
3. Además tiene que haber *coherencia,* es decir, la pretensión de que entre la teoría y la práctica, entre lo que se piensa y lo que se hace, haya una buena relación. Una vida coherente está a las puertas de la felicidad. La conexión de los argumentos del proyecto personal mantiene una buena relación, está proporcionada. En suma, el sistema que uno ha elaborado tiene cohesión o, dicho en otros términos, se dan dentro de él el menor numero posible de contradicciones internas. La coherencia permite descubrir las articulaciones íntimas y sus estrechas relaciones.

Cuando la vida tiene un sentido uno es menos vulnerable, tiene más fortaleza. Las incertidumbres y riesgos no significan siempre fragilidad. Una vida con norte, con capacidad para cerrar las heridas, que sabe perdonarse y pasar las páginas emborronadas de los errores propios y ajenos, está en el buen camino. Por eso uno quiere ser feliz. Actuar bien es humano, descubre los valores que no pasan y hace que el ser se mueva por el empedrado de la ética: *el arte de vivir con dignidad humana.*

Cuando la vida carece de ese sentido, está siempre amenazada, en peligro. Cuando se pierde el sentido de la vida, se penetra en una especie de *malversación de la existencia*, corriendo detrás de los deseos más primarios, que fustigan con la inmediatez de lo que apetece en cada circunstancia. Rectificar es de sabios y volver a empezar es propio de personas fuertes. La ingeniería de la conducta entra en revisión.

LOS DESEOS Y LA REALIDAD

Esta es la ecuación a la que debemos mirar. La realidad es la verdad de cada uno. Con sus apartados y divisiones: es nítida y penetrante. A través de ella vemos la *verdad* y la *libertad*, las cuales están estrechamente relacionadas y determinan la impronta de la conducta, no encontrándose esto en el reino animal. Conocer nuestra relación con la verdad es una vieja aspiración de la filosofía. Cada vez tenemos más información de las más diversas ramas, jamás el ser humano ha sabido tanto como en la época actual. La verdad es la evidencia de algo que tiene una serie de correspondencias, unas objetivas (empíricas, físicas) y otras subjetivas (interiores, metafísicas). Si no existiera el concepto de verdad, si negáramos su existencia, todos los discursos sobre el hombre serían iguales y no habría diferencia entre una persona sana y una que tiene un delirio o es paranoica; resultaría ser del mismo calado una alucinación que una percepción normal. La razón de la sinrazón a la palestra.

Por eso la verdad debe iluminar la inteligencia y templar la voluntad. Ella remite a las preguntas fundamentales de la existencia. La crisis en torno a la palabra verdad nos lleva de la mano al relativismo. *La libertad depende directamente de la verdad.* La verdad sobre la persona lleva a descubrir cuál debe ser su pretensión, a dónde va, a qué aspira, por qué se mueve en esa dirección. Si los deseos no están ordenados a la larga según la verdad, en vez de ayudar al ser humano le perjudican, no le enriquecen sino que lo deterioran por dentro. El tema rebasa los límites de lo que ahora puedo plantear, pero el lector interesado debe beber en fuentes diáfanas[9].

Freud decía que los contenidos del sueño apuntan hacia «la realización de los deseos ocultos». Los deseos van buscando, como si se tratara de una aspiración latente, lo perdido, aquello que debería habitarnos y, por las razones que sea, ha huido de nosotros. Son como mitos, con una cierta indeterminación, que se disparan en un momento dado. Descartes en su *dualismo* nos pone de manifiesto la imagen del hombre como cuerpo y alma, el primero sujeto a las leyes naturales y el segundo a las leyes histórico-culturales; los fenómenos biológicos se *explican* (se descubren en ellos sus relaciones de causa-efecto), los psicológicos se *comprenden* (se pueden captar en ellos relaciones de sentido).

Zubiri, en su libro *Naturaleza, historia, Dios*, define al hombre como «animal de realidades». Condenado, por otro lado, a enfermar de deseos[10], y esto sucede cuando aparecen al mismo tiempo defectos de la razón y de la voluntad, que separadas del bien al que deben aspirar a largo plazo, generan deseos mal orientados que escogen por arriba la soberbia y por abajo las pasiones. Buscando la libertad se con-

[9] Para que el pensamiento filosófico no sea un juego de charlatanes o típico de un presentador moderno de televisión, hay que ilustrarse. Véase Ortega y Gasset, *Obras completas*, Revista de Occidente, Madrid, 1946, tomo I, p. 443 y ss. (como amor a la verdad); tomo III, p. 157 y ss. (definición); tomo V, pp. 81-92 (como coincidencia del hombre consigo mismo). La historia del pensamiento es recorrida por la profundización de esta palabra polisémica.

[10] Dice Carlos Domínguez, de formación psicoanalítica: «El deseo se muestra como hijo de la angustia y padre de la ilusión». De él saltan muchas ficciones como artificios de fantasías emergentes. Su libro *Los registros del deseo* (Desclée de Brouwer, Bilbao, 2001) está lleno de observaciones sugerentes.

vierte en esclavo. Es natural el amor al deleite, pero esa apetencia debe subordinarse a un amor bueno, hacia el bien de la persona. Hay que intentar descubrir la validez del deseo, y eso no es tarea fácil por la inmediatez de su tensión, que puede ser incapaz de conocer lo que es mejor. Esto lo vemos hoy con claridad en la invitación permanente al consumo de sexo desvinculado, en que la publicidad desempeña un papel destacado, impidiendo descubrir a la persona por la presentación constante de imágenes eróticas. Sustraerse a esa coacción que encorseta la acción requiere una voluntad fuerte, una inteligencia lúcida y una disposición sólida para ir contra la corriente. Lo mismo se puede decir de la invitación al consumismo o a la repetición de patrones propagados por los medios de comunicación y que muchos manejan de forma acrítica.

La *templanza* está considerada como una virtud cardinal. Supone la posibilidad de rebelión de los instintos más básicos contra las tendencias «superiores». La templanza es el arte de gozar de la vida con la dignidad que debe de tener un ser humano. El que no tiene templanza es prisionero de sus deseos, se hace esclavo por inclinación a satisfacer lo primero que aparece ante él y así va camino de la debilidad, cada vez menos dueño de sí y arrastrado por esos impulsos.

Hoy la palabra *virtud* tiene connotaciones clericales para muchos, incluso un ingrediente sospechoso. Se ha puesto de moda, en su lugar, el término *valores*, que tiene una cierta equivalencia y sobre todo se adapta al lenguaje coloquial de forma más clara. Pues bien, la templanza ha sido entendida con frecuencia como moderación en la sexualidad, el comer y el beber; con mayor referencia a la cantidad, con lo cual suena a algo negativo y vuelve la ética de las prohibiciones.

Creo que este error debe de ser subsanado. La templanza no es contención, represión, limitación ni freno ante los deseos. *La templanza nos hace señores de nosotros mismos y su objetivo no es ponernos límites, sino respetarlos.* En resumen: hacernos humanos en los deseos e independientes de ellos. Decía Aristóteles que «sabio es aquel que vende géneros de los que se nutre el alma». Está dentro del campo del arte de disfrutar de la vida y en su fondo esconde una premisa: contentarse con lo que uno tiene y saborearlo. Es la prudencia aplicada a los deseos placenteros, que tienen en la sexualidad, la comida, la bebida, el poder y el consumismo sus representantes más potentes.

El *consumista* entregado a las compras compulsivas tiene su placer en la multiplicación indefinida de objetos y se vuelve esclavo del último producto y marca que aparece en el mercado. Muchas veces es un mecanismo para olvidar frustraciones, una compensación que se alcanza adquiriendo algo que disuelve una cierta irritabilidad o tristeza de escasa monta. San Francisco de Asís puso sus deseos en la pobreza y encontró allí la felicidad. En la sociedad opulenta del primer y segundo mundo, la templanza tiene mucho que decir, pues es un valor para todas las épocas, pero sobre todo en la bonanza económica: allí tiene más cancha para actuar.

El alcohólico está preso del alcohol y no puede dejarlo. El cocainómano busca el cambio de su conducta con una vitalidad y dinamismo falsos. El heroinómano se mete heroína en vena buscando paraísos artificiales de una paz oceánica, el nirvana a la carta. El consumidor de sexo y pornografía va detrás de la emoción del orgasmo, como un animal que sigue los dictados del instinto incoercible y luego se queda contento con su presa para volver a empezar en cuanto el deseo asoma por el horizonte. El que tiene un deseo desordenado de sí mismo (orgullo, soberbia, vanidad, con sus grados y matices) sufre si no es el centro de todo y los demás no hablan de él y de su importancia. Es una actitud del que se cree más de lo que es, un apetito desmesurado de la propia importancia, que se acompaña de la tendencia a demostrar superioridad y preeminencia, lo que se desliza hacia la altivez, el menosprecio, la desconsideración y la frialdad en el trato.

La templanza es aquel valor que nos consigue armonía y equilibrio de los apetitos, ordenándolos de acuerdo con la razón y la voluntad, haciéndonos fuertes, recios, consistentes, dueños de nosotros mismos, capaces de decir que sí y que no. La templanza no es un sentimiento, sino un hábito que se adquiere con la repetición esforzada de actos en los que uno se vence y se domina, buscando lo mejor, incluso lo excelente. Su finalidad es poner orden en el interior de la persona y eso lleva a la tranquilidad (el *quies animi* de los clásicos: la quietud del alma). *El orden es el placer de la inteligencia y la afectividad.* Esa es la resultante de su ejercicio: *la templanza es gobierno y paz en el orden interior.* En los deseos asumidos y satisfechos sin más, uno fracasa porque no se realiza en lo que es su verdadera libertad, *por no saber posponer lo inmediato a lo mediato.* Saber mirar es saber amar.

La templanza planea sobre los deseos, no frenándolos sin más, sino conduciéndolos hacia el mejor desarrollo del proyecto personal. Hay que aprender a mirar en la lejanía, elevándonos sobre lo inminente, por encima de la urgencia que pide abrirse paso en ese momento. Por eso de ella se desprende la *mansedumbre:* estado de ánimo apacible, sereno, sosegado, suave y, sobre todo, de docilidad.

He comentado al principio de este capitulo que educar es introducir en la realidad con amor y conocimiento. Educar es enseñar la senda de lo mejor y el esfuerzo gradual por ir alcanzando este destino, entusiasmando con los valores. Toda educación auténtica promociona la alegría. La cultura europea tiene sus principales raíces en el mundo griego (el pensamiento), el romano (el derecho), la Edad Media (el monje, el cortesano, el caballero) y el Renacimiento (con el humanismo y sus grandes personajes: Tomás Moro, Erasmo de Rotterdam, Montaigne y Luis Vives).

En toda evolución del proceso educativo hay algo que *permanece* y algo que *cambia*. La buena educación no sólo sirve para mantenerse a flote y nadar contra corriente, para llegar a ser persona, sino también para prepararse ante los cambios que se irán dando. Hay que saber descubrir por debajo de las apariencias qué es lo que permanece y qué lo que se muda. Lo mismo pasa en cada persona. Lo decía Kant: «Somos siempre el mismo, pero no somos siempre lo mismo». Lo material cambia, y lo que no es material tiende más a permanecer. No olvidemos la pasión que hay en el mundo actual sobre la *moda*, que se impone de forma masiva y acrítica para tanta gente, como una marea que nada detiene y que, pasado su momento, se diluye y no queda casi nada. Los que han apostado por ella en temas importantes, sustanciales, se ven perdidos, porque otra moda nueva sustituye a la anterior con la misma fuerza que la precedente.

Esto vale no sólo para cuestiones de moral y costumbres, sino para un abanico más amplio. Una de las permanencias más destacadas es la de la *alegría*. *La educación es la transformación de un individuo en persona mediante la adquisi-*

ción de conocimientos, reglas, valores e ideales. La educación nos transporta hacia la alegría, ya que el sujeto se vuelve humano y es capaz de mirar de forma cercana y comprensiva al otro, al que tiene enfrente.

La complejidad del mundo afectivo[11] la vemos, una vez más, al adentrarnos en la *alegría*. Su proximidad con otros estados de ánimo es muy rica: satisfacción, gozo, complacencia, regocijo, animación, optimismo, entusiasmo, buen humor, placer, fiesta, festejo y un cierto etcétera. En el hervidero de términos me abro paso buscando lo que es esencial en ella: *la alegría es un estado de ánimo de gozo por haber conseguido un deseo, un reto o una meta que uno se había propuesto y que se manifiesta por dentro (vivencia positiva) y por fuera (a través de la conducta)*. Los psiquiatras sabemos mucho sobre estos temas, pues nos pasamos la vida entrando y saliendo del cuarto de máquinas del comportamiento. Por eso distinguimos entre *sentimientos motivados* e *inmotivados*, unos desencadenados por algo y otros en los que la causa se desdibuja y no descubrimos ningún estímulo externo objetivable.

Todos sabemos lo que es y en qué consiste la alegría. Es un estado anímico fundamental. En él uno se siente a gusto, contento, dichoso. *Hay una gradación afectiva que va de lo biológico a lo cultural y espiritual: placer, alegría y felicidad*. Las relaciones entre ellos son estrechas. El *placer* es la culminación de un deseo que produce una sensación agradable. La *felicidad* consiste en estar contento con uno mismo al pasar revista a nuestro proyecto personal; ésta siempre es deficitaria.

[11] Con más detalle estudiaremos todo esto en el capítulo titulado «Las cinco vertientes de la afectividad».

En el horizonte de los sentimientos placenteros, *la alegría está por encima del placer, pero por debajo de la felicidad.* El placer es la satisfacción de algo sensible. La alegría, el gozo que salta cuando la actividad es positiva, enriquecedora. La felicidad es ya suma y compendio de una vida coherente, auténtica, armónica. *El placer desemboca en una experiencia de reposo; la alegría produce una dilatación y animación del tono afectivo; la felicidad consiste en estar contento con uno mismo viendo la tabla de resultados biográficos.* Vemos la travesía de conexiones que se establecen ahí donde las pretensiones de sistematizar los conceptos se mueven por un vocabulario resbaladizo.

En la alegría vibran los tres éxtasis del tiempo: pasado, presente y futuro. Es el gozo por la tarea bien hecha (pasado), la vivencia de algo momentáneo que sale adelante (presente) y la esperanza de conseguir pequeñas metas (futuro). *La alegría se produce por la contemplación (pasado y futuro) o la actividad (presente) de algún bien.* Recuerdo, posesión y esperanza. Algo poseído o esperado. *El placer es más superficial y transitorio, mientras que la alegría se mueve en un terreno intermedio y la felicidad es más profunda y permanente.* Pueden darse los tres juntos o también por separado. *La felicidad es la alegría de saber que el programa de vida personal va funcionando relativamente bien,* a pesar de las dificultades y los pasos zigzagueantes de cualquier historia personal.

Hay alegrías ruidosas y silenciosas, lo mismo que el llanto puede significar tristeza, pero también contento. Los sentimientos tienen formas cambiantes, oscilan, se mueven, se cruzan y entrelazan, forman alianzas y se superponen con estilos afectivos diversos en los que los ribetes de unos y otros forman un surtido de aleaciones ligadas, aglutinaciones nacidas de la vida misma.

Hay alegrías como un puro conocer, frente a las del sentir; unas más intelectuales y otras más prácticas. En la alegría hay amor. Dice san Agustín en *La ciudad de Dios* (XIV, 7): «El amor anhelando poseer lo que se ama, es deseo; poseyendo y gozando de ello, es alegría; eludiendo lo que le es contrario, es temor; y sintiendo esto, si acaece, es tristeza».

La educación tiene como su objetivo más cercano la alegría. Entra en el hombre tras el esfuerzo por mejorar, concretando objetivos, puliendo, limando y recortando las aristas de lo que debe retocarse y corregirse de cada uno. Vemos así cómo el hombre concreto cincela su personalidad, trabajándola con dedicación, sin impacientarse, disfrutando con los pequeños avances que va observando en su conducta.

La vida tiene, siempre, un fondo dramático. La mejor de las vidas está llena de derrotas. Lo importante es superarlas, crecerse ante sus aldabonazos. Cuando las circunstancias personales son durísimas, viene casi la necesidad, el deseo imperioso de evadirse, de escapar de una realidad dolorosa. Entonces los deseos se van hacia lo más primario: el alcohol, el sexo, las drogas, la permisividad y sus hijos naturales. Las durezas de la vida se disuelven así, pero este es un camino falso, que adormece transitoriamente el sufrimiento, pero no enfoca el tema con afán de superarlo e integrarlo en lo que debe ser *un proyecto de vida coherente y realista*, es decir, con las menores contradicciones posibles y hecho con los pies en la tierra. *En la evasión hacia el sexo y las drogas hay deseo de escapar y sed fáustica de aventuras:* se inicia una fuga hacia los paraísos artificiales que esas dos cosas prometen, buscando una nueva libertad.

Esta nueva liberación está hecha de curiosidad y avidez de pasiones fuertes, pero lo que de verdad se busca es la liquidación de una vida cotidiana dura, dolorosa, aburrida, poco soportable, estrecha y anodina, y sumergirse en un viaje salpicado de novedades excitantes que a la larga no suele acabar bien. ¿Por qué el final de todo este camino raramente es positivo? Porque se va perdiendo poco a poco la libertad interior, al inscribirse la relación con el sexo y con la droga en una *inexorable subordinación,* que termina en *la sumisión a un dueño fanático y devorador.*

El ser humano se hace fuerte en los fracasos si sabe asumirlos y ponerlos en su justo punto y, a la vez, no se hunde en ellos, sino que los sobrepasa. La frustración ayuda a madurar, aunque cuando asoma por nuestra vida la rechazamos de plano. Es lo contrario que nos ocurre con la alegría. *La felicidad es el sufrimiento superado con amor y vuelta a empezar.* Y esto es más fácil de decir que de hacer.

II. Desear y querer

LA SELVA DEL LENGUAJE

El campo magnético de la afectividad forma una telaraña complejísima en la que los conceptos se cruzan, entremezclan, confunden, avasallan, entran y salen, suben y baja, giran, se esconden y luego vuelven a aparecer. Todo esto da lugar a una tupida red de significados, en la que la imprecisión está a la orden del día, pues en la misma persona los usos, las significaciones y las andanzas biográficas cobran alcances y acepciones bien distintos.

Todo mi interés estriba en ir deslindando cada uno de los componentes de la afectividad, pero sabiendo que es tarea infructuosa por la cercanía y proximidad de sus ingredientes. La contabilidad de la vida personal mezcla reveses y aciertos. El agua puede adoptar muchas formas, pero no es lo mismo la que desciende de un valle que aquella que se remansa en un lago o la que forma parte de la composición de un vino, un zumo o una pera. Garantizar la vida afectiva requiere amor y conocimiento, emplazándola para que tenga el mejor desarrollo posible. Es un navío que suelta amarras y navega con el timón bien orientado, una ingeniería de vericuetos y puentes levadizos y caminos serpenteantes ajedrezados por el deseo y sus aledaños. Porque es el deseo mi tema y mi intención. En este libro trato de clarificarlo con lucidez, separando semejanzas, pero sabiendo que se filtran, silbando por sus rendijas, todas las nociones afectivas que en el mundo han sido.

Mi recorrido me vuelve a veces taciturno. Me veo en unas encrucijadas que son cordilleras que pretenden escamotearme la nitidez de la definición de cada uno con circunloquios enrevesados de marasmos sumergidos en donde todo se confunde y desdibuja. El mar de las ideas se torna aletargado aquí y ahora y luego se hace transparente y luminoso. Más tarde se vuelve opaco, turbio, borroso, esmerilado, nebuloso. Todo sigue intacto, pero mi cabeza acumula una galería de descripciones sorprendentes en la que flotan círculos concéntricos alborotados: sentimientos que se cruzan con emociones y deseos que aspiran a ser motivaciones e ilusiones. Todo ello es envoltorio de un regalo que hay que abrir con parsimonia. Rumor de lluvia y paisaje plomizo. Mi cabeza quiere estar diáfana, pero el diccionario de la afectividad es borroso y difuminado. Sumergido en esas páginas me abro paso intentando poner los puntos sobre algunas íes de este universo interminable. Mi sentido de profesor universitario me empuja a ser ordenado y a que mis alumnos —mis lectores, que son ustedes— se aclaren y entiendan todo lo que vengo exponiendo. Pero cuando sorteo un obstáculo, enseguida me encuentro con otro, tartufería vagabunda de un laberinto de puertos marinos en el que el mar se esconde y se remansa.

La afectividad es una materia singularmente maleable, difícil de apresar. Es un mar encrespado en el que casi todo salta mezclado Todo en ella ronronea con inesperados cambios de ritmo, enriquecida por un muestrario de variados matices poblados de sombras. La plasticidad afectiva es sobresaliente. Defino los sentimientos como la manera más habitual de cursar la afectividad y las emociones, como su expresión más breve y vibrante; disponen a la actividad o a la pasividad, a hacer o a reflexionar. Pero entre afectos y emociones hay emboscadas desordenadas en las que se confunden los planos. *El mundo de la afectividad está envuelto en una tenue neblina precisa e imprecisa, bien definida y excesivamente etérea.* El lector entenderá que en un momento dado todo parece bien situado sobre la pizarra de la clase, mientras que en otro parece que todo salta de su sitio e invade el territorio de la definición de otra estirpe afectiva. Yo mismo me pierdo por esos embrollos de figuras que se mueven y flotan sin asidero.

En este terreno tan movedizo es preciso definir bien los términos. Para alcanzar nuestro objetivo es importante deslindar los significados. Desear y querer son las dos caras de una misma moneda. *Desear es anhelar algo de forma próxima, rápida, con una cierta inmediatez. Querer es pretender una meta más a largo plazo, pero sin la transitoriedad de la anterior, especificando el objetivo, limitando los campos con la firme resolución de llegar a la meta cueste lo que cueste.* Los deseos son más superficiales y fugaces. El querer es más profundo y estable. Muchos deseos son juguetes del momento. Casi todo lo que se quiere significa un progreso personal.

LA VISIÓN INTELIGENTE DE LA AFECTIVIDAD

Lo he dicho en las páginas que preceden: parece que la inteligencia y la afectividad están casi siempre a la gresca. Es como si no fuera fácil que se llevaran bien. Lo que una clarifica, la otra torna en confusión. Lo cierto es que ir alcanzando una proporción adecuada entre ellas es una labor de filigrana. Lo que la inteligencia despierta, la afectividad parece que aletarga y entumece. Hay un bamboleo entre la vigilia y la somnolencia. *El deseo busca la posesión cercana de algo, que se pone en movimiento sobre la marcha y tiene como motor el impulso de posesión;* esa es su dinámica. *El querer aspira a un objetivo remoto, que requiere un plan concreto, bien diseñado y con la voluntad como motor;* esta es su travesía.

El problema que se nos plantea es catalogar bien las aspiraciones que emergen delante de nosotros. Unas son rápidas, como estrellas fugaces en un cielo raso que pasan y desaparecen. Otras se fijan en la mente y ponen su nota inmóvil y agazapada, que consolida la aspiración. Las metas juveniles llegan a hacerse realidad si somos capaces de apresar el esfuerzo y concretarlo en una dirección precisa. En las aguas de los ríos se pulen las piedras, pierden sus aristas y se transforman en cantos rodados. *La vida con su maestría otorga al querer su condición, meta que merece la pena.* Siempre flota cerca del ser humano la tentación de abandonar la meta, cuando la dificultad arrecia y uno percibe que no puede seguir en la lucha. El que tiene voluntad consigue lo que se propone, a pesar de las mil peripecias por las que pasamos.

En el deseo la seducción es la que manda. A partir de ahí se pone en marcha la inclinación, que va a intentar saltar por encima de muchas cosas para acceder al objetivo. Pensemos en el deseo de conocer a una persona que nos resulta bella, atractiva e interesante, a la que hemos visto casualmente y que despierta en nosotros una cierta urgencia de saber quién es, a qué se dedica, qué tipo de vida lleva. Buscamos personas cercanas a ella para que nos la presenten y, mientras tanto, la imaginación va fabricando un perfil de ella, con los escasos materiales de que disponemos. Y por fin se consigue acceder a esa persona. La primera vez que uno está con ella se bebe sus palabras y explora sus gestos con minuciosidad de entomólogo, saboreando su conversación. El deseo de profundizar en esa relación, que puede llegar a ser muy importante para uno, toma el mando de todas las iniciativas, deslumbrado por ese algo misterioso y especial en donde el enamoramiento puede brotar en cualquier momento.

En el querer manda el proyecto personal y la voluntad. Un joven que está estudiando Bellas Artes sueña con llegar algún día a ser un gran pintor. Ha visto mucha pintura. Su formación se va definiendo entre los estilos de unos y otros autores, pero el suyo propio no tiene todavía notas bien definidas. Sabe que tiene que seguir en la brecha, viajar y conocer a otros maestros para afinar su técnica y todo lo que eso trae consigo. Lo inmediato deja paso a lo mediato. Lo lejano dirige la conducta. *La ilusión es el envoltorio de la felicidad; querer algo es su contenido.* La primera está por fuera, revolotea en sus alrededores; la otra está por dentro, deslumbrando e iluminando, poniendo fuego y sentido a la vida. *Los deseos son más epidérmicos. Querer es algo bastante más elaborado y hondo.* El capricho es un deseo fogoso y exaltado poco razonable, que pide ser saciado ya; éste puede variar y tornarse de otro signo, según el viento del antojo que pasa y estimula. La vocación profesional de llegar a dominar la pintura y alcanzar una cierta resonancia en ese campo es una inclinación fuerte, templada, razonable y que sabe que necesita tiempo; no desaparece con las dificultades, ni cambia con los vientos exteriores de otras vidas y otros quehaceres.

Querer es la central telefónica en la que convergen todos los hilos de la afectividad. Los deseos son la clavija inmediata que nos conecta con la realidad que nos rodea. *Los deseos, si no se gobiernan, traen y llevan la conducta de acá para allá con poco criterio. El querer, si no se le aplican con fuerza la voluntad y la motivación, puede quedarse a medio camino.* El deseo puedo representarlo como un elástico balanceo de impulsos adolescentes, la inercia del instante al borde del camino llamándonos con su tirón y algarabía. En el querer veo más madurez y equilibrio; la alegría reconfortante, marina, fresca y escueta de ir marcando los tiempos para seguir avanzando, tirando despojos en la costanera de todo aquello que estorba y distrae de la ruta trazada.

Los psiquiatras observamos los recodos de la vida y, también, los principales temas que la articulan. Somos perforadores de superficies. Analizamos lo que cada paciente ha ido haciendo con su vida hasta ese momento, cómo ha sido capaz de enhebrar los argumentos esenciales del proyecto de vida (amor, trabajo, cultura, amistades, superación de las adversidades, capacidad para recomponer el programa personal, etc.). La telaraña que teje la coherencia de la existencia la vamos descubriendo en el diálogo abierto y secreto con el otro. Por eso la psiquiatría como rama de la medicina tiene dos notas muy características: es la vertiente más antropológica de esta ciencia y, a la vez, la que establece una relación más íntima, privada, intensa y personal de todas las que existen en el ámbito médico.

El psiquiatra traza el mapa de la afectividad de cada uno, poniendo ese vocabulario personal en las notas que toma de su paciente/consultante, con el fin de conocerlo mejor y ayudarle a que recupere su armonía psicológica. De ese modo consigue un perfil definido de la persona que tiene delante: qué le sucede, por qué acude a la consulta, cuál es su estado de ánimo, qué frustraciones no ha podido superar, cuáles son las expectativas que tiene de cara al futuro, cómo es su personalidad hoy y ahora, si está contento con su forma de ser y qué cosas quiere cambiar de su comportamiento. Y todo esto dicho en su propio lenguaje. Es un conjunto de información que es menester ordenar para trabajar psicológicamente. Laberintos y atajos que deben conducirnos a un saber riguroso del otro. Cada uno labra su resultado histórico personal en los temas claves de la vida.

Aprender a domesticar los deseos indica equilibrio y sensatez. Que no sean un impulso giratorio, que va cambiando, desplazando sus contornos, saltando según lo que desde fuera excita en cada instante. El deseo tiene algo felino, brusco, veloz, como un soplo urgente que se abre y se cierra sobre uno. En su ámbito la provisionalidad se palpa y se toca, es casi como un reflejo. Desfilan los deseos delante de los ojos ante aquello que la retina refleja. La inteligencia templada con la voluntad discrimina su conveniencia y sabe decir que no en su momento.

Lo importante es integrar los deseos en un esquema maduro de nuestra conducta. Así, en la relación sexual con amor auténtico, comprometido, el deseo está vivo pero supeditado a los estratos superiores de la persona. Cuenta y tiene su espacio, pero no es una relación genital, sexo a sexo, cuerpo a cuerpo, sino que al integrarlo todo, llegará a ser un *encuentro de persona a persona.* El placer es vivido a fondo, pero aunando a la vez lo psicológico, lo cultural y lo espiritual. Hay ternura, erotismo, placer sexual, orgasmo, pero todo ello formando un conjunto armónico en el que los dos son personas que se han señoreado sobre el deseo, dominándolo, evitando su tiranía e invasión, haciéndolo más humano y menos animal.

EL DESEO ES NECESIDAD Y FUERZA

El amor es deseo de poseer el objeto que se descubre como valioso. El amor conyugal consiste en necesitar a la otra persona. Ésta se vuelve imprescindible en el proyecto personal. Tenemos que contar con ella como ingrediente esencial, como argumento de nuestro programa. Esa persona se convierte en insustituible, no hay otra que represente lo mismo. *En el amor maduro el deseo de posesión se transforma en un querer compartir para siempre lo que la vida es y significa*. Desear y querer se ensamblan armónicamente. El deseo es juglar de lo amoroso, querer es determinarse hacia alguien con todo el proyecto a su servicio. *El deseo es el registro primario de la afectividad. El sentimiento es la nota elaborada y valorativa de la afectividad*[1].

[1] Los sentimientos, como experiencias subjetivas, se estructuran según cómo va nuestra trayectoria biográfica. Hacen una interpretación de la realidad de acuerdo con las ideas, creencias, expectativas, balances personales y, por supuesto, la forma de ser. *Los sentimientos son resumen y compendio de uno, nuestro código de barras particular*. Por eso, una desgracia puede ser vista como un hecho positivo: hay derrotas que se convierten en victorias.

Vivimos con una calculadora dentro que nos transmite un lenguaje criptográfico, que interpreta la realidad bajo ese patrón o prisma. Dramatizo, me enfado, me exalto, me derrumbo, me crezco en las adversidades, siento perplejidad y, a la vez, puedo no extrañarme de nada... Es la jungla emocional frondosa, con todos sus habitantes alborotados llamando mi atención.

La necesidad es un impulso de satisfacer una carencia que asoma delante de nosotros. No crearse necesidades es una forma sabia de vivir. Hoy, con la propaganda de los medios de comunicación, la economía se mueve en el campo del consumo, y así se activa la economía de un país. Pero una cosa es la necesidad a nivel social o colectivo y otra a nivel personal o privado. *La necesidad es carencia.* Deseo aquello que no tengo. Y esto aparece con una cierta nota de inmediatez.

El deseo es fuerza, potencia, impulso, movimiento apasionado que impele y lanza en la dirección que el estímulo provoca. Esas dos características, *necesidad* e *impulso,* se complementan, transportan con la imaginación hacia el objeto. Empujan, sacuden nuestra afectividad y todo va a gravitar sobre ese eje en esa circunstancia. El ser humano es un animal de deseos. Estos actúan como fogonazos momentáneos, a veces son casi automatismos, sobre todo cuando la persona no ha sabido alcanzar un cierto autocontrol; entonces se ve arrastrada por esa marea. La persona caprichosa es voluble y sus deseos son tornadizos, cambiantes, como un juguete que se busca en un momento determinado y poco después se desecha, perdido el interés que había despertado.

Muchos adolescentes y algunos jóvenes, cuando se les pregunta sobre lo que quieren hacer el día de mañana, dan una respuesta que me parece pobre e inmadura: «Yo lo que quiero es ser feliz». No se dan cuenta de que la felicidad no es un *a priori,* sino un *a posteriori,* ya que es el resultado de lo que uno ha ido haciendo con su vida. Ser feliz es la vocación natural de cualquier ser humano. Pero nunca una especie de profesión estable en la que uno se instala y todo está ya conseguido.

Quiero poner algún ejemplo práctico que aclare esto. Pensemos en el *estudio sistematizado para ganar unas oposicio-*

nes de cierto nivel. Se ha dicho con frecuencia que Francia, Alemania y España son países en los que el acceso a un puesto de trabajo de cierta repercusión social se consigue mediante este camino. Cuando uno desea ser profesor universitario, por ejemplo, es menester tener clara la meta y más claros aún los medios que hay que emplear para estar en una primera línea que dé paso a esa posibilidad, con todos los avatares y dificultades que trae consigo. En tal empresa hay deseo, ilusión, querer, motivación y otros estados afectivos que se entrecruzan y mezclan sus influencias recíprocas. La felicidad que se experimentará si se consigue la meta llegará al final del camino, aunque durante el trayecto uno disfrute aprendiendo y avanzando en esa disciplina en concreto. Hay un gozo *durante* el esfuerzo y una felicidad *al llegar a la meta*. Quiero decir con esto que todos los componentes de la afectividad están presentes en nuestra conducta habitual, unos en primer plano y otros en segundo o tercero, o desdibujados, pero están ahí. Lo que sucede es que según como vivimos esa aspiración, toman la voz cantante unos u otros.

Lo que empezó siendo un deseo se transforma en un querer, luego se junta con la motivación, todo ello se envuelve de ilusión y, a la vez, la voluntad está presente con su fuerza y determinación. Es artificioso hablar sólo de un concepto, hay que hacerlo a nivel didáctico, pero teniendo presente que la frontera entre todos estos términos es tenue y que las incursiones de unos en otros son continuas.

Pondré otro ejemplo práctico. Cuando alguien se plantea escribir un libro, empieza por un deseo: ver el texto publicado, en las librerías, además de llamar la atención sobre algún tema. No es lo mismo una novela, un libro histórico, una biografía o un ensayo. El trabajo pasará por distintas etapas, habrá lucidez en un tiempo y tal vez espesura en otro.

Cansancios e ilusiones se cruzarán. Pero lo importante es seguir adelante, pelear porque el trabajo vaya hacia delante y los días rindan bien[2] y se puedan cumplir las expectativas.

Otra muestra: si uno va a una playa en el Mediterráneo, ve cómo buena parte de las mujeres que están disfrutando del mar se encuentran medio desnudas. Se ha puesto de moda el *top-less,* y las modas se imponen por encima de todo y sobre todo, aunque sean irracionales. En esas circunstancias, un hombre normal es fácil que se excite. El paisaje humano va desde gente de cierta edad a otra muy joven, mostrando su anatomía. El deseo aparece y puede provocar algunas fantasías sexuales. Hoy la invitación al sexo es brutal, resulta ya casi ridícula, pues a todas horas estamos siendo llamados al sexo, que no a la sexualidad: anuncios en la calle, películas, revistas y, por supuesto, las playas. Si una persona no suele ir a la playa, no recibe estos estímulos, pero si las frecuenta, afloran una y otra vez. Los resultados de todo ello dependen de cada uno, pero los más jóvenes son los más inclinados a llevar a cabo manifestaciones sexuales de diverso tipo. *Los deseos sexuales son positivos siempre que se producen en el ámbito de una relación de amor estable, en la que dos personas se complementan y se dan a sí mismas, con todas sus consecuencias.* En el caso de las playas, el deseo sexual es un impulso a disfrutar del placer corporal sin más, buscando ese cuerpo atractivo que excita. Ese deseo puede acom-

[2] El tiempo es un testigo impertinente de nuestra vida. Su aprovechamiento o su pérdida son la consecuencia de la motivación. El que tiene la voluntad templada en el esfuerzo, no se rinde fácilmente y se lanza a volar fuera de la jaula mental de las ilusiones, dejándose la piel porque aquello que pretende no quede en papel mojado, en una vana aspiración propia del inmaduro.

pañarse de una emoción que se gira hacia la pasión, en un movimiento de ida y vuelta[3].

Casi nunca vivimos para el presente y relativamente poco para el pasado. Todo en la vida es porvenir. Da la impresión de que el futuro es una potente ventosa que nos succiona en ese sentido. El segmento del futuro está siempre dando vida al presente. Nos pasamos la vida pensando en el día de mañana. Lo malo es cuando nos equivocamos en las expectativas y deseos, cuando descubrimos que hemos puesto nuestros ojos en algo que de verdad tenía poca consistencia o no merece la pena. Se suele decir que sobre gustos no hay nada escrito, pero lo cierto es que cada uno tiene sus preferencias y lo que a unos entusiasma, a otros les deja indiferentes. *El ser humano es animal de deseos subjetivos*. Esa subjetividad es un sentimiento, es el resultado de muchas experiencias, que hacen que en una circunstancia concreta uno elija una dirección y deje pasar de largo otra.

[3] Claudio Cianco, en su *Metafísica del desiderio* (VP Universitá, Milán, 2003), subraya que los *deseos positivos* son aquellos que nos hacen más humanos, más maduros, cercanos a nuestra naturaleza, y que nos permiten progresar como personas. El deseo erótico es bueno en la medida en que busca el encuentro interpersonal con una persona a la que se ama y con la que existe un compromiso fuerte, sólido.

Saber desear es haber encontrado la dimensión equilibrada de lo que uno busca y de lo que uno rechaza. Es el acto de elegir, en donde se dan una serie de ingredientes muy finos y que reflejan la calidad de cada uno: inteligencia, sentimientos, voluntad y capacidad para decir que no a ese deseo.

Zubiri, en su libro *Sobre el sentimiento y la volición* (Alianza, Madrid, 1992), dice que la voluntad es un apetito racional que se acompaña de una decisión, que debe descubrir a dónde se va. «Este triple concepto de la voluntad como *apetito, determinación y actividad* es absolutamente necesario, estos tres aspectos no sólo no se excluyen, sino que constituyen una unidad intrínseca».

¿Cómo evitar que uno se quede defraudado tras haber conseguido lo que se proponía? El niño mimado que tiene todos los juguetes del mercado, enseguida se aburre. Al adolescente que no renuncia a nada de lo que le ofrece el mercado consumista, llega un momento en que nada le llena. Es una especie de hastío por *sobreabundancia* de todo. La persona adulta que tiene bienes económicos más que sobrados y que está habituada a comprar todo lo que le apetece, sin negarse ninguna cosa, llega un momento en que teniendo todo en lo material, percibe que le falta algo y no sabe bien lo que es. Hay que dar un salto cualitativo.

PASADO, PRESENTE Y FUTURO

Llegados a este punto el tema se complica. ¿Cómo es posible que alguien que lo tiene *casi todo* en lo material, cuyos deseos están cubiertos y más que saciados, no se encuentre bien? ¿Qué es lo que le falta, qué arte de magia es ese que le hace sentirse mal, descontento? Para muchos la felicidad queda hoy reducida a nivel de vida, bienestar, seguridad y placer. Nos encontramos con un dilema que es menester resolver. *La felicidad es más un ideal, una utopía, la edad dorada de una vida, que algo real y objetivo.* Es algo más de la imaginación y los sueños que de la razón. Las personas sueñan con llegar, el día de mañana, a tener una gran empresa, o a ser conocidas como cantantes, o a triunfar en los negocios, o a ser un escritor famoso o un abogado de prestigio. Son aspiraciones que pueden hacerse realidad.

Deseamos lo que no tenemos. Hay una cierta confusión entre el deseo y la esperanza. *Desear es anhelar algo que podemos conseguir con la voluntad y que tiene un cierto carácter inmediato*. Por el contrario, *la esperanza es un estado de ánimo en el que confiamos alcanzar algo que no depende de nuestra voluntad*. En el deseo hay inmediatez, en la esperanza todo se dispone a medio-largo plazo.

La esperanza es también una virtud teologal, que tiene a Dios por objeto. El deseo está a la vuelta de la esquina. La esperanza, en otra ciudad. Lo inmediato y lo mediato: el deseo y la esperanza.

Laín Entralgo, en su libro *Espera y esperanza: historia y teoría del esperar humano*, nos aclara estos conceptos. En cualquier caso, en la felicidad como en el deseo, los tres éxtasis de la temporalidad, *pasado–presente–futuro*, tienen una cadencia particular. Su sello deja una estela en cada circunstancia.

El *pasado* es el arsenal del que echamos mano para actuar. Ahí entra la experiencia de la vida[4]. Las vivencias se acumulan y se superponen unas con otras formando un amasijo de hechos. Nuestra *memoria* las clasifica y ordena. Hoy sabemos mucho sobre su funcionamiento y cómo existen dentro de ella leyes que sistematizan el modo por el que va acumulando todo lo que le llega[5]. El hombre es un ser histórico. Tiene una biografía concreta que retrata lo que ha ido suce-

[4] Me referiré a ella más adelante. Ahora sólo quiero decir que ésta representa una especie de conocimiento acumulado que se hospeda en el interior de cada uno y que opera sin que nos demos cuenta. Sabiduría silenciosa y elocuente. La vida no se improvisa, sino que se diseña. *La experiencia de la vida es el subsuelo de un ser humano que ha vivido y que sabe las claves de la existencia, por haber pasado por las más diversas alternativas que la existencia puede prodigar*. Sabiduría *versus* ciencia. Conocimiento desde dentro de la rica complejidad de lo que es vivir con todas sus consecuencia. La experiencia de la vida no se aprende en los libros, sino en el bracear de cada uno con sus distintas etapas y sabores.

[5] No es el momento de detenerme en la anatomo-fisiología de la memo-

diendo con su vida. Contamos con un pasado para bien y para mal. Una persona madura tiene asumido y digerido el pasado, con todo lo que eso significa.

Los psiquiatras somos especialistas en el pasado. Somos notarios de la vida ajena, que archivamos en nuestra mente y que resumimos en una historia clínica. Toda historia clínica en psiquiatría es una historia biográfica, una *historia vital interna* en el sentido de Binswanger, o una *intrahistoria*, como decía Unamuno. En este historial anotamos lo más fundamental de la travesía: vivencias, traumas, alegrías, logros y metas conseguidos, fracasos y, por supuesto, la interpretación de la existencia que ese sujeto posee. Las personas muy mayores en edad, por encima de los ochenta años, miran más hacia atrás que hacia delante. *El hombre en el último tramo de su vida tiene su futuro en su pasado,* esa es su realidad.

Los psiquiatras podemos otear el futuro y, de alguna manera, predecir el porvenir, saber lo que puede suceder con los datos que poseemos y tenemos en nuestro poder. Pero la psiquiatría no es una ciencia exacta, como las matemáticas, aunque sí aproximada. En el siguiente apartado quiero relatar un caso clínico en el que se ve claramente la dirección

ria, pero sí quiero hacer una breve nota aclaratoria. El cerebro integra los datos sensoriales como una percepción que procesa a través de distintas estaciones neuroanatómicas. Hay dos estructuras situadas en la cara interior del lóbulo temporal de ambos hemisferios cerebrales: el *hipocampo* (nombre griego del caballito de mar) y la *amígdala* (también procedente del griego, quiere decir «almendra»).

Las investigaciones más recientes se han realizado con epilépticos y con enfermos de Alzheimer, observando las distintas formas de amnesia que experimentan. Las múltiples conexiones dan lugar a distintos tipos de memorias: a corto y medio plazo, memoria visual, auditiva, olfativa, táctil, conceptual, ideativa, emocional, etc.

hacia la cual apuntan los deseos y el pronóstico del psiquiatra ante unas determinadas circunstancias:

Se trata de una chica española, de Madrid, de veintiocho años de edad, licenciada en historia de la literatura española. Ha empezado a salir con un chico cuatro años menor que ella, al que conoció en una fiesta, durante la cual hablaron animadamente. Nos dice: «Yo nunca he tenido éxito con los chicos, quizá porque he sido algo tímida, y además he tenido mala suerte, pues he tenido dos relaciones anteriores que no han salido bien, una muy breve y otra de más duración, que me dejó muy afectada. Empecé a salir con este chico porque se mostró muy atento conmigo y nos contamos pronto nuestra vida. Yo le dije que había tenido un novio anterior, que me había durado un año y que se portó muy mal conmigo, y a raíz de eso he cogido una gran desconfianza hacia los hombres. Así, cada vez que conozco a alguno, de entrada no me fío.

»El problema que ahora se me ha presentado es doble: él no tiene carrera universitaria y trabaja en un taller mecánico, aunque es un chico con inquietudes de lectura y de ir a más en ese terreno. Por otra parte, es muy celoso y me lo hace pasar muy mal: tengo que explicarle a qué hora salgo y a qué hora llego a casa cuando quedo con él. Cualquier retraso o cambio que se produce me lleva a soportar un interrogatorio casi policial. A mí realmente me agrada que esté tan pendiente de mí, pues nunca me sucedió nada parecido, y es como un halago... Pero esto ya es demasiado. Sus celos me resultan insufribles. Diariamente tenemos fuertes discusiones en las que yo trato de explicarle que no tiene motivo para reaccionar así, pero me doy cuenta de que él no puede remediarlo, es superior a sus fuerzas.

»Yo estoy con mucha ansiedad, desconcertada, y por eso he venido a la consulta, porque no sé qué hacer. Él dice que me quiere, pero me hace sufrir mucho con sus desconfianzas. Si vamos a un sitio, no puedo ni mínimamente mirar a otro chico, aunque sea de refilón. Voy a los sitios asustada, con miedo, por temor a que se enfade y nos pasemos la noche sin hablar».

He conseguido entrevistarme dos veces con su novio y veo claramente que estamos hablando de una celotipia en toda regla. Él no tiene conciencia de ello. Es más: le molesta que yo como psiquiatra se lo plantee así, y me dice: «Doctor, el problema es que ella, al ser universitaria, habla con todo el mundo y tiene una sonrisa y un saludo para todo el mundo. Y yo pienso que debería cuidarme más a mí, sobre todo cuando estoy a su lado, y ser menos expresiva con unos y con otros. Esto me martiriza: risitas, frases, saludos efusivos, etc. Ella dice que soy yo el culpable y no estoy de acuerdo... Tendría usted que ver cómo actúa».

Estamos ante un *enfermo de celos,* cuyas principales características son: la desconfianza patológica que se dispara ante cualquier estímulo por pequeño que sea, y el sufrir y hacer sufrir al otro, además de una política de inspección permanente de horarios, llamadas telefónicas, saludos, etc. Ella pasa de la ansiedad a un cuadro depresivo, por el desgaste tan terrible de la situación. Le aconsejé que se diera un tiempo y que momentáneamente dejara la relación, para ver cómo se desarrollan los acontecimientos. Me respondió: «Doctor, no puedo, porque le quiero y nunca un chico se preocupó tanto por mí. Él es buena persona, quizá yo tengo más nivel de estudios, pero él es muy listo. Yo deseo que siga siendo mi novio y me duele que usted me sugiera que lo deje».

En las siguientes entrevistas hablamos de su estado de ánimo (necesita tomar una medicación ansiolítica y antidepresiva) y veo que el tema va cada vez a peor. Ella está muy tensa y afectada, y él sigue en la misma línea. Viene el padre de ella a la consulta y los tres comentamos el desarrollo de los hechos. El padre, una persona sensata y madura, comenta: «Hija mía, lo tuyo no tiene sentido, te has empeñado en una relación imposible y esto va a acabar contigo. Estoy de acuerdo con el doctor en que debéis dejarlo por un tiempo, a ver si él puede cambiar».

En las distintas entrevistas observo que todo va a peor. El chico no quiere venir a la consulta. Ella está hundida y ha habido que darle la baja laboral, pues la mezcla de ansiedad y depresión han culminado en ideas de suicidio. Le insisto en la conveniencia de cortar y ella se niega. Pasan los meses y, en las distintas revisiones, apenas hablamos de algo más que de las dosis de medicación, al negarse a ver otra posibilidad para solucionar el problema. Poco después viene a la consulta y me dice que se casa, que se ha dado cuenta de que él es así, pero que le necesita. «Creo que las personas cambian y sé que una vez casados todo funcionará bien, procurando yo no dar pie a nada». Le hago ver que él no está bien psicológicamente y que ese matrimonio nace con ciertas deficiencias. Todo intento de racionalizar resulta inútil. Hablo con el padre y le hago ver que la relación no tiene futuro y que lo lógico es que aquello se rompa, que él es un buen chico, pero un celoso enfermizo. El padre está de acuerdo conmigo, pero me dice: «No puedo hacer nada».

Se casan. Dejo de verla en la consulta. Pasan los meses. Casi al año, viene el padre a consulta y me dice que se han separado. Han estado juntos unos siete meses, pero las discusiones, desacuerdos y conflictos han sido constantes. Se han faltado el uno al otro de palabra y de obra. Los choques y agarradas han sido peores que en la etapa del noviazgo.

Este caso clínico nos pone de relieve dos cosas: el psiquiatra tiene la obligación de conocer la personalidad de su paciente, su historia personal y sus recursos; por otra parte, el pronóstico surge del análisis y la secuencia de los acontecimientos observados, lo que le lleva de alguna manera a predecir el porvenir, pero con cautela.

El *presente* tiene un tono fugaz y vertiginoso; todo en él es pasajero. Es un puente que se abre hacia el futuro inmediato. El adolescente vive en la exaltación del instante. Hace un monumento de él y lo eleva a la categoría de acontecimiento casi permanente. Una cosa es vivir la vida a fondo, sacarle el máximo partido, saborearla con todas sus consecuencias —lo cual es positivo—, y otra bien distinta centrarse en esa fugacidad sin retorno. Hay veces, cuando estamos gozando de la vida, en que quisiéramos parar el reloj, detenerlo para captar mejor los hechos que se están viviendo. Eso es sano e indica una buena percepción de lo que yo llamo la *felicidad perspectiva*.

El *futuro* es la vida misma viva y coleando. Con toda su fuerza, pidiendo abrirse paso ante nosotros. La vida es anticipación, porvenir, profecía, lo que está por llegar, la secreta aventura de lo que nos deparará la existencia. La vida de una persona psicológicamente sana debe responder aproximadamente a esta ecuación: estar instalado en el presente, tener superado y asumido el pasado y vivir de lleno, empapado de porvenir. La vida es una operación que se despliega hacia delante.

Los tres haces de la temporalidad dejan su impronta. El hombre joven no para de mirar hacia delante, mientras que el viejo no para de mirar hacia atrás. Es la frontera de los deseos y las ilusiones. La edad de oro de cada uno suele estar en la niñez y en el porvenir. En la primera, porque es cuando uno suele estar más envuelto de amor y ternura; son los años primeros en los que, si hay unas buenas condiciones de salida, el niño aprende lo mejor y sale fortalecido para desplegar su energía en la adolescencia y en la primera juventud. La mirada hacia el futuro es la esperanza.

San Agustín, en las *Confesiones*, lo expresaba así: «Lo presente de las cosas pasadas, es la memoria; lo presente de las presentes, es la contemplación; y lo presente de las futuras, es la esperanza».

EL DESEO Y LA ESPERANZA EN LOS GRANDES AUTORES

El deseo y la esperanza suelen confundirse. *El deseo es anhelo cercano de conseguir, de gozar o de conocer algo; depende de nuestra voluntad.* Mientras que *la esperanza es un estado de ánimo remoto e incierto que no depende de la voluntad.* No vivimos casi nunca para el pasado, es muy raro. Vivimos proyectados hacia el presente fugitivo, pero sobre todo hacia el futuro. De ahí que nos pasemos la vida pensando en el día de mañana.

Ahora bien, toda esperanza humana puede defraudarnos. La esperanza absoluta y total hay que buscarla en lo espiritual. Tal es el caso de san Agustín, santo Tomás de Aquino, los estoicos o los padres del pensamiento cristiano de antes y de ahora.

¿Qué es lo que puede hacer que la esperanza se mantenga fuerte y sin ser derribada? Pasa igual con la felicidad, razón y sentido de nuestra existencia. La felicidad absoluta no existe. Debemos aspirar a una *felicidad razonable*, que es aquella que resulta de haberle sacado el máximo partido a la vida, de acuerdo con las condiciones y características de cada uno, poniendo a funcionar sus principales argumentos.

Santo Tomás de Aquino lo expresa así: «Los hombres, sujetos a mudanzas en esta vida, no pueden tener una felicidad perfecta, y como el deseo de la naturaleza no es inútil, puede estimarse que la dicha perfecta está reservada al hombre después de esta vida». San Agustín lo dice de otro modo: «Señor, nos hiciste para ti y estará inquieto nuestro corazón hasta que descanse en ti». Los helenistas son los que siguieron al pensamiento posterior a Sócrates, Platón y Aristóteles. Los más interesantes son los estoicos, de los que ya hemos hablado, con dos representantes muy especiales: Séneca y Marco Aurelio. El primero de ellos tiene dos textos en los que aborda este tema: *Sobre la felicidad* y *Cartas morales a Lucilio*, en los cuales viene a decir que hay que aspirar al arquetipo del sabio, que es aquel que se autodomina y llega a ser *señor de sí mismo*. Para él la felicidad consiste en la práctica de la virtud, administrando racionalmente los deseos, situándose por encima de ellos: «No hay que someterse a nada, mantenerse por encima de todas las cosas, por encima de todo accidente, vencer las circunstancias». Y continúa: «La avidez tiende al infinito, ningún placer se detiene en límites, se tiene mucho y se desea más. [...] La concupiscencia conduce al dolor. [...] Es pobre el que más desea». Recomienda no la renuncia total, sino despojarse de las cosas exteriores, y eso le lleva al camino de la austeridad.

Marco Aurelio nació en Roma en el año 121 y desde muy pequeño fue designado por el emperador Adriano como heredero del trono romano. Era de una familia patricia, de origen provincial, y recibió una educación refinada tanto en los modales como en la filosofía y la retórica. Escribió en griego, que no era su lengua materna, pero sí la de la filosofía gracias a su mayor precisión para matizar los conceptos. Se casó con Faustina, la bella hija del emperador. Su largo reinado estuvo lleno de graves alteraciones y tuvo que enfrentarse desde el principio a guerras muy duras para defender las fronteras del Imperio. Fue un gran estadista, legislador y guerrero, y aunque no fue filósofo profesional, mostró una gran preocupación por los temas del hombre y se acercó a las posturas socráticas y de los estoicos, aspirando a la «ataraxia», la serenidad de ánimo frente a las adversidades. Su magnanimidad no tiene parecido en la literatura antigua. Su estilo es sobrio, pero exalta la importancia de los ideales para llevar una vida racional que apunte hacia una especie de fraternidad universal. Tenía un enorme sentido del amor, de la caridad, pero carecía de esperanza, en contraste con el espíritu cristiano que iba avanzando en aquella sociedad.

En Marco Aurelio hay una espléndida visión de la dignidad humana. Hay que vivir como un animal cívico, dialogar con uno mismo. En sus *Meditaciones* afloran unos constantes consejos breves en forma de aforismos o sentencias: «La vida del hombre es humo y nada, un pájaro que voló, que desaparece antes de que podamos echarle mano... Con cuánta velocidad se pasa todo: el mundo, los cuerpos y su memoria; la clave consiste en conservarse puro de pasiones, de temeridad, de disgusto por aquello que procede de los dioses y de los hombres». Recurre a una bella imagen, el comparar la vida con una pieza teatral, en la que cada hombre tiene un papel asignado que va desarrollando en el curso de la representación. La vida, nos dice, debe estar centrada en la ética, camino para perfeccionarse y tener en poca valía la gloria, que siempre se desvanece y es efímera. «Vive sereno, desapasionado, feliz, guiado por la razón».

Cicerón, que vivió en el siglo I a. C., es un ecléctico de difícil clasificación. «El alma del sabio no es movida por el deseo, ni arrastrada por el placer. [...] Es libre porque no es esclavo de sus deseos; si el placer y el deseo no se encuentran en el sabio, su alma estará siempre en calma. [...] Hay que desarraigar las pasiones, hay que suprimir el deseo», dijo. Quiero hablar de nuevo de Epicteto, un esclavo asiático del siglo I que después fue libre y se estableció en Grecia. Sus enseñanzas, un tanto desperdigadas, fueron recogidas por su discípulo Arriano. «Es libre el hombre que no desea nada que le sea ajeno, que no dependa de él tenerlo o no tenerlo». Hay una máxima que circula repetidamente por sus escritos: «No desees nada que dependa de otro». Sin embargo, esta postura llega a radicalizarse al afirmar: «Prescinde del deseo. [...] No se logra la libertad por la satisfacción de los deseos, sino por su destrucción». En resumen: «sólo hay una vía para la felicidad: renunciar a lo que no depende de nosotros».

Estos antecedentes al pensamiento cristiano me parece que tienen bastante valor. Pero quizá la nota de renuncia se pone tan de relieve que niega el placer de forma sistemática. Sólo deseamos aquello que no tenemos y que aparece ante nuestros ojos pidiendo paso. Los deseos materiales[6] son los más urgentes, tienen la inmediatez de la prisa y también suelen ser los más superficiales. Los deseos menos materiales (psi-

[6] La clasificación de los deseos puede establecerse así: físicos, psicológicos, sociales, culturales y espirituales. De ahí parte una ordenación que se abre en abanico, dando lugar a una rica gama de estirpes que deambulan y palpitan de forma desigual, espléndida apoteosis de registros e intenciones. Véase a este respecto el subcapítulo titulado *Clasificación de los deseos*, páginas 240-258.

cológicos, sociales, culturales y espirituales) nacen como tales, pero con frecuencia se transforman en ilusión, en querer, en motivación o en la incertidumbre de la esperanza.

El deseo tiene un carácter más presente y tiene un objeto preciso. Pero *la esperanza es siempre futura y muestra un objeto más impreciso*. No olvidemos que, en el lenguaje coloquial, el uso de expresiones habituales confunde y borra los matices de estos términos tan ricos y proteiformes. El futuro siempre es incierto. El presente inmediato está ahí y hay que trabajarlo, en el ejercicio del hoy y ahora.

La administración inteligente del deseo descansa en saber orientarlo. Si hacemos caso de los estoicos y de algunos autores de la patrística cristiana, lo mejor es que sean muy reducidos. La mística del Renacimiento tiene dos personajes clave: santa Teresa de Jesús y san Juan de la Cruz. La primera presenta la especial condición de ser una mujer adelantada a su época, pues en aquellos tiempos la mujer no tenía voz intelectual. Para mí su mejor libro es *Camino de perfección*, en el que traza la metodología para aspirar a lo máximo, en la línea de la tradición cristiana: «La pobreza es un bien que todos los bienes del mundo encierra en sí: es un señorío muy grande. [...] Grandes muros son los de la pobreza; el amor, el desasimiento de todo lo criado y la verdadera humildad, que a la postre ésta es la principal y las abraza a todas. [...] Vengamos al desasimiento, porque en esto está todo y tendrá libertad de espíritu [...] que se abrace el alma con el buen Jesús, que allí lo halla todo y lo olvida todo; guerra contra nosotros mismos, hasta acabar de rendir el cuerpo al espíritu. Al principio es dificultoso, mas yo sé que se puede alcanzar esta libertad y negación y desasimiento de nosotros mismos, con el favor del Señor». En definitiva, es como librarse de todas las cosas que nos rodean, para buscar sólo a Dios.

En otras partes de ese libro declara qué es la oración mental, la posibilidad de establecer un diálogo no de palabras, sino de pensamientos, «que no hay edificio de tanta hermosura como un alma limpia y llena de virtudes». En su obra poética pone el acento en la misma dirección:

Nada te turbe, nada te espante, todo se pasa.
Dios no se muda, la paciencia todo lo alcanza;
quien a Dios tiene, nada le falta:
sólo Dios basta.

O aquel otro poema que dice:

Dadme, pues, sabiduría,
o por amor ignorancia;
dadme años de abundancia
o de hambre y carestía;
dad tiniebla o claro día,
revolvedme aquí o allí.

Esto refleja su abandono en Dios. También cuando afirma:

Vivo sin vivir en mí,
y tan alta vida espero,
que muero porque no muero.

En estos versos hay una agonía serena por el encuentro con el Amado. Quizá el siguiente poema resume todo lo anteriormente citado:

Dichoso el corazón enamorado
que en solo Dios ha puesto el pensamiento.

Por Él renuncia a todo lo criado,
y en Él halla su gloria y contento.
Y así alegre pasa y muy gozoso
las ondas de este mar tempestuoso.

El caso de san Juan de la Cruz es parecido, aunque su pensamiento tiene una elaboración intelectual que arranca de la poesía, en la que él va explicando con detalle la metáfora de cada estrofa. Estamos hablando del siglo XVI y de uno de los grandes poetas de todos los tiempos en lengua española. En su libro *Monte de perfección* hay algo que la primera vez que lo leí me llamó poderosamente la atención. Una especie de dibujo–esquema que parte del desprecio de una serie de cosas (gloria, seguridad, gozos, consuelos, saber, gusto, libertad, honra, ciencia y descanso). Todas son temas básicos de la vida, y pone unas en medio de otras, hasta abrir un surco en el que aparece la palabra «nada» repetida cinco veces. Sigue el esquema hacia arriba y se ve un monte pintado en el que se lee: *«y en el monte nada»;* se sigue subiendo y se ve *«fe, esperanza y caridad»;* algo más arriba, en la parte más alta del dibujo, se lee: *«divinum silentio y divina sapientiae»*. Y ya, en el frontispicio del esquema, en la parte más alta del monte, aparece la siguiente sentencia: *«Sólo mora en el monte la gloria y la honra de Dios»*.

Todo esto parece una contradicción o un sendero demoledor, en el que uno deja todo lo que tiene a su alrededor y dentro de sí mismo y se va tras Dios. En la teología cristiana, estas ideas están recogidas de una tradición de siglos, pero en este poeta filósofo aparecen descritas de forma desnuda, rotunda, terminante, clara. *San Juan de la Cruz diseña una especie de mapamundi de la perfección: la espeleolo-*

gía profunda del alpinismo espiritual[7]. Ese horrible cañón de las nadas, que no parece terminar nunca, suena casi a algo antihumano. Pero esto se acompaña de cuatro poemas, numerados del I al IV, de los que entresaco algunos:

I.
Cuando reparas en algo
dejas de arrojarte al todo.
Y cuando lo vengas todo a tener
has de tenerlo sin nada querer.

III.
Para venir a saberlo todo
no quieras saber algo en nada.
Para venir a gustarlo todo
no quieras gustar algo en nada.
Para venir a poseerlo todo,
no quieras poseer algo en nada.

IV.
... indicio de que se tiene todo.
En esta desnudez halla el
espíritu quietud y descanso,
porque como nada codicia, nada
le impele hacia arriba y nada

[7] Parece ser que el dibujo inicial sufrió después algunos retoques en las distintas ediciones. No se sabe cuántos, pero sabemos que la copia apógrafa era de la madre Magdalena y el dibujo fue de Diego de Astor. La última tiene más riqueza y expresiones en latín. Sus textos de la *Subida* y la *Noche oscura del alma* explican con detalle esa geografía ascética y espiritual.

le oprime hacia abajo, que está
en el centro de la humildad.
Que cuando algo codicia,
en eso mismo se fatiga.

¿Qué significa todo esto? ¿No resulta esto una contradicción, no querer nada, ni desear nada, no tener puesta la esperanza en ninguna meta? En la mística tradicional cristiana se habla de las *purificaciones*, que es lo mismo que el esfuerzo por alcanzar un *desprendimiento* de casi todo lo criado, para poner el objetivo y la meta de la vida sólo en Dios. Para una persona no creyente, que carece de una visión espiritual, esto sorprende y provoca casi un rechazo de entrada. Unas son las *purificaciones pasivas,* lo que siguiendo a Séneca sería el *substine et abstine,* «soporta y resiste»; otras son las *purificaciones activas,* en las cuales la voluntad se pone en marcha para dejar de lado todo aquello que no se encamina hacia el conocimiento y la amistad con Dios. Los siete primeros capítulos de la *Noche activa del sentido* forman un auténtico tratado, un bloque. La primera estrofa es bien elocuente y la explicación que da el propio autor es contundente:

En una noche oscura,
con ansias, en amores inflamada,
¡oh, dichosa ventura!,
salí sin ser notada,
estando ya mi casa sosegada.

La expresión «tener la casa sosegada» se refiere a que para llegar a la unión perfecta con Dios se atraviesa una noche oscura, momentos muy duros hasta liberarse de uno mismo y de las criaturas, desnudos de las cosas temporales. Esta misma idea está recogida en toda la mística cristiana desde san Agustín y santo Tomás de Aquino, pasando por el maestro Eckart, santa Teresa de Jesús o san Bernardo de Claraval, hasta llegar a la obra reciente de Rafael Arnaiz[8], que nos dice en sus escritos: «Cuánto cuesta subir esta pendiente en la que se van dejando tantas ilusiones. [...] ¡Qué difícil es contentar al hombre! [...] El mucho callar engendra un estado de ánimo apto para la oración. [...] Es un deseo de seguir callado. [...] Todo queda dentro, todo se reduce a callar; puestos bajo el manto de la Virgen, que vengan borrascas; pobre mundo dormido que no conoce las maravillas de Dios; vamos a hacer el Cielo en la Tierra; una gloria dentro del corazón; busca el corazón de Dios. [...] Húndete en él y no busques otra cosa; todo es nada para el que vive la ilusión del cielo; deja que Dios se apodere de ti y entonces [...] tu corazón estará quieto; Dios me lleva a la soledad [...] enseñándome el vacío inmenso de la nada». El fondo del estilo recuerda a toda una tradición de místicos cristianos. Bossuet lo decía de forma categórica: «Un cristiano es un hombre del otro mundo».

Hay, pues, dos caminos, dos visiones opuestas: quedarse a oscuras, sin ilusiones en nada humano, desasimiento de todo lo que existe en el mundo, mortificación de los apetitos, para

[8] Estamos ante uno de los más grandes místicos del siglo XX, trapense español que vivió entre 1911 y 1938. Padeció una diabetes crónica. Sus escritos están recogidos en varios libros, pero recomiendo tres especialmente: *Vida y escritos* (P. S. Editorial, Madrid, 1984), que es un resumen de su vida y obra, *Pensamientos* (Regina, Barcelona, 2002), y *Saber esperar*. Unos y otros nos dan una visión completa de lo que dejó escrito, comparable a los mejores escritores espirituales de todos los tiempos. Algunos ejemplos los recojo en el texto del libro.

encontrar a Dios. Y en el otro extremo, el hedonismo, que aspira a la satisfacción de los deseos y a la búsqueda del placer en sus más diversas formas.

El místico más puro encuentra la felicidad en no tener ni esperar nada; es la sabiduría en el desprendimiento de cualquier cosa de este mundo. Yo le llamaría a esto *kilómetro cero de los deseos.* Una persona así no teme nada porque no espera nada. En este espacio asoma la soledad de las criaturas que tienen la compañía de un Dios personal, que para el cristiano bien formado presenta un pico de excelencia. Es la frase de santa Teresa de Jesús: «Quien a Dios tiene, nada le falta; sólo Dios basta». El santo no tiene esperanza ni tampoco está temeroso de no alcanzar lo que busca, porque su pretensión es la desnudez corporal y espiritual. El cristiano de a pie, el que no sube a esas cumbres, entiende esto y lo admira, pero se queda en la base de la pirámide espiritual. Aquí ocurre igual que en la amistad: entre el amigo íntimo y el conocido hay una gama intermedia de formas de amistad muy rica, y cada una tiene sus matices.

Es la felicidad puesta en la amistad con un Dios personal y cercano, que transforma en amor la conducta. Hay una estrecha relación entre *no tener esperanza en nada terreno* y sentirse *desesperado.* Este análisis resulta paradójico, pero conduce al mismo punto aunque por caminos muy distintos. Es la frase de Dante en la puerta del infierno: «El que entre aquí, abandone toda esperanza», nos dice en *La divina comedia*, aunque el sentido que aquí se expresa es el de no poder entrar en el paraíso, que significa la visión amorosa de Dios. Vuelve la frase que antes mencionaba de san Juan de la Cruz: «Para venir a poseerlo todo, no quieras poseer algo en nada [...] en esta desnudez halla el espíritu quietud y descanso, porque como nada codicia, nada le impele hacia arriba y nada le oprime hacia abajo». En definitiva: ya no hay fe ni esperanza, sino la vida en la caridad que es *agape* y *amare*, amor efectivo y amor afectivo. En los libros anteriores y coincidentes históricamente con los cinco primeros libros de la *Biblia*, el denominado *Pentateuco*, nos encontramos visiones relativamente similares, aunque sin la solidez que aflora en el pensamiento cristiano. Tal sucede en los libros de los *Avesta*, los *Vedas* o los *Tripitaka*, pertenecientes respectivamente a los seguidores de Zaratustra, el hinduismo y el budismo. Las preguntas de fondo que recorren esas páginas son: ¿Quién soy? ¿De dónde vengo y adónde voy? ¿Por qué existe el mal? ¿Qué hay después de esta vida? ¿Qué significa el sufrimiento? También descubrimos ideas parecidas en los poemas de Homero o en las tragedias de Eurípides y Sófocles y, por supuesto, en los tratados filosóficos de Platón y Aristóteles. Era la vieja sentencia esculpida en el dintel del templo de Delfos: «*Conócete a ti mismo*».

El deseo es un motor esencial de la vida. Anhelar metas, retos y objetivos. Pero puede ser que el objetivo sea el *kilómetro cero: no desear otra cosa que a Dios*. En un mundo tan materialista como el que vivimos en estos albores del siglo XXI, esta postura es infrecuente, rara, estadísticamente muy escasa. *El deseo es necesidad, falta de algo, ausencia*. Anhelo lo que no tengo y persigo. Pero también *el deseo es energía, vigor, fuerza de arrastre, empuje que es vehemencia*. Ambas notas se complementan: *necesidad y empuje*.

Cuando le decimos a alguien «te deseo», lo que se expresa es una inclinación y necesidad físicas. Si decimos «te amo», la tendencia es afectiva. Si lo expreso como «te quiero», hay una participación fuerte de la voluntad hacia esa persona. Los matices son relevantes. El uso común del lenguaje confunde todo ello.

Ya lo he dicho en las páginas precedentes: *el deseo depen-*

de de mí, pero *la esperanza tiene un fondo incierto y no depende de la voluntad.* La clave estaría en *saber desear lo que puede uno controlar, lo que depende de la propia voluntad.* Si *la felicidad es la administración inteligente del deseo,* es decisivo saber lo que uno quiere, hacia dónde se dirige, a qué aspira, qué cosas busca[9]. La felicidad absoluta no existe. Hay que buscar una felicidad relativa, que es la propia de la condición humana. A eso le llamo yo *felicidad razonable:* no pedir un imposible, ser realista. Felicidad, igual a deseos y posesión conquistada de ellos.

En el otro extremo se encuentra *la felicidad por el placer, el bienestar y la satisfacción de los deseos.* Voy a referirme a ella en el siguiente apartado.

LA FELICIDAD POR EL PLACER Y LA SATISFACCIÓN DE LOS DESEOS

Fue la Ilustración la que rehabilitó el concepto de placer con las ideas de Diderot, D'Alembert, Holbach, Voltaire, Montesquieu, Rousseau, etc. Todo este proceso culminó en la Revolución Francesa. Para estos pensadores la vida humana no es una sala de espera ni un espacio habitado de sufrimiento del que uno no debe ni puede escapar. Quizá la exaltación enfermiza del sufrimiento por parte de ciertas posiciones del cristianismo hizo que emergiera esta otra concepción radicalmente opuesta.

[9] En una palabra, seleccionar los deseos, buscando un equilibrio que siempre será inestable, para dirigirnos a aquellos que nos hacen más personas, que reafirman la condición humana. Eso requiere autodominio, conocimiento propio, cálculo, saber aplazar los deseos que no son positivos. Hay detrás de ello toda una *ingeniería de la conducta,* que es madurez y que no debe de depender de la edad, sino del conocimiento.

Pascal llegó a decir que era vergonzoso ver al ser humano sucumbiendo ante el placer. Justo ahora contemplamos la panorámica contrapuesta: hay que ser feliz, cada uno debe aspirar a la felicidad y fabricarla a su estilo, a su leal saber y entender. Voltaire decía: «El paraíso terrenal está dondequiera que vaya». Era la promesa de felicidad que acompaña al ser humano, si tiene por dentro esa especie de germen de ser feliz a toda costa. Eso es lo que está sucediendo en los últimos tiempos, ya entrados en el siglo XXI.

Hoy muchos medios de comunicación se embarcan en la maestría del *spin:* la manipulación informativa, que va desde la presentación de la guerra de Iraq como la única salida a un contencioso determinado, hasta la tergiversación de los datos electorales, pasando por el tratamiento de una noticia en un informativo de televisión o su situación en un periódico. En la actualidad *la felicidad es una obligación*, no es ya el resultado más bien positivo de una vida, el resumen y compendio de haber alcanzado una buena marca en los grandes asuntos de la existencia, sino algo que se vive como un mandato imperativo, algo apremiante, de lo que cada uno debe estar persuadido.

La felicidad es el resultado de una vida. Ahora, en los tiempos que corren, oímos decir en muchas ocasiones: «Yo lo que quiero es ser feliz, busco la felicidad a toda costa; no te preocupes por nada: sé feliz y olvídate de los demás». Son frases huecas, vacías, pseudomensajes propios de esos libros estadounidenses de autoayuda que se caen de las manos por insustanciales y que con un par de ideas más o menos brillantes pretenden ofrecer una obra sólida. *Hoy queremos el triunfo a la carta, la comodidad a la vuelta de la esquina, una vida desproblematizada, con la pretensión de ser felices aunque no seamos coherentes.* Son las contradicciones de una época en la que el ser humano ha invertido su trayecto. Hay que ser feliz desde el principio, no en la mitad del camino. Y por supuesto, alejar de nosotros el sufrimiento, que fue para el existencialismo la piedra de toque para el conocimiento propio y que tuvo en la angustia su principal valedor.

Pero la historia se repite. Durante el siglo XX hemos tenido dos promesas políticas enormes: el *comunismo* y el *fascismo*. El primero prometió la igualdad sacrificando la libertad, con unas consecuencias terribles aunque con algunos aciertos; el segundo, encarnado en el siniestro nazismo, entronizó a un caudillo al que había elegido democráticamente, convirtiéndose después en una seria lacra para Europa. Ambas parecían promesas maravillosas, el paraíso en la Tierra.

Ahora, superados al menos parcialmente esos dos grandes movimientos políticos, la visión de la vida consiste en la búsqueda de la felicidad rápida, próxima, casi inmediata. Ya no queremos ofertas, deudas, esperanzas, promisiones vinculadas al futuro, sino hechos de hoy y ahora. El mismo Freud, en su célebre libro *El malestar de la cultura*, publicado en 1929, llega a decir que la cultura se despliega mejor renunciando a los instintos. El psicólogo vienés ve la felicidad como un estado de ánimo pasajero y positivo, que se produce por la satisfacción de necesidad y nada más. No olvidemos la influencia de Freud a todo lo largo del siglo XX. Sus escritos han sido norma de orientación casi masiva.

Pues bien, medio siglo después, lo que dijo el padre del psicoanálisis se ha visto matizado por nuevas teorías. Hay dos cambios importantes: del concepto del ahorro hemos pasado al *sistema del consumo*. Y además, de la importancia de la colectividad hemos ido a parar a la *exaltación del individualismo*. Son dos hechos en los que quiero detenerme. Ambos tienen notas de fondo positivas, pero su capacidad de aupar al ser humano hacia arriba deja mucho que desear.

El consumismo representa la fórmula posmoderna de la libertad. El ideal de vida está centrado en disfrutar sin restricciones, con un frenesí devorador de pasarlo bien a toda costa. Todo se compra. Consumir, acumular cosas, tener cada vez más, viajar y conocer nuevos países, sustitución de unos objetos por otros, es la imagen de una persona en un supermercado llenando su carrito hasta arriba. Este consumismo atroz tiene una raíz económica que sería sana, pero que se convierte merced al bombardeo de la publicidad masiva en la creación de necesidades. *El consumismo es hijo natural del hedonismo.* No aspiramos a pasarlo bien con la cultura y sus fórmulas, sino acumulando cosas, teniendo cada vez más. Cuando unas han pasado de moda, se cambian por otras, se actualiza la necesidad. Es una *bulimia de consumo de cosas, noticias, sucesos y acontecimientos.* Pensemos lo que sucede con los escándalos políticos y económicos de cualquier país democrático, que van rotando uno tras otro. O el mismo fenómeno de las revistas del corazón, en las que lo importante es poder comentar los sucesos afectivos de los personajes famosos con detalle[10]. El carrusel de informaciones es rotatorio y sólo los muy avezados saben leer por debajo de las apariencias.

[10] *Las revistas del corazón son los pasatiempos de los mayores, especialmente de las mujeres.* ¿Qué se busca en ese consumo morboso?: evasión, pasar el rato y distraerse con las vidas rotas de los famosos. Cada uno se identifica con un personaje, al que sigue o critica o se sorprende con sus piruetas vitales. Y a la vez, uno tiene la impresión de que se codea con esas personas, que de alguna manera las trata. Son un lugar de convocatoria para la conversación. Son, por otra parte, un mecanismo de compensación de las propias frustraciones: también a las personas conocidas les suceden desgracias. Se trata de superar nuestra vida al compararla con la de esos personajillos sin mucho fundamento. Véase el apartado *El síndrome de amaro*, páginas 337-350.

El otro fenómeno es la transición de lo colectivo al *individualismo enorme* de nuestros días. El estatuto de la autonomía es personal: ya no hay restricciones. *La permisividad significa la ausencia de prohibiciones, territorios vedados o limitaciones*; hay que atreverse a todo lo que a uno le apetezca. Es el individualismo a ultranza una felicidad de nuevo cuño. Se han borrado los impedimentos que antes aprisionaban al ser humano. Hemos llegado a la tolerancia total, ilimitada. Todo es válido y lícito. Lo importante es lo que a uno le parezca bien, olvidándose de lo demás. Sobre todo, sé feliz. Ese es el lema que debe guiar tu vida. Saltando por encima de lo que sea, es igual.

André Gide, en *Les nouvelles nourritures*, subrayó la entrada en la era de la felicidad como derecho. A cada uno le corresponde una cierta dosis de felicidad, a la que está obligado como un derecho fundamental. Después llegó la explosión del *Mayo del 68 francés*, que liberaba todos los deseos, carta magna de los mismos. Poco después Bruckner y Finkielkraut publicaban *El nuevo desorden amoroso*, en donde describen la resaca de esa época con la exaltación litúrgica del orgasmo como máximo representante del placer a la carta: «¿Qué es elegir, sino abrir un espacio de luchas, de intercambios, de compromisos entre la existencia elegida y las que se ha creído excluir?». Es no querer renunciar a nada, sólo ser capaces de cambiar una cosa por otra: hay una relación sustitutiva que va de las cosas a las personas. Apoteosis de pasiones descomprometidas, envueltas en transitoriedad, tornándose todo pasajero, movedizo, líquido. Es la tesis de Guy Debord en *Comentarios sobre la sociedad del espectáculo*: el reino autocrático de la economía mercantil y la insistencia de los grandes medios de comunicación en no decir nada para convertirlo todo en justicia-espectáculo, políticaespectáculo, escándalos financieros-espectáculo, etc. En suma: una especie de falsedad sin réplica y un perpetuo presente.

Deambulan por este terreno los bellos lemas del Mayo del 68: hay que atreverse a sondear todos los misterios. La vida completa o la derrota. Estamos viviendo un tiempo de *glorificación y exaltación del capricho*[11]. El deseo debe abrirse paso entre nosotros, porque siempre será beneficioso, da lo mismo su contenido. El placer y el orgasmo son la puerta de la felicidad: esa es la óptica vigente. *La felicidad como obligación*. La herencia cultural del Mayo del 68 sigue en esas direcciones. Ya no existen los sentimientos de culpa, que tanto estudiaron los psicoanalistas y que los psiquiatras exploramos. La plenitud es la moral subjetiva, a la carta, personal, *sui generis*, la que me sirve a mí y me vale para funcionar. Los libros de autoayuda tienen ese reclamo: ámate a ti mismo, acéptate. En el mercado de la felicidad encontrarás lo que buscas, porque todo es valioso con tal de que te apetezca. Nos deslizamos así hacia el *relativismo*: pensamiento débil, convicciones sin firmeza, asepsia en los compromisos, indiferen-

[11] Hay dos deseos sociales que han proliferado mucho en los últimos años: *el deseo de mantener la juventud física*, que va desde la obsesión por la salud y todo lo que ella significa, y el *consumo de cirugía estética*. De un lado el fanatismo de prolongar la vida hasta el máximo y de otro, que la figura ideal se mantenga contra viento y marea. Uno se opera la nariz, la papada, las arrugas de los ojos, la tripa, el busto, las nalgas... Hay que aparecer bien ante los demás.

Los *body shops* están abiertos todo el día. Es el mundo feliz de Huxley, el Prozac para todos, la melatonina que cura cualquier dolencia del tipo que sea, los psicorrelajantes que disuelven la ansiedad en su raíz. Lo diría de una forma irónica: la felicidad a través de una pócima mágica y superar todas las preocupaciones y sufrimientos porque no son buenos ni aportan nada. Como el vomitivo bálsamo de Fierabrás de don Quijote, el remedio aparente es en realidad inútil.

cia hecha de curiosidad y ganas de saber, pero sin creer en casi nada, porque vale todo y no vale nada. Dicho de otro modo: *el relativismo es la ética de la tolerancia ilimitada, que lleva a la indiferencia pura.* Todo es bueno y malo y nada es bueno ni malo; todo depende en última instancia de lo que uno piense y quiera. Es uno mismo el que dictamina la bondad de la propia conducta. Del relativismo al escepticismo no hay más que un paso. En esa instalación intelectual, la verdad no existe y, por tanto, es imposible alcanzarla. Viene más tarde el *consenso*, como juez último que dice lo que es verdad o mentira, conceptos que dependen de lo que diga la mayoría.

UNA POSICIÓN INTERMEDIA PARA CONSEGUIR LA FELICIDAD

No hay que llegar ni a la visión demasiado pura del místico (la cual es una aspiración excelente, pero difícil), ni a la postura de ser feliz como obligación impuesta, haciendo uno lo que más le guste, sin restricciones ni cortapisas.

La felicidad a la que debe aspirar un ser humano es aquella que valora el ser persona, y es un arte que se consigue extrayendo lo mejor de los grandes argumentos de la vida. La felicidad es un destino indirecto, al que se llega peleando para que el amor, el trabajo y la cultura den lo mejor de sí. La felicidad no es un objetivo inmediato sino mediato, no un *a priori* sino un *a posteriori*, no es una obligación sino una consecuencia, no es tener sino ser, no es aparentar sino expresión de la verdad de uno mismo. *La felicidad es una vida lograda en positivo, que sabe asumir las derrotas y darles la vuelta y convertirlas en experiencias enriquecedoras.*

Hay que conjugar lo físico, lo psicológico, lo espiritual y lo cultural. Integrarlos en una buena y justa medida. Se trata de un equilibrio razonable entre estos cuatro planos. Hay una frontera sinuosa e imprecisa a través de la cual nos alejamos de lo que debe de ser la verdadera condición humana. Es fácil falsificar el verdadero objetivo. Más que vivir muchos años y esforzarnos sacrificadamente en dietas especiales y medicamentos que nos lleven al paraíso centenario, creo que lo mejor es buscar la vida coherente, tomarle la medida a la existencia y darle a sus hechos el valor que realmente tienen. Hay que buscar una cierta objetividad.

La felicidad es saber vivir como persona, buscando que la existencia sea lo más plena posible, pero llena de amor auténtico. Hay que buscar una vida que merezca la pena ser vivida, en la que los deseos sean analizados en su conveniencia o aplazamiento, pero que nada humano sea rechazado de entrada. Ser feliz es alcanzar una vida rematada, redonda, completa, entera, bien estructurada, con el menor número posible de incoherencias en su seno, presidida por el amor y el trabajo, la entrega y la actividad que busca el bien propio y de los demás. Saber vivir es una ciencia teórica y práctica. Descansa sobre unas ideas, pero éstas deben ser puestas en juego en la realidad personal. Hay que forzar la rueda de la fortuna del horóscopo para que se coloque en la mejor posición posible. Es uno mismo el que establece su dirección, forzándola para que se dirija hacia los mejores objetivos propuestos y rectifique a tiempo, para no errar el camino. Puede haber sobriedad y disfrute, no deben estar reñidos, sino convivir en armonía.

Una vida infeliz es aquella que está malograda en sus principales argumentos, por falta de sentido, de coherencia, de planificación o por no haber sido capaces de saltar por encima de los sufrimientos, humillaciones y reveses y volver a emprender el camino. Dice William Thackeray en *El libro de los snobs:* «La finura de espíritu se puede definir como aquel que admira magnánimamente cosas grandes [...] y aquel que admira mezquinamente cosas mezquinas, es un snob».

La idea clásica de *plenitud*, como correspondía al ideal griego, estaba representada por los denominados *trascendentales*, que eran *unum, verum, bonum* y *pulchrum,* es decir: unidad, verdad, bondad y belleza[12]. En el *Tesoro de la lengua española* de Sebastián de Covarrubias leemos a propósito de la palabra «finura» lo siguiente: «... algunas veces agudeza, otras perfección de la cosa y en términos cortesanos, cierta galantería y hecho de hombre de valor y de honrado término». Su procedencia es latina: *finis* o *finitus,* lo que está bien acabado, lo que es pleno y apunta a un cierto grado de perfección.

La felicidad consiste en llevar o haber llevado una vida de plenitud, de finura de espíritu, bien acabada, lo cual produce paz y alegría. Pero entiéndase bien que ese estar acabada significa dos cosas:

[12] Se llaman así porque *trascienden* las cualidades de algo (árboles, casas, libros, pinturas, tipos de personas, amores, etc.), superan el ámbito de los predicamentos. A los cuatro mencionados, hay que añadir el *aliquid*, que siginifica «algo», ya que cada cosa es diferente de otra y no debe entenderse aquí como opuesto a «nada», sino en su sentido más técnico de *aliud quid*: «otro que», otra naturaleza.

Los sentimientos se hacen trascendentes cuando están cincelados como el trabajo de una joya, de modo que multiplican su calidad dándose en ellos una unidad en la multiplicidad, anuncian la verdad de ese sentimiento, que se hace bueno y bello. Todo eso se superpone y se intercala. No olvidemos que la realidad tiene un contexto polisémico (con muchos lenguajes a la vez), con diversos significados, lo que da lugar a un conjunto intercalado de ingredientes, como si todo estuviera tapado por la bruma, y que la razón analítica es capaz de desvelar. Cfr Tomás Alvira, Luis Clavell y Tomás Melendo, *Metafísica*, Eunsa, Pamplona, 1984.

1. que es una *síntesis del proceso de vivir*. Es un resumen, manifestando su coherencia interior o sus escasas contradicciones internas. Un árbol es el resumen de la semilla y de todo un proceso que viene a continuación: desde que se planta, es regado, abonado y cuidado.
2. que esa plenitud la hace perdurar, la sitúa por encima del tiempo: *la obra bien hecha permanecerá*. Un buen libro siempre estará ahí, lo mismo que una obra de arte, y lo mismo pasa con una biografía. La excelencia la lleva a estar por encima del tiempo, la hace intemporal, a pesar de sus fallos y limitaciones, propios de cualquier tarea humana... Pero se observará en ella esa grandeza que se mueve en el campo de la *autorrealización* por un lado y de la *moral* por otro.

Hay que desplegar las mejores capacidades que uno posee, pero aspirando a lo mejor, a la excelencia, en lo que el otro tiene un papel destacado, pues busca darte un trato positivo. No olvidemos que la moral es el arte de vivir con dignidad y como personas; la moral consiste en usar de forma correcta la libertad, sin oprimir ni degradar.

La tan nombrada calidad de vida hunde sus raíces en ser capaces de llevar una existencia digna, coherente, con amor y trabajo, sin utilizar a los demás en beneficio propio, articulando lo mejor posible los grandes asuntos[13]. *La vida feliz*

[13] No olvidemos que cualquier vida alberga dos paisajes, la parte *pública*, que se escenifica ante los demás y que puede ser vista en panorámica en sus segmentos interiores (profesión, nivel de vida, afectividad, enfermedades y todo lo que de alguna manera dejamos que los demás vean) y otra *privada* (a la que Unamuno llamaba «intrahistoria» y Binswanger «historia vital interna»: la de los asuntos íntimos, la de los sentimientos ocultos, la que almacena el jeroglífico de un itinerario, donde se remansan las aguas personales y las emociones se pasean descalzas y soñando).

se consigue al integrar los diversos planos de forma armónica. Sentimientos, razones, cultura, amistad, superación de las dificultades y capacidad para proyectarse hacia el porvenir. Es una ingeniería de los recorridos biográficos, llevada a cabo con artesanía[14]. En resumen: *una vida bien realizada es la que consigue hacer una pequeña obra de arte en cada uno de sus temas esenciales*. La rectificación no sólo es posible, sino que forma parte del arsenal del que uno debe echar mano antes o después. La tarea de vivir tiene un trasfondo filosófico, se vuelve arte y oficio, entrega y aprendizaje. Aprender a ser persona se consigue mediante la repetición de hábitos positivos que enmarcan una forma de ser que pone en juego lo mejor de uno mismo. Los hábitos no pueden ser entendidos como mera rutina, como algo que uno hace una y otra vez, de forma cansina. *Los hábitos muestran la constancia, la tenacidad, la perseverancia en una tarea creativa, que es buena y que exige el recurso de una regla, el ejercicio de unos actos que van originando una tendencia excelente*. Hay en ellos destreza, habilidad, costumbre; uno se va curtiendo en esas lides para asentar un estilo de ser. Esto puede aplicarse también a la vida misma. No hay una forma de vivir buena que sea innata o, por decirlo de otro modo, hereditaria. Se aprende de los modelos que se tienen alrededor y de las enseñanzas del día a día. *Los hábitos son ganancias duraderas que nos hacen mejores*.

[14] Los psiquiatras invocamos al pasado para reorganizar bien el futuro de nuestros pacientes. Nos zambullimos en los instantes memorables positivos y negativos, para situarlos de la mejor manera en el organigrama de esa andadura. Equipamiento lógico y psicológico, razones y sentimientos, que hacen comprender qué ha sucedido con la vida de esa persona, diseccionando los grandes argumentos con una visión audaz e indulgente.

EDUCAR ES APETECER LO NECESARIO

Se habla mucho en las últimas décadas acerca de la ética. En una sociedad tan permisiva aparecen dos conceptos de los que debemos librarnos, que son el *relativismo* y el *utilitarismo*. Ambos sitúan sus coordenadas según las modas, el momento, el diálogo, el consenso, la utilidad, la solidaridad, etc. La educación empieza por trabajar la personalidad: conocerse mejor a uno mismo, saber las aptitudes y las limitaciones, tener claros unos principios esenciales de la existencia humana. En ese clima se va forjando la persona. Se reciben influencias muy diversas, pero lo importante es asimilar las mejores, aquellas que nos educan. Hay espacios en los que vidas enteras, sólidas, atrayentes, que han alcanzado un buen nivel de madurez, se presentan ante nosotros incitándonos a imitarlas de alguna manera. Por otro lado, la televisión fomenta modelos de vidas rotas y sin mensaje, y a la vez ridiculiza formas de vida plenas, con lo que la confusión se planta en todas partes.

La educación debe ser personal. Es trabajar con detalle sobre alguien, para convertirlo en persona. El fondo debe ser moral, conquistado palmo a palmo. La vida se ordena hacia unos fines, que son los propósitos que queremos conseguir. Nadie puede ser feliz si carece de lo más básico e indispensable. Una vez que tenemos eso podemos empezar a construir. Ese fondo ético a la postre consiste en ver en los demás personas, no cosas; seres humanos a los que debemos dignidad, no adversarios a los que hay que ganar. En este sentido entiendo yo la grandeza de la solidaridad. Me empeño en elaborar un camino propio en el que me encuentro a gusto, a través de una serie de pasos sucesivos que me perfeccionan. No se trata de mejorar en una actividad deportiva, en el conocimiento de la música romántica, del arte gótico o de los pintores de vanguardia... Todo esto, siendo positivo y enriquecedor, es poca cosa si no nos lleva a *saber vivir como personas*. Es un empeño, una lucha contra viento y marea, contra las modas y la permisividad, el hedonismo y la indiferencia. El proyecto de vida no consiste en ganar mucho dinero, ni en ser muy famoso y que todo el mundo le conozca a uno, ni tampoco en acumular cosas y propiedades. El proyecto debe estar alimentado por la ética y el amor, por la búsqueda del trato humano con los demás y el salir de uno mismo hacia el otro. El amor verdadero arriesga y ennoblece.

Al estar la palabra amor desprestigiada, hay que recuperarla en su etimología. Si no es así, la instrumentalizamos y la aplicamos indebidamente. El perfeccionismo narcisista de mirarse uno permanentemente a sí mismo es un egoísmo solipsista que antes o después deja claro lo que uno realmente buscaba. Millán Puelles, en sus *Fundamentos de filosofía*, nos dice que la realización de uno mismo es la síntesis humana de naturaleza y libertad.

Negar los deseos en su totalidad es la ascética pura. Educarlos es la ascética racional. Seleccionarlos, encauzarlos, espigar los mejores y desdeñar los peores, es el camino correcto, aunque es un equilibrio inestable que requiere pericia, autocontrol y saber a qué atenerse. La voluntad bien educada es pieza decisiva en todo eso: capacidad para ponerse uno metas y objetivos, para hacerse uno a sí mismo, troquelando y puliendo los matices, rincones y recovecos de la intimidad.

Abundan las felicidades aparentes, ficticias. Alegrías prefabricadas, fingidas, fundamentadas en los cánones de moda y, por tanto, muy sujetas a mudanza. Equivocarse en la selección de los deseos produce decepciones graves y vidas erráticas. Pensemos en un hecho: hoy entre los jóvenes está bien visto el consumo de sustancias tóxicas con más o menos asiduidad. Es algo que tiene casi buena prensa. Igualmente, en nuestros días el índice de rupturas conyugales es alto. Una cosa es desdramatizar estos fenómenos, lo cual es correcto, y otra presentarlos como si fueran algo positivo, normal o difícil de cambiar tal y como se desarrollan las circunstancias actuales. Lo he dicho con anterioridad: *la felicidad es una conquista de objetivos, que nos mejoran como personas*. Conquista que es lucha, esfuerzo, pelea contra uno mismo y las adversidades, pero teniendo claro a dónde nos dirigimos y cuál es la meta.

La curiosidad está en la base de todo aprendizaje. Los deseos son importantes como motores de vida: inventan, sugieren, apuestan, espolean, nos hacen saltar, nos trasladan con la imaginación hacia zonas de fertilidad psicológica. Las éticas orientales pecan de pasividad y de un nirvana de poco compromiso, aletargado y soso. La felicidad es una tendencia natural en todo ser humano, de todas las épocas y lugares. El depresivo grave ha perdido las ganas de vivir y no ve salida a su situación, pero la familia le lleva al psiquiatra para que le ayude como sea a encontrarse mejor. Cuando está desesperado, piensa en el suicidio. No desea nada: es el *kilómetro cero* al que antes me he referido, pero no del que renuncia a todo por un amor superior, sino el de aquel que no ve salida positiva a su existencia. Lo cotidiano se torna insoportable, mausoleo vegetativo de rutinas en donde uno queda sepultado. El místico tiene paz y amor en la renuncia gozosa, viviendo lo cotidiano no como maldición, sino como trabajo gustoso. El paso del tiempo saquea nuestras vidas, robándonos sus minutos imparables. Por eso hay «que saber pararlo psicológicamente» y saborear instantes felices, bocanadas de aire puro que nos sirvan para decir: merece la pena vivir, a pesar de todos sus inconvenientes.

Hay que educar para desear lo valioso. Y lo que es valioso es aquello que nos mejora como personas y como seres sociales. El control de los deseos no consiste en frenarlos, sino en reflexionar sobre ellos y encauzarlos. Señorío que no es represión, sino afirmación creativa, como si se tratase de un afluente que desemboca en otro río de mayor volumen. La confluencia de aguas arriba y abajo debe buscar una cierta altura personal, lo mejor de la dignidad humana. La filósofa estadounidense Martha C. Nussbaum diseña todo esto en su libro *La terapia del deseo,* en el que pretende esbozar una filosofía cuyas proposiciones estén armadas con un lenguaje ordinario, proponiendo que los deseos sean encauzados siguiendo los presupuestos de la filosofía helenística, inspirada en lo que se llamó «el cuidado de sí mismo».

III. Las cinco vertientes de la afectividad

¿QUÉ ES LA AFECTIVIDAD?

La afectividad se caracteriza por su diversidad, como un océano, desde sus colores a sus apariencias, pasando por la profundidad de todo lo que habita en su interior. Todos sabemos de su existencia, pero dar una definición cabal es una tarea bien ardua, sobre todo ahora que estamos en la *era del desamor.* De las ruinas humeantes de una sociedad que sabe poco de la afectividad, partimos casi de cero. Es la ética de la posmodernidad, tiempo de relativismo y códigos extraviados, que se refleja como una silueta alargada que se proyecta de forma precisa sobre la geografía de los sentimientos.

Como en las novelas de crímenes, si seguimos una investigación detectivesca nos damos cuenta de la pobreza con la que se vive una cuestión tan decisiva como ésta. Buena parte del proyecto personal se fundamenta en la afectividad. Sin embargo, éste parece un valor anticuado, y las modas, no lo olvidemos, tienen un poder de seducción notable y, aunque sean necias, arrastran. *El hombre masivamente desorientado no sabe adónde va.* Su recorrido emocional es titubeante, desprovisto del gozo de los ideales y con una cuenta de resultados llena de penas.

El ser humano se ha vuelto cada vez más indefenso. La fragilidad ambiental le envuelve. La repetición mediocre de mensajes fabrica seres humanos en serie, casi robotizados. Su vocabulario afectivo es mínimo, y cualquier matiz o aclaración sorprende por su pobreza. Esta moda pasará y cambiaremos. Desde las ruinas seremos capaces de reflexionar y tomar posiciones más correctas y humanas. *El alfabeto afectivo es muy interesante y nos hace entendernos a nosotros mismos y a los demás.* Los afectos básicos marcan la aventura de vivir. Estamos hechos de deseos y sueños por cumplir. Y uno de ellos, primordial, debe consistir en captar y saber lo que se necesita para estar bien equipado en la galaxia afectiva.

Las dos funciones psíquicas más importantes son la *inteligencia* y la *afectividad*. Constituyen dos resortes esenciales. Las demás herramientas psicológicas (percepción sensorial, memoria, pensamiento, conciencia, vida activa, etc.) tienen vida propia, pero de algún modo se encuentran supeditadas a estas dos. La definición de la afectividad no es fácil, pues su perfil no es claro ni tiene una delimitación precisa, ya que sus contenidos son difusos y polifacéticos. Se ha dicho que afectividad es todo aquel acontecimiento psicológico que no es sensopercepción, ni memoria, ni pensamiento, ni inteligencia, ni conciencia. La afectividad lo impregna todo con su fuerza de penetración en las más diversas áreas. Es difícil de objetivar, aunque los medios se han multiplicado en los últimos años, para traducir a un lenguaje cuantitativo y matemático todo lo que sucede en su interior.

Nos deslizamos por el interior del corazón humano buscando su rincón de esencias, que nos dé la pista sobre lo que allí habita. La intimidad del hombre en el mundo afectivo es densa, compleja, variada: forma una tupida amalgama en la que se concentran y apiñan muchos matices y recodos de la psicología. Lo veremos enseguida, cuando intente definir sus ingredientes más destacados.

La palabra *afecto* procede del latín, *affectatio, -onis:* «impresión interior que se produce por algo». Voy con la primera definición: *La afectividad está constituida por un conjunto de fenómenos de naturaleza subjetiva, diferentes de lo que es el puro conocimiento. Suelen ser difíciles de verbalizar y provocan un cambio interior en cinco vertientes: física, psicológica* (vivencial), *conductista, cognitiva* (del pensamiento y los procesos mentales) y *asertiva* (que afecta a las habilidades sociales). Y se mueve *entre grupos de polos contrapuestos: placer-displacer, excitación-tranquilidad, tensión-relajación, aproximación-rechazo y activación-bloqueo.* Quiero aclarar las cinco vertientes:

1. *Física.* Todas las manifestaciones afectivas tienen una resonancia somática, aunque la diversidad en cantidad y calidad es muy variada. La máxima intensidad se da en las emociones y la mínima en los estados de ánimo y los sentimientos. Aquí la gradación de los tonos y las combinaciones es muy rica. En la ansiedad (emoción) hay taquicardia, hipersudoración, pellizco gástrico, dificultad respiratoria, agitación psicomotora, etc. En la amistad (sentimiento) el componente físico es escaso, a lo más unas lágrimas o sensaciones corporales muy vagas.
2. *Psicológica.* Se refiere al plano de las *vivencias.* Éstas tienen las siguientes características: constituyen un estado subjetivo, interior, en el que uno es protagonista del hecho; lo que ocurre sucede a nivel personal, no es algo que a uno le cuentan o de lo que tiene una información de terceros, sino que es de primera mano; su contenido

es esencialmente un *estado de ánimo* y depende del factor o factores desencadenantes (la alegría de un logro conseguido; la tristeza por la muerte de un ser querido; el sumatorio de adversidades y dificultades; el cambio de actitud que se opera tras algún acontecimiento importante para la persona; y un larguísimo etcétera). Todo esto deja una huella, un impacto que se almacena e incrusta en la biografía.

3. *Conductista*. Los afectos salen al exterior. Son respuestas abiertas, de comportamiento, y originan unas relaciones funcionales entre sistemas de estímulos y respuestas que forman un entramado que es menester clasificar si quiere ser estudiado. Pueden medirse mediante un polígrafo. Prácticamente las cinco vertientes pueden ser analizadas de forma matemática, pasando de lo cualitativo a lo cuantitativo.
4. *Cognitiva*. Vuelve esta palabra clave para entender lo que sucede en nuestra memoria, pensamiento y procesamiento de la información de lo que va llegando a nosotros, desde fuera y desde dentro. Nuestra mente funciona —en cierto modo— como un ordenador, con sus leyes concretas para almacenar información y ordenarla según una serie de principios que la rigen. Así, por ejemplo, en la ansiedad muy intensa se vive una especie de anticipación de lo peor, el presente se vive empapado de un futuro incierto, trepidante, negativo, al que uno se adelanta con malos presagios envolviendo la experiencia.
5. *Asertiva*. Es la quinta vertiente de este *pentagrama*. Se refiere a las habilidades sociales. Los sentimientos positivos (la alegría, por ejemplo) la facilitan; los negativos (como el complejo de inferioridad o la timidez patológi-

ca) la bloquean. Hoy los estudios sobre este apartado se han multiplicado y es un ingrediente que ha tomado un evidente relieve.

La afectividad es el modo en que somos impactados interiormente por las circunstancias que se producen a nuestro alrededor. Es en la intimidad de la persona donde esto resuena, en la sacralidad de cada uno. *La afectividad es un universo emotivo formado por un sistema complejo de sentimientos, emociones, pasiones, motivaciones, ilusiones y deseos.* Cada uno tiene una geografía particular, pero su contenido se entrecruza, se combina, mezclándose, formando uniones lógicas y caprichosas que requieren ser estudiadas con rigor para adentrarnos en la selva espesa de la semántica afectiva. Donde el explorador psiquiatra camina lúcido y opaco, su recorrido es transparente y nebuloso, cartesiano y borroso al mismo tiempo. Las palabras van cargadas de significados coloquiales y su peso específico se diluye y volatiliza por *la proximidad de unos estados con otros.* Por eso, en mi análisis, sé que seré siempre deudor, pues la riqueza de matices y pliegues hace muy difícil que los conceptos sean rotundos, limpios y bien separados unos de otros. *El vocabulario afectivo tiene unos ribetes imprecisos connaturales.* Hay que espigar cada palabra con primor y artesanía. La cartografía emocional es un mapa en revisión constante. Si tuviéramos tiempo iríamos a descubrir la historia de muchas palabras, sorprendiéndonos de la biografía de cada una y del uso y abuso a que el lenguaje popular las ha sometido. Pero eso no le quita fuerza ni belleza a su frondosidad, bosque espeso en el que habita el amor en todas sus variedades. Fauna y flora afectiva aparecen ante nosotros. Veamos sus componentes.

ESTADOS DE ÁNIMO

Es el *tono afectivo del momento* en el que convergen los cinco ingredientes apuntados (físico, psicológico, conductista, cognitivo y asertivo), una mezcla de lo somático y lo psíquico que da lugar a un *modo de estar temporal,* que es a la vez una actitud y una forma de reaccionar ante el entorno. Hay que hacer una matización: no se trata de un instante, de una fracción mínima de tiempo, sino de algo que tiene una permanencia mayor. En las depresiones preguntamos a nuestros pacientes: «¿Cómo estás de ánimo, cómo te encuentras de tono vital, cómo te sientes por dentro?». Estamos intentando bucear en su paisaje interior, pero en una relación que va del presente al pasado más próximo, lo cual nos da una información que se alarga en el tiempo, en una banda de unas cuantas semanas. La palabra latina *animus* significa «aquello que anima o da vida al cuerpo». Es energía interior y a la vez capacidad para la actividad exterior. Un estado de ánimo positivo es esfuerzo y valor para ponerse en marcha y seguir en la brecha de las cosas de la vida personal.

ANÁLISIS DE LOS SENTIMIENTOS: LA VÍA REGIA DE LA AFECTIVIDAD

La forma habitual de expresarse la afectividad es a través de los sentimientos. Son el cauce más frecuente. El término aparece por primera vez en el siglo XII, pero ya en la segunda mitad del siglo X surge la expresión «sentir», procedente del latín *sentire:* «percibir por los sentidos, darse cuenta, pensar, opinar». Entre los siglos XII y XIII afloran las palabras sentimental, sentimentalismo, resentimiento...

Pero es en el siglo XVII, con Descartes, cuando aparece el término «sentimiento» de forma precisa y concreta, y con el significado que le damos en la actualidad. Designa estados interiores pasivos difíciles de relatar, como si se tratara de impresiones fugitivas. El pensamiento cartesiano distinguió entre estados simples y complejos. Pascal en sus *Pensamientos* opone el sentimiento a la razón, concepción que estará vigente durante más de un siglo.

Malebranche, discípulo de Descartes, describe el sentimiento como una impresión de tonalidad confusa, con ingredientes psico-físicos. Su importancia estriba en haber demostrado su importancia a nivel individual, como modificador de la trayectoria biográfica. Confiere una forma especial de conocimiento.

Más tarde Leibniz abre una vía de conocimiento intelectual de los sentimientos, al afirmar que «*tout sentiment est la perception confuse d'une verité*» («todo sentimiento consiste en la percepción confusa de una verdad»). Poco después la Ilustración francesa nos ofrecerá dos ejemplos contrapuestos: Voltaire y Rousseau, el primero racionalista, el segundo sentimental. Son dos personajes con luz propia que recorren la cultura del siglo XVIII. Pero Rousseau da unas magníficas lecciones en su novela *La nueva Eloísa:* transformó los conceptos sentimentales que hasta ese momento habían imperado entre los franceses, volviendo a la lozanía de los sentimientos fundamentales.

Finalmente, conviene recordar que fue el romanticismo el que hizo una marcada exaltación del mundo sentimental, considerándolo como elemento decisivo para la creación artística. Esta corriente se impone en Europa a lo largo del siglo XIX. El hombre romántico vive la vida afectiva de forma desmesurada, hipertrofiada, agrandada, exagerada. Su principal actitud es el *desaliento* y la *melancolía*. Sus grandes representantes son Lord Byron en Inglaterra; Hölderlin en Alemania; Chateaubriand, Víctor Hugo, Lamartine, Alfredo de Musset, Teófilo Gautier y George Sand en Francia; Manzoni y Leopardi en Italia; Gogol en Rusia; en Portugal, el vizconde Almeida Garret; en España, José Zorrilla, Espronceda, Mariano José de Larra y un rezagado Gustavo Adolfo Bécquer. En todos ellos laten las mismas constantes de esta etapa: cultivo de los paisajes interiores, navegación por el mundo de la tristeza, la nostalgia y la melancolía, y un análisis del vertiginoso mundo de las emociones más diversas.

Nos quedan las otras tres vivencias afectivas más importantes: las *emociones*, que veremos enseguida, comparadas con los sentimientos, y las *pasiones* y *motivaciones*, que estudiaremos más adelante. En ellas se encierran las claves para profundizar en la afectividad. Entre unas y otras no existe una separación absolutamente clara, aunque desde el punto de vista conceptual cada una tiene peculiaridades características. Lo que sucede es que la vida habitual se encarga de imbricarlas unas con otras, perdiendo cada una sus perfiles y tornándose borrosas al ligarse con las demás. Vamos a verlas en un análisis descriptivo.

El sentimiento es la experiencia más importante de las cuatro, ya que es la forma más frecuente de discurrir la vida afectiva. Pero, ¿qué es el sentimiento? ¿Cómo se puede definir? Podemos decir que *el sentimiento es un estado subjetivo difuso, que tiene siempre una tonalidad positiva o negativa*. Trataré de explicar la definición que propongo:

1. Por *estado subjetivo* debemos entender que la experiencia básica reside en el yo, que es el centro en el que vienen a converger todos los elementos de la psicología: las percepciones, la memoria, el pensamiento, la inteligencia, los instintos, etc. Es el centro puntual de la vida psíquica, la som-

bra de la personalidad, lo que está detrás de ella, su cara más interna. El yo es como un pasadizo obligado por donde desfilan todas las vivencias, sensaciones, imágenes, etc.

2. *Difuso* quiere decir que la noticia que recibimos no es clara ni específica, sino vaga, etérea, poco nítida, de perfiles borrosos y desdibujados. Como veremos en el curso de estas páginas, muchas veces la persona con ansiedad no sabe describir lo que le pasa y nos dice: «No sé exactamente lo que ha sido... No encuentro palabras para decir lo que he experimentado... Ha sido algo horrible, pero no sé cómo explicarlo».
3. El que tenga una *tonalidad grata o molesta* quiere decir que los sentimientos no pueden nunca ser neutros, híbridos, sino que de una manera u otra serán positivos o negativos, gratos o ingratos, de aproximación o de rechazo.

La depresión es la enfermedad por antonomasia de los sentimientos; en ella se alojan la tristeza, el desconsuelo, la pena, la falta de ilusión por la vida, el cansancio, la apatía, etc. Por el contrario, la ansiedad es la enfermedad de las emociones. Entramos así en las diferencias entre sentimiento y emoción.

El término *emoción* deriva de la expresión latina *emovere,* que significa «agitación». Se trata de una conmoción interior generalmente brusca, súbita, que se produce en nuestro estado de ánimo y viene acompañada de manifestaciones físicas de bastante relieve (taquicardia, sudoración profusa, dificultad respiratoria, etc.), perturbando el orden psíquico previo. Su duración es breve, escueta, rápida, en contraposición al sentimiento, que se alarga más en el tiempo, que tiene mayor permanencia. Vemos por tanto que, aun existiendo entre las dos conexiones evidentes, las diferencias quedan matizadas con bastante precisión.

En resumen: *el sentimiento es la forma habitual de vivir los afectos normales, aquellos que constituyen la vida ordinaria de cada uno. Las emociones son menos usuales, significan una modificación brusca, inesperada y, además, presentan unos síntomas físicos, generalmente ausentes en el mundo sentimental.* El sentimiento tiene menos precisión que la emoción; se experimenta de modo más paulatino, dura más tiempo y el correlato fisiológico es muy escaso o no existe.

Hay una diferencia interesante entre los dos, en relación con el comportamiento. Mientras la emoción comporta una conducta motora, esencialmente activa, el sentimiento recae más a nivel de la representación, la imaginación y el pensamiento. Y en cuanto a su génesis, generalmente la emoción sobreviene por algo, mientras que en el sentimiento el origen no está muy claro, se atisban distintas fuentes, pero ninguna se presenta como definitiva, lo que favorece ese efecto difuso al que antes hacíamos mención.

Los sentimientos constituyen el nudo gordiano de la afectividad. Como hemos visto, el término *sentimiento* deriva del latín *sentire,* que se traduce por la experiencia de sensaciones producidas externa o internamente: percibir por los sentidos. El lenguaje alemán habla de *Gefühl;* en inglés tenemos *sentiment,* igual que en francés; en italiano, *sentimiento.* Puede tener muchas acepciones derivadas del verbo sentir, aunque conviene no confundir dos conceptos próximos, pero distintos, como son *sentimiento* y *sensación.*

Las sensaciones pertenecen al campo sensoperceptivo y, por tanto, siguen las leyes gestálticas de la pregnancia, de la figura–fondo, de la flexibilidad del contorno y las que se refieren a la agrupación de los estímulos (proximidad, semejanza, continuidad y simetría). En ellas todo arranca de un estímulo exterior a través del cual se nos manifiesta el mundo mediante una serie de características: configuración, conciencia de la misma y significación (toda percepción es una forma de conocimiento)[1]. Las sensaciones perceptivas pueden ser neutras, cosa que no sucede con los sentimientos.

Los *sentimientos* pertenecen al campo de la afectividad, y por tanto siguen los principios que rigen la vida emocional. Su fundamento en cuanto al plano de los estímulos es tanto externo como interno (más acentuado éste en la mayoría de las ocasiones), aunque el ser humano tiene una vaga noticia del mismo. Se mueve siempre por una escala de experiencias afectivas bifrontes: placer-displacer, agradable-desagradable, aproximación–rechazo[2].

El idioma alemán es rico a la hora de profundizar en sus raíces sentimentales. *Gefühl* es sentimiento, y de ahí se derivan las palabras *leibgefühle* y *vitalgefühle*, sentimientos corporales (sensoriales) y vitales respectivamente. Existen otras expresiones que están en el perímetro de las anteriores. Así, *gemütsbewegungen* quiere decir «movimientos del ánimo», es decir, los cambios y oscilaciones del mismo. *Stimmung* es el ambiente en el que se halla el cuerpo, como nuestra temperatura psíquica, que sería equivalente al *mood* inglés.

La discusión semántica en el idioma alemán es muy provechosa y abunda en matices descriptivos: *gefühlsregung, gestimmtheit, gemütszustand...*, que significan respectivamen-

[1] La percepción se halla muy limitada por las coordenadas espacio-temporales, pero gracias a la imaginación y al pensamiento éstas son ampliadas.

[2] Al hablar de la clasificación de los sentimientos recogeremos las ideas de Max Scheler y hablaremos de los *sentimientos sensoriales,* que son los que van a plasmarse en sensaciones corporales circunscritas (son inmotivados).

te «sentimiento que nace en un momento», «asentimiento» y «estado de ánimo». El término inglés *feeling* significa «sentimiento», y se utiliza especialmente para designar el componente vivencial del mismo.

El sentimiento (al igual que la pasión) tiene también cuatro ingredientes principales en su contenido: la vivencia, la fisiología, la conducta y los planos cognitivo y asertivo. Pero entre la emoción y el sentimiento existen las siguientes diferencias:

1. Las emociones tienen una presentación más aguda y súbita, muchas veces debida a su carácter inesperado; los sentimientos son más *crónicos* y no tienen esa nota imprevista y repentina.
2. Las emociones son estados *fugaces*, mientras que los sentimientos son más *permanentes.* Los primeros pasan pronto, los segundos constituyen la instalación afectiva habitual.
3. Las emociones tienen un correlato vegetativo importante, que varía según su modalidad. Se trata de una conmoción vegetativa y endocrina (regulada por el sistema nervioso vegetativo simpático y parasimpático y por descargas de adrenalina, respectivamente). Lo más frecuente es que se trate de una excitación simpática y, en menos ocasiones, de una excitación parasimpática. ¿De qué depende esto? Los estudios psicofisiológicos más modernos hablan de un conjunto de factores: genética, constitución, personalidad, patrones psicosomáticos de respuesta familiares y personales, etc. Se puede establecer una clasificación de las emociones según sean simpaticótropas o vagótropas. En cuanto a las más representativas de las primeras nos encontramos con la ansiedad y

la agresividad. En las que predomina el sistema parasimpático se destaca el terror. Los sentimientos tienen un escaso correlato vegetativo o éste es inexistente.

4. Las emociones son *estados subjetivos concretos*, mientras que los sentimientos son más difusos. Los primeros presentan unos perfiles y un tejido más preciso y determinado; los segundos, más abigarrado y complejo.
5. La emoción es principalmente *dialéctica*, invita al diálogo, la polémica, la argumentación, a buscar su porqué. El sentimiento es sobre todo aleático[3], se compone de una amalgama de afectos en los que muchas veces es difícil trazar separaciones claras y distinciones geográficas netas.
6. La emoción es más *biológica y psicológica*, mientras que el sentimiento descansa sobre variables sociales y culturales.
7. Las emociones tienen un carácter de estimulación del comportamiento, que en lo fundamental y primario es de carácter innato, y por ello pueden poner en marcha procesos de motivación. Los sentimientos tienen un carácter más sosegado y dan la pauta del comportamiento habitual.
8. La emoción modifica más intensamente la conducta que el sentimiento. Se dan aquí dos condicionantes clave: más intensidad y menor duración de la emoción; se da justamente la versión opuesta para el sentimiento.
9. Los cambios que se operan, en cuanto al *plano cognitivo* de las emociones, son más marcados e intensos, pero

[3] Esta palabra procede del termino *alear,* que significa mezclar dos o más metales, y su origen se remonta a principios del siglo XVII, derivado del francés *allier* y del latín *alligare,* atar, ligar... Por ahí encontramos su verdadero tono: aleación.

tienden a desaparecer una vez asimilada la reacción emocional. En los sentimientos la mutación tiene menos intensidad, es más elaborada y parsimoniosa y tiende a fijar o determinar ciertas conclusiones operativas para la vida práctica.

10. En las emociones se diluye la participación *intelectual,* siempre dependiendo de la intensidad y duración que éstas tengan. Los sentimientos se dejan más fácilmente atrapar y analizar por razonamientos noéticos. Es una síntesis de lo vivido, comprensión lógico-racional, distinción entre lo que en él ha sido accesorio y fundamental.

CLASIFICACIÓN DE LOS SENTIMIENTOS

Es importante distinguir los diferentes sentimientos e intentar agruparlos de alguna manera. No es fácil, ya que en bastantes ocasiones se imbrican varios, algunos de ellos con significados y contenidos en principio muy distantes, lo que les da un carácter singular y difícil de expresar por parte del que los padece.

Para su clasificación desde el punto de vista clínico nos vamos a detener en la sistematización original de Max Scheler, que habló de cuatro estirpes distintas de sentimientos:

— Sensoriales.
— Vitales.
— Psíquicos.
— Espirituales.

Los *sentimientos sensoriales* son inmotivados, aunque pueden desencadenarse por lo que se ha venido en llamar *even-*

tos vitales[4]. Por tanto, sus características son las siguientes: aunque su esencia es inmotivada, en ocasiones pueden ponerse en marcha a través de esos elementos desencadenantes. Además son localizados, se expresan corporalmente en una zona concreta del cuerpo. Esto lo refiere el sujeto haciendo comentarios del tipo: «Es como si ese miedo lo tuviera cogido aquí a la garganta y no pudiera tragar»; «Tengo la pena cogida en el estómago, es como un come-come triste que no me deja»; «Siento una opresión en el pecho como de desaliento, como si me fuera a pasar algo». Como iremos viendo en todo lo que es el campo sentimental, las descripciones de los enfermos se apoyan lingüísticamente en una fórmula verbal[5].

Los *sentimientos vitales* son también inmotivados, pero se plasman somáticamente en toda la geografía corporal, de forma global y no localizada, como en los anteriores. Recogemos literalmente algunas de sus manifestaciones. Un enfermo depresivo nos dice: «Estoy agotado por la mañana, ya en el momento de levantarme. Es un cansancio no debido a

[4] En inglés *life events*. Agrupan todas aquellas reacciones psicológicas desencadenadas por estímulos procedentes del exterior y que constituyen un auténtico inventario de factores que van desde los fracasos afectivos a los problemas laborales, pasando por un larguísimo etcétera de aspectos menudos, medianos y auténticamente graves.

[5] Esto ocurre no sólo con todo lo que se refiere al plano de la afectividad, sino también en lo relativo al yo, a ese centro de la personalidad. En ambas geografías psicológicas el discurso del sujeto es poco preciso y, por tanto, recurre a esta apoyatura lingüística.

Una observación complementaria: es de personas singulares saber adentrarse en sus sentimientos y contarlos lo más explícitamente posible. La persona media los pone al descubierto de forma demasiado elemental y simple, como si se tratara de algo epidérmico. Esto vale particularmente para la ansiedad.

nada, anterior al esfuerzo, que me deja sin energías y sin ánimos». Otro paciente, afectado de crisis periódicas de angustia, nos contaba: «Tengo como un sobresalto por todo el cuerpo, de la punta del pelo de la cabeza hasta los pies... Es una sensación rara de falta de sosiego, como si me fuera a pasar algo y mi cuerpo ya lo estuviera presintiendo». En uno y otro caso observamos cómo ambos sentimientos se desparraman por la totalidad del cuerpo, sin recalar en una parcela delimitada.

Los sentimientos sensoriales y vitales se suelen dar unidos, y son los específicos de los desórdenes emocionales, principalmente las depresiones y los trastornos angustiosos.

Los *sentimientos psíquicos,* también llamados del yo, son motivados, se deben a algo, se producen por alguna razón, tienen un fundamento. Esto los define. En segundo lugar son *comprensibles,* tiene sentido que se produzcan. Por último, y a diferencia de los dos anteriores, no presentan trastornos somáticos. Existe una tristeza, que se puede producir por la muerte de un ser querido, por una dificultad económica de cierta importancia, por algo de la vida ordinaria que ha salido mal o que no ha salido. A ésta la llamamos tristeza psicológica. Tiene un motivo, podemos ver relaciones de sentido en su producción, y por último, salvo que se trate de algo de capital importancia[6], no tiene ninguna resonancia somática.

[6] En las pérdidas de seres queridos o ante frustraciones afectivas muy serias (sobre todo en las mujeres) o graves dificultades profesionales (especialmente en los hombres) pueden aflorar intermitentemente algunos síntomas: taquicardia, crisis psicomotoras, hipersudoración, sequedad de boca...

En el lenguaje popular se dice: «Comprendo que estés triste», con lo que se quiere dar a entender[7] que uno se ha puesto en el lugar del otro y capta en toda su profundidad lo que ha significado ese hecho. Este estado de ánimo nunca puede ser patológico, salvo que la reacción que origine sea desproporcionada al estímulo, tanto en los aspectos cuantitativos como en los cualitativos[8].

Los sentimientos *espirituales* son trascendentes, van más allá de la realidad personal. Entra en un ámbito superior, ajeno a los planos físicos, medibles y convencionales.

Otra forma de clasificar los sentimientos sería la siguiente, por pares opuestos, que ofrecemos en forma de relación para a continuación describirlos con mayor profundidad:

1. Pasajeros y permanentes.
2. Superficiales y profundos.
3. Simples y complejos.
4. Motivados e inmotivados.
5. Positivos y negativos.

[7] Hemos utilizado dos conceptos similares: comprender y entender. *Entender* significa etimológicamente «tender hacia el otro, meternos en su situación» o, dicho en términos coloquiales, ponernos en su lugar. *Comprender* procede del latín *comprendere,* que significa «abarcar, abrazar». Es decir, que si por la primera operación psicológica soy capaz de ponerme en el lugar de otra persona, gracias a esta nueva tarea agrando las dimensiones de la realidad y del otro, de tal modo que lo abrazo, lo rodeo por todas partes. En medicina, buscar el sentido de un síntoma es comprender lo que ese síntoma significa. Por eso comprender es aliviar.

[8] Entraríamos así de lleno en las llamadas reacciones vivenciales anormales, que son patológicas y productoras de vivencias y comportamientos que pueden ser el punto de partida de ciertas futuras enfermedades psíquicas. La cuestión tiene muchas laderas, pero por todas ellas baja la misma conclusión: es la personalidad que aún no ha madurado la responsable de este tipo de manifestaciones.

6. Noéticos y patéticos.
7. Activos y pasivos.
8. Impulsivos y reflexivos.
9. Orientativos y cognitivos.
10. Con predominio del pasado, del presente o del futuro.
11. Fásicos y arrítmicos.

Sentimientos pasajeros y permanentes. Los primeros son aquellos en los que todo es transitorio y fugaz, respondiendo a un primer entusiasmo que pronto se desvanece. Son frecuentes en la adolescencia y en las personas inmaduras, incapaces de calibrar una relación afectiva de forma adecuada, sabiendo que los sentimientos necesitan tiempo para echar raíces. En los segundos no existe ese aire fugaz y efímero. Por el contrario, suele faltar ese desbordante entusiasmo inicial, su génesis es más pausada, pero poco a poco se van haciendo más estables y duraderos, arraigando con fuerza y persistiendo en una estabilidad progresiva.

Sentimientos superficiales y profundos. Los primeros son aquellos que de alguna manera forman el entramado diario de nuestra vida. Rozan nuestra intimidad, son epidérmicos, se quedan en las primeras capas psicológicas de cada uno. Por tanto, no dejan huella y se volatilizan rápidamente. Los segundos son de signo justamente contrario: calan dentro, se meten en la psicología y de alguna manera la conmueven, la alteran, la distorsionan. Su impacto deja una señal, una marca, un rastro de lo que realmente han significado para uno. En ocasiones esa profundidad puede ser terrible y si su nota peculiar es negativa estamos ante los traumas biográficos. Sin embargo, son muy positivos ante los recuerdos gratificantes.

Sentimientos simples y complejos. En los primeros predomina un contenido recortado, elemental, claro y preciso. En los segundos se pueden combinar distintos tipos, lo que convierte la experiencia vivencial en algo *sui generis,* infrecuente, extraño y, por ende, difícil de expresar hacia fuera. Tal es el caso del sujeto que siente simultáneamente alegría y tristeza, como puede suceder en la madre que ve que un hijo se va de su hogar familiar porque se casa. Por una parte está contenta, tiene la satisfacción de ver que su hijo inicia su propia vida, pero, por otra parte, está triste porque se marcha y, además, porque se quema una etapa de la vida personal.

Sentimientos motivados e inmotivados. El exponente de los primeros es la comprensión: buscar un motivo, un hecho real, una experiencia, un suceso vivido que justifique ese humor afectivo[9]. Los inmotivados se dan especialmente en los niños y en los adolescentes, que aún no tienen sedimentada su afectividad, la cual presenta oscilaciones inesperadas, casi inexplicables, raras, extrañas, que hacen difícil su penetración comprensiva. Traen y llevan a esa persona de acá para allá, de una galaxia emotiva a otra. Pero abundan más aún en los trastornos de la vida afectiva, como son las depresiones y los estados de ansiedad, cuyos movimientos anímicos son esencialmente injustificados.

Sentimientos positivos y negativos. Las primeras clasificaciones de los sentimientos se basaban en los pares antinómicos: *alegría-tristeza, placer-displacer, tensión-relajación.* La antropología y la psicología tradicional han subrayado que

[9] Se les llama también sentimientos orientativos, ya que son capaces de dirigir la vida, en esos momentos, en una línea determinada. Si yo estoy triste por un revés de la fortuna, por algo que ha salido mal, inevitablemente este suceso me fuerza, me obliga, me hace pensar en las dificultades que la vida trae consigo y veo lo que cuesta que los objetivos personales salgan como esperábamos. Cada alegría y cada tristeza nos instalan y nos mueven hacia un lugar concreto.

son los *negativos* los que más ayudan a la maduración de la personalidad, aunque pudiera parecer lo contrario. De aquí que la ansiedad, siempre que no sea patológica en exceso, sea buena, en la medida en que obliga a interrogarse por aspectos esenciales de la condición humana: ¿De dónde venimos? ¿Adónde vamos? ¿Cuál es el sentido de la vida humana? ¿Por qué el ser humano ofrece tantas contradicciones?

Sentimientos noéticos y patéticos. En los primeros el contenido es preferentemente intelectual, y en los segundos puramente afectivo. Está claro que los patéticos son los sentimientos *per se,* los más auténticos, los propiamente dichos.

Sentimientos activos y pasivos. En los primeros domina el dejarse invadir y encontrarse instalado en una vivencia determinada. En los segundos aparece la necesidad de tomar parte en algo, de hacer alguna cosa en relación con el hecho vivido. *La angustia es más pasiva y la ansiedad es más activa.* La angustia parece algo más profundo, dejando un estado de detención. En la ansiedad hay una nota de activa preocupación, de querer afrontar el compromiso temeroso haciendo algo. La angustia es más estática y la ansiedad más dinámica[10].

Sentimientos impulsivos y reflexivos. En los primeros se pone en marcha un dispositivo que salta sobre la marcha al producirse el cambio afectivo. En los segundos se da una invitación al recogimiento y al análisis privado, en un intento de comprender lo que ha sucedido y el porqué de su significado.

[10] Por eso podemos decir, en un lenguaje más clínico, que la angustia produce una reacción asténica, debilidad general, falta de fuerzas y agotamiento. Mientras que la ansiedad va a originar una reacción esténica, de sobresalto, de inquietud, de dinamismo.

Sentimientos orientativos y cognitivos. En los primeros se fragua una tendencia, que no es otra cosa sino escoger una trayectoria con el fin de buscar un derrotero que conduzca a una dirección a la que ya apunta el contenido de esos mismos sentimientos. En cuando a los segundos, van cargados de conocimiento.

En relación con el tiempo nos encontramos con sentimientos en los que, respectivamente, *predomina el pasado, el presente o el futuro*. En cada uno de ellos la flecha de la dirección temporal puede irse hacia el plano retrospectivo (como ocurre en la tristeza, la melancolía, el aburrimiento), quedarse instalado en el presente (vivencias oceánicas de Nietzsche) o marchar hacia el futuro (y entonces estamos ante la ansiedad)[11].

Y para finalizar esta ordenación de los sentimientos entramos en los *fásicos y arrítmicos*. Ambos quedan definidos por un curso regular o irregular. Los *fásicos* son aquellos que se producen de forma cíclica, periódica, y que se dan especialmente en los trastornos depresivos mayores y, sobre todo, en las formas bipolares, también en las depresiones enmascaradas y en los equivalentes depresivos. Es más: esta forma evolutiva suele ser estacional, dándose más en primavera y en otoño. También se observan en la vida genital femenina, sometida a esa ritmicidad tan característica. Los sentimientos arrítmicos se registran básicamente en los trastornos afectivos específicos.

[11] En la ansiedad lo que realmente se produce es una borrachera de un futuro cargado de temores y malos presagios, en donde la imaginación da rienda suelta a pensamientos pesimistas, negativos, marcados por la incertidumbre. Cuántas veces los psiquiatras tranquilizamos a nuestros enfermos de ansiedad sólo con dos cosas: comprendiendo lo que les sucede y haciéndoles ver qué es lo que les pasa y por qué. Además la utilización de ansiolíticos es esencial para la remisión clínica.

El mundo de las emociones comparte muchos puntos de relación con el de las pasiones. Como he comentado, la transición entre unos y otros se establece a través de la cantidad (intensidad), la calidad (forma) y las manifestaciones físicas que aparecen en unos y otros.

Tradicionalmente se distinguen dos planos en la emoción:

1. La *experiencia subjetiva,* es decir, la propiamente afectiva, que es comunicada verbalmente por la persona, que cuenta lo que siente, lo que cursa en su interior. Puede ser analizada mediante la introspección. Y aquí volvemos a esas cinco vivencias bipolares que he comentado con anterioridad: *placer/displacer, excitación/tranquilidad, tensión/relajación, aproximación/rechazo y activación/bloqueo*. Unas fueron propuestas por Wundt, el gran psicólogo del siglo XIX, y otras han venido a agregarse más tarde. Plutchik, en 1985, diseñó cuatro pares de emociones básicas: *alegría/tristeza, aprobación/disgusto, cólera/miedo, sorpresa/anticipación*. La diversidad de las combinaciones posibles arranca de la mezcla de unas con otras, dando lugar a una rica amalgama de emociones.
2. La *experiencia objetiva*, conjunto de manifestaciones que pueden ser medidas de forma objetiva y que se acompañan de cada emoción: taquicardia, sudoración, aumento de la tensión arterial, sequedad de boca, pellizco gástrico, temblores, dilatación pupilar, despeños diarreicos y un largo etcétera. Todo ello es debido a respuestas del sistema nervioso y al sistema endocrino.

Desde el punto de vista psicofisiológico podemos definir las emociones como *estados afectivos funcionales produci-*

dos por estímulos externos o internos reforzantes. En una persona con hambre, la aparición de alimento provoca la secreción de jugo gástrico; si a uno le pinchan en el brazo, se produce una reacción de retirada; si doy clase a mis alumnos en la universidad y veo que están muy atentos y toman nota de las explicaciones que estoy exponiendo, esto me lleva a crecerme en las clases sucesivas y a prepararlas mejor, por la atención que observo en ellos... Se van produciendo así una serie de aprendizajes mediante unos refuerzos primarios que después se van convirtiendo en secundarios.

La emoción es un estado afectivo de activación neurofisiológica que se define por las respuestas corporales que va a producir. Ante un susto inmediato, uno grita; ante una mala noticia que afecta a nivel personal, se reacciona con un bloqueo; afloran así reacciones de defensa, ataque, sorpresa, etc. Las emociones tienen una función de supervivencia, ya que ayudan a generar emergencias ante los mil y un avatares que pueden sucedernos.

TEORÍA DE LAS EMOCIONES

Las teorías sobre las emociones, desde el punto de vista de las reacciones de nuestro cuerpo, tienen una larga historia y analizan su otra vertiente, la objetiva. Quiero destacar aquí las siguientes:

1. *Teoría de James-Lange.* Según estos autores, las emociones son un producto neurofisiológico. Si a uno le atracan de noche en una zona no céntrica de una gran ciudad, siente de inmediato un gran miedo y percibe sequedad de boca, taquicardia, respiración acelerada,

sudor en las palmas de las manos, inestabilidad espacial, etc. Según este punto de vista, lo primero son las sensaciones físicas y después, las psicológicas. Las cosas son al revés de lo que pudiéramos pensar: *la emoción se produce como consecuencia de los cambios corporales que experimentamos, provocados por un estímulo concreto*. Es el sistema nervioso autónomo el que lleva aquí la voz cantante. Corresponde esta investigación a finales del siglo XIX.

2. *Teoría de Cannon-Bard*. El psicólogo Walter Cannon estudió las relaciones entre las emociones y el sistema nervioso autónomo e hizo una fuerte crítica de las teorías anteriores. Según Cannon y Bard, la vivencia y la activación neurofisiológica ocurren al mismo tiempo, no una detrás de la otra. Vuelvo al ejemplo anterior del atracador nocturno: en ese momento los impulsos nerviosos llevan la información a dos zonas de nuestro cerebro: primero a la *corteza cerebral*, que es donde se llevan a cabo los procesos más importantes y sofisticados del pensamiento. Aquí se procesa lo siguiente: «El atracador que tienes delante es una seria amenaza para tu integridad, corres un grave riesgo». Esto hace que aparezca el miedo o el pánico; la otra información llega al *tálamo*, lo cual produce una serie de cambios neurofisiológicos inespecíficos, generales, que se dan en situaciones más o menos parecidas, y que desembocan en reacciones de lucha, huida o entrega.
3. *Teoría de Schachter-Singer*. Estos autores vienen a decir que las emociones dependen de una doble apreciación: cómo evaluamos el proceso que nos está ocurriendo y cómo identificamos lo que está pasando en nuestro cuerpo. Dicho en términos más académicos: *la emoción es el resultado de una interacción entre la experiencia cog-*

nitiva y la activación neurofisiológica o, de otra manera, la conexión entre el darnos cuenta de lo que está sucediendo en ese momento y, a la vez, aquello que nuestro cuerpo percibe. Hoy vamos sabiendo que existe un cierto *patrón de activación neurofisiológica para cada tipo de emoción:* no es lo mismo una gran alegría que un estado de terror o una noticia muy negativa. Esta teoría se desarrolló durante la década de 1960.

4. *Teoría de la expresión facial de las emociones.* Según esta tesis se puede establecer una especie de *catálogo de expresiones faciales,* tipos de caras que identifican la alegría, la tristeza, el terror, el pánico, la sorpresa, la indignación y tantas vivencias como puedan acontecer. Decimos que la cara es el espejo del alma. Sabemos que todo el cuerpo se expresa en la cara y que ésta es programática, anuncia la vida del personaje que la habita. *Los lenguajes verbal, no verbal y subliminal forman un conjunto que es una gran fuente de información para los demás. Es una información que se puede medir según las diferentes culturas y contextos.* La cara expresa sentimientos, emociones y pasiones. En ella existe una elaborada red de músculos finamente inervados que facilitan comer, hablar, reír, llorar o respirar. La mayoría de estos nervios están unidos a la piel, y otros a zonas esqueléticas de la cara. En concreto dos nervios son los encargados de todo ello: el facial y el trigémino, con sus ramas periféricas. A grandes rasgos, el primero inerva los músculos que dan vida a la cara; el segundo acciona los músculos de la mandíbula. Las vías neuronales que controlan las expresiones de la cara son bastante complejas, pero lo que sí debo subrayar es que estos músculos tienen una amplia representación en la corteza motora cerebral.

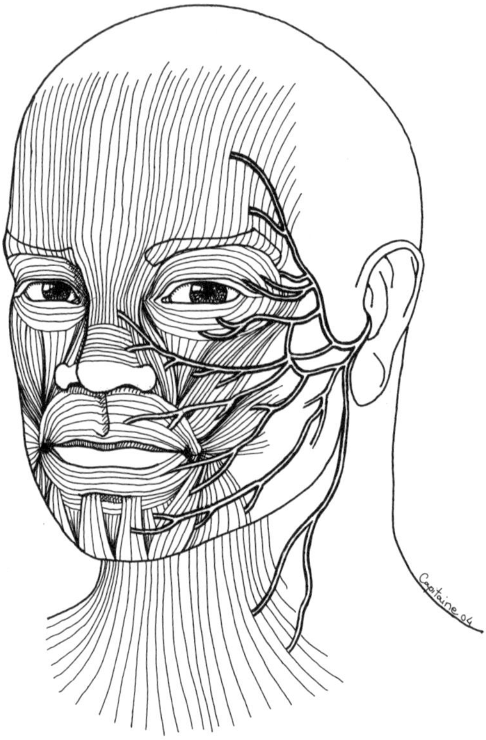

Aquí vemos los músculos implicados en la expresión facial, así como las dos ramas más importantes del nervio facial.

Concluyo este apartado poniendo sobre la mesa el hecho de que todas las teorías sobre las emociones significan que existen una serie de sustancias corporales internas que influyen en los sentimientos. Se trata sobre todo de cambios hormonales a nivel de la sangre (adrenalina, nor-adrenalina, serotonina, dopamina, hormona tiroidea, insulina, corticoesteroides, etc.). De hecho, ciertas situaciones crónicas de ansiedad provocan a medio plazo cambios en la mucosa gástrica, a lo que se añade una elevación del ácido clorhídrico, lo que lleva a la úlcera de estómago... La gran mayoría de las personas que padecen este trastorno digestivo es por cuestiones de tipo psicosomático, tras fuertes tensiones psicológicas sostenidas durante largo tiempo.

Los modelos cerebrales de las emociones tienen hoy una enorme importancia en psicología y psiquiatría: el circuito de Papez, el sistema límbico... Todo forma un mapa de respuestas cerebrales ante estímulos externos o internos. La expedición a las espesas selvas del cerebro nos lleva a un laberinto de cables en el que unas neuronas y otras se apelmazan, trazando caminos insospechados y vericuetos imprevistos que los neurobiólogos estudian con detalle para entender todo lo que sucede alrededor del mundo de la afectividad.

Muchas de estas cosas aquí apuntadas pueden decirse también a propósito de las pasiones, aunque sabiendo que son más fuertes e intensas y de menor capacidad intelectual para reaccionar más templadamente.

EVOLUCIÓN DE LOS SENTIMIENTOS

El niño es una máquina rudimentaria de deseos. Tiene una forma básica de conocer el mundo que le rodea. Todo lo que va descubriendo delante de sus ojos, lo desea de alguna manera. Y los dos elementos de que se sirve para ello son, inicialmente, *la boca y las manos*. La sensibilidad de las mucosas es suficiente para irle transmitiendo de qué objeto se trata —más o menos— y así ir estableciendo una clasificación inicial de las cosas a través de las rugosidades. Freud llamó la atención sobre el interés psicológico del niño *chupándose el dedo*, como un principio de satisfacción erótica. Por otra parte, las manos[12] permiten *coger los objetos,* aproximarse al mundo circundante, irse adueñando de él, atraparlo. *El deseo en el niño es un sentimiento tosco que se alcanza mediante las mucosas de la cavidad bucal y el coger las cosas con sus manos.* En el niño todo es un deseo, lo quiere todo y lo quiere ya; es un campeón de la impaciencia. Los deseos del adulto son más selectivos[13], no lo quiere todo, sino que va vendimiando de manera precisa aquello que más le apetece y, a la vez, afina: deseo lo estético, lo erótico, la belleza,

[12] Las manos tienen una representación en la corteza cerebral muy extensa, en los llamados *homúnculos sensitivo y motor.* Una de las diferencias entre el hombre y el animal, además de la inteligencia y la afectividad, está en la importancia de las manos. *La habilidad manual es un reflejo de la inteligencia sobre las manos.* Es suficiente tener un dedo en mal estado para ver disminuida la capacidad manual de forma clara. El ser humano es muy especial porque tiene manos y lo que de ellas se deriva, pues condicionan y marcan lo que es la *inteligencia práctica,* origen de la noción de instrumento.

El *lenguaje no verbal* tiene en la cara y las manos sus representantes más importantes. Esta diferencia marca las distancias. Las manos hablan, expresan, dicen, muestran desacuerdo, acompañan y envuelven al lenguaje verbal, lo enriquecen y facilitan su vehiculización en el diálogo. Ya en el niño esto va apareciendo. *La cara y las manos forman un binomio decisivo*; casi constituyen la personalidad y su geografía, si excluimos la forma de ser.

Algo parecido sucede con los sentidos, que se entrecruzan unos con otros, arrastrándose su perfil, palpitando al unísono signos distintos: los ojos escuchan, las manos hablan, la boca con su gesto desaprueba, la frente se sorprende e interroga. La estirpe característica de cada uno de los órganos de los sentidos se introduce en el territorio vecino, dándose escenarios privilegiados, en una asombrosa apoteosis metafórica, una turbadora adjetivación, en donde la conjugación de registros da lugar a choques sensoriales, cada uno disfrazado del otro.

[13] El libro de Castilla del Pino *Teoría de los sentimientos* (Tusquets, Barcelona, 2000) es un excelente recorrido por la cartografía del mundo afectivo, en donde el autor expone cómo los sentimientos son formas básicas de vinculación a los deseos, como expresión y comunicación, y con capacidad para organizar los valores y la realidad.

conocer, saber de uno mismo... Ya lo he mencionado con anterioridad: *desear es poseer.*

Los sentimientos son bloques informativos sobre la afectividad reposada, en los que conocimiento e imaginación ofrecen datos sobre sí mismos. De ahí que los sentimientos sean una *vía de conocimiento* y un *termómetro de nuestra vida privada*. Los sentimientos son un lenguaje simbólico que nos da el estado de cuentas general de la afectividad, una especie de *balance psicológico, de haber y debe,* en el que se barajan partidas muy distintas aunque con un nexo común. *Los sentimientos son un ordenador que evalúa y nos ofrece la cuenta de resultados de cómo va nuestra afectividad: su vida y milagros*. Esto conduce a una *interpretación de la realidad*. Si estamos tristes o con ansiedad vemos la vida melancólica o inquietante. Dice un poeta español: «Nada es verdad ni mentira, todo es según el color del cristal con que se mira». Si yo estoy bien por dentro, tiendo a pensar que los demás están como yo y viceversa.

Castilla del Pino, en su *Teoría de los sentimientos,* dice que el ser humano pasa por distintas etapas evolutivas al organizar subjetivamente la realidad, que parten del deseo hacia distintos objetos (lo que puede llevar a su posesión) y pasan a la retención (el logro), el rechazo (la frustración), el placer o el displacer. En una palabra, para él estructuran la organización de nuestros valores.

Hay dos conceptos importantes en el ámbito que tratamos, que son el presentimiento y el resentimiento. Cada uno presenta unas peculiaridades características que analizaremos a continuación.

Presentimiento. Es un estado afectivo que hace que una persona presagie lo que va a suceder. Es una sospecha, un barrunto de que aquello que estamos pensando va a pasar. Está cerca del concepto de *intuición*, que viene del latín *intueri:* «ver directamente». Lo que se refiere al mundo de la parapsicología no vamos a verlo aquí, pero sí en lo referente a una cierta capacidad para adelantarse uno a los acontecimientos que están por llegar. En tal caso puede tratarse de sujetos con una inteligencia práctica muy desarrollada y que en relación con el tema de que se trate poseen una información privilegiada. Científicamente no se ha demostrado que esto sea debido a una forma especial de inteligencia.

Resentimiento. Es un estado afectivo de pesadumbre debido a una herida o sufrimiento infligido por otra persona y que ha significado un impacto negativo en nuestro interior. Se produce como consecuencia de fracasos personales debidos a la actuación contra uno. Esta reacción psicológica predispone al que la padece, al ataque, la agresividad, la crítica frontal o el deseo de venganza por el daño sufrido. *El paisaje del resentimiento está habitado por el rencor*, pero conviene subrayar que *la antesala del resentimiento es la envidia*.

Las dos notas más características del resentimiento son *sentirse dolido* y *no olvidar*. Freud, en su libro *Teoría de las neurosis,* insistió en la importancia de los mecanismos de defensa para superar los traumas del pasado, ya que estos, enquistados, van neurotizando la personalidad hasta convertirla en enferma[14].

Existen dos extremos en el resentimiento. Uno, el que *está dentro de los límites normales* y que nace de situaciones radi-

[14] En mi libro *¿Quién eres?* (Temas de Hoy, Madrid, 2000) he trabajado sobre una muestra de 911 sujetos, diagnosticados de un trastorno de la personalidad denominado, según los criterios diagnósticos de la *American Psychiatric Association*, DSM-IV, y he podido demostrar que el porcentaje más alto lo daba el grupo de los *trastornos mixtos de la personalidad*, en donde el resentimiento es lugar común y el rencor se alimenta de un recuerdo no superado y de un odio enquistado.

calmente injustas, flagrantes, arbitrarias, de abuso de poder, parciales, caprichosas, injustificadas, muchas veces condicionadas por una conducta despótica y dictatorial. En tales casos se ha sufrido un atropello psicológico vejatorio, muchas veces provocado por una persona cínica. Hay dolor justificado por el trato recibido y la reacción es prácticamente normal, siempre que no afecte demasiado a la conducta ordinaria ni produzca una obsesión. En este caso la persona puede ir trazando un plan hipotético y mágico, de un encuentro más o menos casual o mental, que dé lugar a una venganza verbal acompañada de otra más práctica con desquite y satisfacción, una especie de ajuste de cuentas histórico. El tiempo cura todas las heridas y el paso de los años puede hacer que las aguas vuelvan a su cauce, aunque el tema siga ahí, pero en un plano de lejanía.

Nietzsche, en su *Genealogía de la moral*, habla de la rebelión de los esclavos. Y Max Scheler nos dice que los tres productos del resentimiento son: el concepto de igualdad entre los hombres, la afirmación del subjetivismo de los valores[15] y la subordinación de los valores a la utilidad.

[15] No podemos aceptar este postulado, ya que toda la axiología moderna busca precisamente *valores universales,* válidos para todo ser humano de cualquier condición, lugar y estado. Hay tres valores mitificados: el progreso, la ciencia y la libertad. Es esencial orientar el progreso según criterios morales; la ciencia es un campo portentoso de crecimiento, pero no puede deshumanizarse; la libertad debe estar anclada en la justicia, si no puede convertirse en esclavitud y mentira.

La mayoría no puede ser la que diga qué es o no verdad. La mayoría no puede ser el principio fundamental en el mundo de hoy. Los valores son la recta razón, el derecho natural, el humanismo, el respeto a las libertades políticas y aquel conjunto de conocimientos y saberes y creencias que se han ido forjando a lo largo del tiempo y favorecen el desarrollo armónico de la persona. Patrimonio psicológico y cultural colectivo, de carácter común, valioso para cualquier ser humano aunque esté en el último rincón del mundo.

La figura del *cínico* hay que desenmascararla. Es un sujeto que carece de escrúpulos, hábil y con desfachatez, que dice y pregona unas cosas y hace justamente las opuestas. No es fácil descubrirlo, porque es maquiavélico, desvergonzado, audaz, escurridizo, con un desenfado atrevido, escandaloso en una conducta huidiza y zigzagueante que no es fácil atrapar. Cuando uno ha padecido a un cínico, las palabras se quedan cortas y uno sabe de qué estamos hablando. Es más: con frecuencia intenta dar lecciones de ética, buscando una apariencia de persona templada y equitativa. Descubrir a un cínico puede ser una empresa de años. A veces hay que esperar una vida entera para dejar las cosas en su sitio. *El resentimiento que provoca el cínico es el más humano y comprensivo, ya que uno se ha visto maltratado por un desvergonzado dañino*. La reacción que provoca lleva a querer tomar la justicia por la propia mano.

El otro extremo del resentimiento es el *resentimiento patológico*. Es enfermizo y no arranca de situaciones claramente injustas, ni es debido a algo real, objetivo, que pueda valorarse fríamente por terceros. Descansa sobre una personalidad *sensitiva* en el sentido propuesto por Kretschmer: susceptibilidad enfermiza, desorbitada necesidad de ser estimado, una cierta egolatría y dificultad para reconocer las propias limitaciones y fallos. Una de las subformas de esta modalidad se produce a orillas de la envidia. *La envidia es tristeza y pesar ante el bien ajeno.*

¿Cuándo la envidia se convierte en resentimiento? Cuando la otra persona tiene algo que uno aprecia y que no posee, y esta posesión es atribuida a algún tipo especial de injusticia o dádiva inmerecida.

El resentimiento patológico es vivido con una mezcla de descontento y de sentirse herido, que una y otra vez son reactivados mediante estímulos recordatorios. Hay aquí una deformación apasionada de la realidad. Cuando este tipo de resentimiento echa raíces fuertes, puede motivar toda una vida y sólo cesa cuando se apaga la sed de revancha que se lleva dentro. Casi todos los resentimientos albergan un fuerte deseo de estimación. Una personalidad madura es aquella que tiene recursos suficientes para superar el pasado, aprender de él y vivir abierto hacia el porvenir. Esa es la ecuación temporal del hombre sano.

Los opuestos al resentimiento son el *perdón* y la *generosidad*. El primero significa luchar por pasar las páginas de esos recuerdos, para que no se claven en la intimidad y pidan paso para salir una y otra vez. El segundo es grandeza de ánimo, magnanimidad, excelencia.

LAS PASIONES

Las pasiones constituyen el estatuto intenso, devorador y vehemente de la afectividad, que pone en tercer o cuarto plano a la inteligencia. La pasión es más intensa que la emoción y se lleva por delante los resortes de la inteligencia, haciéndolos desaparecer momentáneamente. Toda la persona se ve sometida a la presión que ejerce esa circunstancia. *En la pasión uno padece un estado psicológico en el que la parte racional se somete a las tendencias primarias, que son más fuertes que uno y que le arrastran como la pleamar del oleaje.* Los clásicos hacían una fuerte censura de las pasiones, presentándolas con tintes negativos. Igualmente los ilustrados, durante el siglo XVIII, menospreciaron su importancia. Los románticos del siglo XIX las exaltaban como fuentes de vida y de creación. Pero Hegel en sus *Lecciones sobre la filosofía de la historia* llega a decir que «nada grande se realiza sin pasión».

Parece que las pasiones son más frecuentes en la juventud. Y que a medida que pasan los años, la afectividad se templa y acrisola, moviéndose entre los sentimientos y las emociones. Cada edad tiene sus formas afectivas. Ser capaz de dominar las pasiones es superar el adolescente que habita dentro de nosotros. Aunque esto debo matizarlo, pues hay momentos de la vida en que vivir algo con pasión puede ser clave para alcanzar una meta que se hace difícil, espinosa, poco asequible.

El amor conyugal contiene en su interior muchos elementos, pero cuando nace de la aprobación inicial, se prolonga con la atracción (primero física y después psicológica), le sigue el deseo y por último la tendencia a poseer. Son secuencias: te descubro, me siento atraído, te deseo, te quiero para mí. Es evidente que cada uno ama según su forma de ser. Tras el encantamiento viene el afán de poseer. Todo eso puede vivirse como emoción o pasión, depende de los grados de intensidad, la edad, la trayectoria biográfica, las carencias y las presencias que en esa persona se dan, las expectativas que todo ello genera.

La pasión es un estado de succión por el objeto que aparece delante y nos empuja como una ventosa hacia él. Se escapa la vida por las rendijas de ese apetito. Algunos piensan que se ama más en la medida en que uno se acerca al suicidio como Werther o al asesinato como Otelo. Creo que en ambos hay desmesura patológica. Todo amor intenso tiene unos ingredientes desproporcionados en algún momento. Los aderezos apasionados fueron típicos de los románticos. Pero insisto: *cada uno ama según su forma de ser*. En el enamoramiento, en sus momentos cumbre, todo se mueve entre la emoción y/o la pasión. Cuando ese amor se ha consolidado e institucionalizado, si funciona bien, deambula por los carriles de los sentimientos. Pascal, en su *Discurso sobre las pasiones,* subraya que el amor y la ambición son sus representantes más genuinos y que en las edades de la vida van cambiándose de forma sucesiva, puliendo sus contenidos.

La pasión no puede ser entendida como la culminación excelsa sobre el objeto amoroso. A mi entender, es más que nada la importancia del momento biográfico, que será pasajero, fugaz, transitorio, ya que es imposible mantener la pasión de forma constante. Resulta casi irracional. Aunque uno diga en el lenguaje de la vida ordinaria: «Soy un apasionado de mi mujer» (o de la música clásica o de la literatura de la Generación del 27), es una forma de hablar, que no coincide con el rigor y la exactitud de las palabras.

Así, por ejemplo, *la soberbia es una pasión sobre nuestra propia valoración.* Nos damos una nota demasiado buena, la estimación que hacemos de nosotros mismos está pasada de rosca y estamos un poco ciegos acerca de lo que en realidad somos y valemos. Ese aire de suficiencia, de bastarse uno a sí mismo y de gravitar sobre la excelencia propia, tiene visos claros de pasión, ya que se mantiene en el tiempo y no suele ser fácil llevarla a la realidad y a la posición que de verdad le corresponde. Hay un error por exceso en la manera de vernos[16]. La topografía de la soberbia tiene muchos matices, pero siempre produce en el que la observa un rechazo frontal, cuando aparece con toda su rotundidad. El suje-

[16] Hay dos modalidades próximas, pero distintas: la *vanidad* es más periférica, mientras que la *soberbia* es más profunda. En el rincón último de cada uno, nosotros sabemos de verdad lo que somos, pero nos cuesta reconocer nuestras limitaciones, defectos y errores. La clave está en aprender a vernos desde el patio de butacas, en saber ser más objetivos con el nivel de autovaloración.

to afectado se yergue con un aire de supremacía en el que su amor propio elabora un imagen extraordinaria de sí mismo, casi como una alucinación[17] en el sentido clínico de la palabra.

Para atemperar las pasiones sobre la visión de uno mismo, sugiero buscar la distancia exacta para vernos de forma más fría y desapasionada. Podemos hacer una analogía con el arte pictórico moderno, desde Van Gogh a Monet, pasando por Picasso, Dalí, Miró, Tàpies, Willem de Kooning, Rothko, etc. Si vemos alguno de sus cuadros *desde muy cerca* sólo distinguimos manchas de colores; la percepción se torna opaca, borrosa, imprecisa. Es mejor contemplar la propuesta del pintor *desde una cierta distancia:* eso aclara, pone cada segmento en su sitio. *Debemos buscar la mejor distancia para los análisis personales y generales, ni demasiado cerca ni en la lejanía.* La separación del objeto lo clarifica y lo hace más diáfano... Ilumina, pone en evidencia, lo hace más explícito, dejando sus realidades y perfiles bien dibujados.

También las pasiones tienen sus apartados físico, psicológico, de conducta, cognitivo y asertivo. En definitiva, se trata de aplicar el *modelo pentadimensional* del que he ido hablando sucesivamente y ver cómo se diversifica en esos cinco planos. Así, por ejemplo, la *bioquímica de las pasiones* tiene una base que está en los denominados circuitos córtico-subcorticales del cerebro. Fue Cannon, en 1927, el que innovó en este campo, describiendo su *teoría del estrés,* poniendo de manifiesto que el mundo de las emociones y las pasiones estaba directamente relacionado con el tálamo y el

[17] Ésta se define como una falsa percepción sin objeto; es propia de las esquizofrenias. Sería mejor verla como una *ilusión patológica:* deformación de la percepción de la realidad personal, por motivos afectivos.

hipotálamo. Más tarde, en 1938, Papez habló concretamente del *circuito de las emociones/pasiones*. MacLean, en 1949, trató de elaborar una concepción sobre los sustratos anatómicos y fisiológicos de todo ello, de forma que pudiera dar una explicación convincente de cosas como las enfermedades psicosomáticas o las crisis de pánico: «Los mensajes de dentro y fuera del organismo son llevados al cerebro por impulsos que viajan por fibras nerviosas y, posiblemente, por agentes humorales llevados por la corriente sanguínea. Pero al final, cualquier correlación de estos mensajes tiene que ser función de un conjunto de numerosas neuronas altamente integrado, capaz de clasificar, seleccionar y actuar sobre diversos patrones de actividad bioeléctrica». Hoy se considera que el que se encarga de esto es el *sistema límbico* (formado por el lóbulo límbico y las estructuras diencefálicas y del tronco cerebral, con las que tiene conexiones[18]). Los resultados experimentales indican que no todas las emociones se relacionan con el mismo patrón de actividad del sistema nervioso, y que no es lo mismo un miedo súbito ante un atracador que una mala noticia sobre la salud de un familiar, o una alegría desbordante por un éxito personal que una crisis de pánico de naturaleza endógena. Por el momen-

[18] Ya Marañón, en 1920, estudió la acción de la adrenalina sobre la emotividad. Y Rof Carballo, en 1952, fue otro de los primeros españoles que trabajó sobre las relaciones entre cerebro interno y mundo emocional. Rojas Ballesteros, en 1957, investigó acerca de la acción de la bulbocarnina en animales de experimentación, siguiendo los trabajos de Kleist (1934) sobre la neurofisiología de la conducta. Hoy las investigaciones en este sentido han producido grandes avances y se puede afirmar que *en el sistema límbico reside buena parte de la anatomo-fisiología del mundo emocional.* La lista de trabajos va desde Broca y Papez, pasando por MacLean, Rodríguez Delgado, Hess, Fernández de Molina y Hunsperger.

to no existen datos suficientes para defender que cada estado emocional tiene un patrón neurofisiológico distinto. El tema está en pleno periodo de investigación.

LAS MOTIVACIONES

Voy a intentar aproximarme a este concepto para dejarlo lo más claro posible, aunque sin perder de vista que roza —y se introduce en alguna medida— los otros medios de penetrar en la afectividad: sentimientos, emociones, pasiones, deseos e ilusiones.

Las motivaciones son estados internos que mueven y empujan la conducta, para que ésta se dirija hacia un objetivo determinado. Son la razón de ser del comportamiento, escondidos en la intimidad de una persona y que *activan con eficacia al ser humano*. En una palabra, los motivos son fuerzas extrínsecas o intrínsecas que dinamizan y orientan la conducta hacia una meta inmediata, mediata o lejana. Los *instintos* son pautas de conducta fijas que están inscritas en la naturaleza y que no han sido aprendidas.

En la psicología clásica hacíamos una distinción entre *explicar,* que consistía en buscar *relaciones de causa-efecto,* y *comprender* («descubrir relaciones de sentido»). Se explican los fenómenos físicos y se comprenden los psicológicos. De ahí derivan dos palabras: *causas* (las de la depresión endógena son debidas a una desorden bioquímico cerebral muy complejo) y *motivos* (los de un opositor que pasa un par de años de su vida estudiando un extenso temario, a razón de más de diez horas al día, porque quiere ser notario, registrador o violinista de una orquesta importante).

Los *instintos* los utilizamos sobre todo en el campo animal, mientras que las *tendencias* pertenecen al ámbito humano; los primeros están inscritos con fuerza en la naturaleza, tienen una base biológica y se ponen en marcha como patrones de conducta fijos, no aprendidos, de carácter hereditario: el pollito recién salido del cascarón anda, salta, come, busca a su madre y se defiende del frío y del excesivo calor... Todo lo trae dentro de su mapa genético. No obstante, muchos psicólogos prefieren no utilizar este concepto y hablar sencillamente de *patrón de acción fija:* respuestas particulares, estereotipadas, de los animales machos y hembras de una especie determinada, que se completan una vez iniciados, resistentes a su modificación y, generalmente, no aprendidos. También se emplea la expresión *predisposiciones genéticas*. Las *tendencias* son los instintos que se dan en el ser humano, y éste es el único ser vivo capaz de negarlos, vencerlos, superarlos, educarlos, reconvertirlos, etc. La diferencia es esencial. A las *tendencias* se las denomina también *impulsos*, y surgen para satisfacer necesidades básicas relacionadas con la supervivencia, estando arraigadas en la fisiología. Los ejemplos son claros: el impulso de comer, de beber, del sueño, de la búsqueda del placer y la evitación del dolor. No son como los instintos animales, pues están moldeados por la experiencia de la vida, la inteligencia, la afectividad y la voluntad.

Maslow habló en 1970 de *jerarquía de las necesidades*, dibujando una pirámide en la que la base está ocupada por las fisiológicas, que tienen prioridad respecto a las que están situadas más hacia el vértice. Unas y otras activan el comportamiento. *Se mezclan las necesidades y las motivaciones, dando lugar a un entramado de activación que lanza, impulsa y arrastra hacia una dirección.* Se avanza hacia un objetivo propulsado por unas y otras.

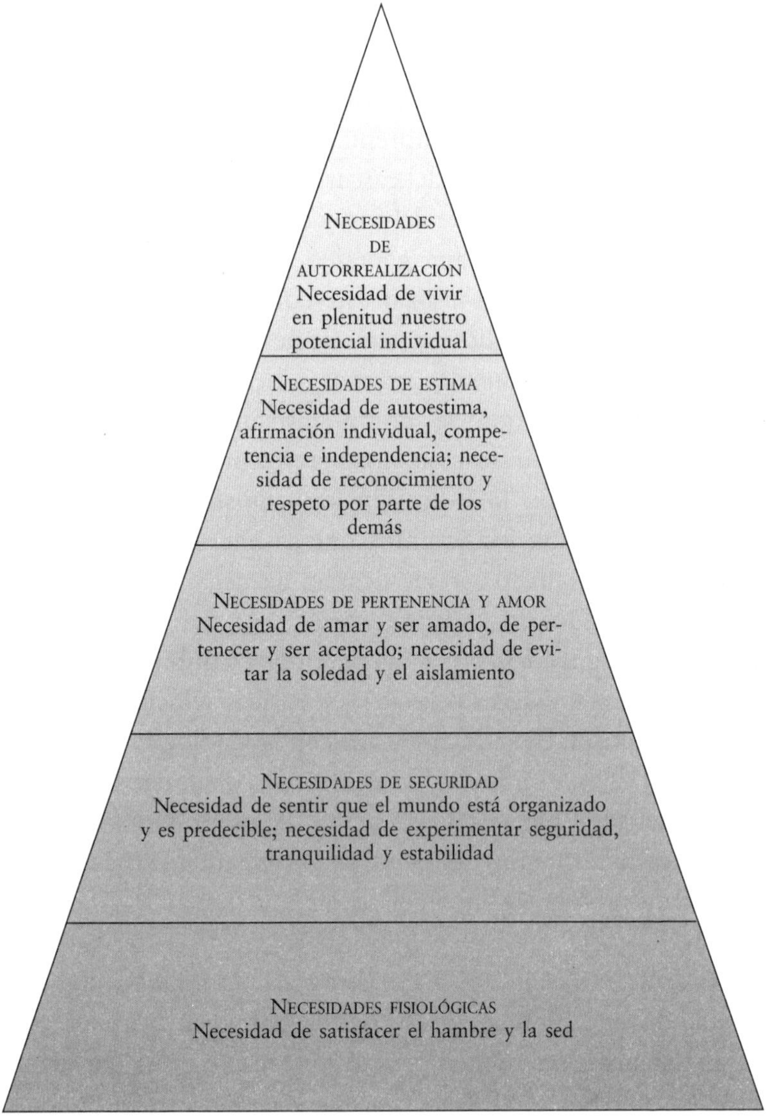

La pirámide de Maslow (1970): en ella se establece una jerarquía de las motivaciones.

No es fácil clasificar los motivos principales que rigen en el ser humano. Y no lo es porque podemos caer en el error de hacer un inventario que sería el cuento de nunca acabar, pues son muchos los matices que se hospedan en nuestro interior. *Motivar es activar el comportamiento para que se dirija hacia una meta, lo cual subyace en el fondo de la persona y la mueve y orienta, animándola a seguir la dirección trazada, superando las dificultades. Los deseos son más inmediatos, tienen la fuerza de arrastre que pide paso rápidamente, sin poder esperar.* Las razones por las que unos obran de una manera y otros de otra, hay que descubrirlas en los motivos últimos que residen en cada uno.

La clasificación de los motivos debe basarse en las principales teorías sobre cómo funcionan. Vamos a sistematizar este campo:

1. *Teorías del* drive. Se llama *drive* a un estímulo que conduce a un estado de tensión y excitación (dolor o disgusto), que representa una fuerza constante y cuyo propósito es la reducción de esa tensión, que se acompaña de alivio o placer[19]. Los drives *primarios* se asocian con lo biológico, como el hambre o la sed: son innatos. Los drives *secundarios* son aprendidos, y aunque tienen su base en los

[19] La personalidad de cada uno cumple una misión de administrador inteligente, coordinando las demandas que aparecen ante nosotros. La cultura y las creencias desempeñan en este campo un destacado papel. Todos tenemos las mismas necesidades básicas, pero donde realmente vemos las diferencias es en las motivaciones que nos llevan a hacer algo grande de nuestra vida o a mantenernos en unos niveles primarios, elementales, cercanos al campo animal. *Los motivos hablados o silenciados retratan la calidad de las aspiraciones que queremos alcanzar.*

anteriores, se encuentran en otro nivel. Así, el dinero es secundario. Gracias a él se pueden comprar cosas, viajar, tener unas condiciones de vida mejores... Otro drive *secundario* es la ansiedad, ya que puede convertirse en una poderosa arma para avanzar: el afán de superación, el ansia de conocer más nuestra profesión, el ansia de saber... El modelo de Hull habla de la *relación estímulo-respuesta:* si hago algo y veo interés o aprobación a mi alrededor, me esforzaré por hacerlo mejor. Por el contrario, si lo que hago no interesa a nadie o no es valorado, la tendencia será a la desidia. Esta tesis tiene unas notas mecanicistas, de acciones reflejas que se van complicando y forman un ensamblaje de estímulos y respuestas que se retroalimentan unos con otros. Murray diseñó en 1951 el famoso *test* de personalidad llamado TAT (*Test* de Apercepción Temática). Para él la motivación se mueve en el esquema *necesidad-presión,* distinguiendo entre *necesidades primarias y secundarias, abiertas y secretas.* Unas y otras arrancan de una percepción, mediante estímulos externos o internos. Tiene un fondo hedonista (de búsqueda de placer).

2. *Teorías del incentivo.* En este caso lo importante son las metas a conseguir. Una chica gordita se motiva para comer de forma racional, quiere llegar a tener un mejor tipo físico y hace esfuerzos por privarse de alimentos que le apetecen para alcanzar el objetivo a que aspira. Aquí más que la acumulación de hábitos lo que se busca es algo organizado, intencional, jerarquía de aspiraciones en la que la expectativa de llegar a la cima propuesta tiene un enorme valor. *La representación mental del futuro, verse con el logro conquistado, es lo que mueve a actuar.* Tienen también una base hedonista (obtener placer y evitar el dolor).

3. *Teorías cognitivas*. Hay dos vertientes complementarias. Por una parte está la *teoría cognitiva de prever los acontecimientos,* que lleva a actuar mediante construcciones mentales, que diseñan nuestra travesía personal y son capaces de pronosticar acontecimientos y hacer predicciones con el fin de mejorar e ir aproximándonos a las metas propuestas. Alguien dice: «Cuando cumpla cuarenta años me gustaría tener un trabajo profesional como arquitecto y ser capaz de estar al día y seguir una línea personal en la que me sienta bien con lo que estoy haciendo». Siempre está la incertidumbre en la vida, eso lo sabemos, son las exigencias del guión, pero lo importante es tener previsto que existirán dificultades. En realidad, lo importante es ser capaz de superarlas por medio de la *claridad* y la *congruencia cognitiva* (Kelly, 1958).
4. *Teoría del modelo atribucional*. Fue desarrollada por Weiner en la década de 1990. Se llaman en psicología «atribuciones» a *explicaciones de los sucesos, las cuales desempeñan un papel importante en la forma de reaccionar*. Si a un alumno le ha suspendido el profesor un examen que esperaba aprobar, pero realmente ha estudiado de forma insuficiente, el estudiante *atribuye* la mala nota a que el profesor es muy duro y suspende a casi todo el mundo; a la mala suerte; a que el día anterior no se encontraba bien físicamente y bajó su rendimiento, etc. Pueden tener un estilo explicativo optimista o pesimista. Las personas nos diferenciamos unas de otras en la capacidad de ser objetivos con los hechos que nos suceden, en cómo evaluamos los acontecimientos.

   Esta segunda modalidad tiene un punto notable: ¿qué explicaciones damos a lo que nos sucede? Una persona puede pensar que el éxito es la suerte de cara, mientras otro dice que es la consecuencia del trabajo bien hecho y con constancia, tras muchos esfuerzos positivos. Hay tres explicaciones causales:

a) El *lugar de la causa:* que puede proceder de dentro o de fuera de la persona. Hice mal el examen porque tenía fiebre o había tenido una colitis el día anterior o porque mentalmente me quedé bloqueado. En otras ocasiones se alegará que la prueba del examen fue mal porque en la clase hacía demasiado frío, o porque el profesor hizo unas preguntas muy difíciles, o porque su forma de corregir es durísima.
b) La segunda dimensión es la *estabilidad,* es decir, que esa explicación es relativamente fija y no cambia con el paso de los días, sino que se mantiene con los mismos criterios. Volviendo al ejemplo del examen anterior, una muestra de escasa estabilidad sería cuando al principio se pensó en la dificultad de las preguntas, días más tarde en el frío de la habitación, y poco después en que el profesor es un hueso y disfruta suspendiendo a todo el mundo.
c) La tercera dimensión es la de *poder controlar* los hechos que suceden. Si yo puedo de alguna manera dominarlos, mediante ciertos esfuerzos, el éxito o el fracaso dependen de mí. Pero si yo no puedo controlarlos, no hay casi nada que hacer, tal como sucede cuando alguien achaca lo que le sucede en negativo a la herencia, como sucede en los trastornos de la personalidad. Si a una personalidad límite se le explican los síntomas (impulsividad, agresividad, inestabilidad de ánimo, inestabilidad de criterios, tendencia al chantaje, frecuentes pérdidas de control), puede

argumentar que tiene el mismo temperamento que su padre y que lo ha heredado de él y, por tanto, es la genética la que manda y él no puede hacer nada por modificarlo.

Un botón de muestra de los tiempos que corren: el fracaso afectivo en las relaciones conyugales. Para la persona madura, éste es el resultado de descuidos permanentes de los pequeños detalles y de perder de vista que el amor es una tarea a la que hay que dedicarse con artesanía, paciencia y meticulosidad. La persona poco madura culpabiliza al otro y lo tilda de loco, desequilibrado e incapaz de entregarse. En este terreno los matices abren un abanico amplio y diverso.
Las creencias en torno al amor lo determinan. Para unos éste es efímero por naturaleza y se va apagando y no puede uno hacer nada, porque es casi imposible que dure. Para otros el amor no se volatiliza por sí mismo, se puede gobernar e incluso cuando disminuye su intensidad y calidad puede mejorarse con la inteligencia y la voluntad por delante. *Cada uno define y defiende un tipo de amor que lo retrata y traduce sus ideas, creencias y atribuciones.*

5. *Teoría de la autorrealización.* Fue muy popular entre las décadas de 1960 y 1980. Está representada por Rogers, que postuló la autorrealización como la máxima motivación de la vida, o mejorar las predicciones mediante la operación de sacarle a la propia existencia el mayor provecho posible. En mi libro *Una teoría de la felicidad* he hablado del *proyecto de vida* como motor que empuja hacia el desarrollo de los tres grandes temas: amor, trabajo y cultura, y todo ello envuelto por la consecución de una personalidad madura.

Abraham Maslow, quien en 1968 había propuesto la *pirámide de las motivaciones*, fue continuado en la década de 1990 por los trabajos de Deci y Ryan, que hablan de la *motivación intrínseca* (el aprendizaje por el aprendizaje mismo; el cumplimiento del deber, independientemente de las recompensas externas, como la alabanza o el dinero) y la *autodeterminación* (ser capaz de gestionar bien y con independencia la propia trayectoria).
Si se hace lo que uno se ha propuesto, luchando contra viento y marea, los resultados positivos no tardarán en llegar. Las promesas se hacen realidad cuando trabajan juntos el corazón (afectividad), la cabeza (inteligencia), la voluntad (capacidad para concretar objetivos y luchar por ellos) y la motivación (aquello que empuja y arrastra y tira de todo hacia delante). Sentimientos, razones, voluntad y motivación y ¡a volar!

Hemos visto los diferentes modos de la motivación. Son distintos unos de otros, pero están interrelacionados de forma compleja. Unos y otros trazan el funcionamiento de la personalidad y, según las circunstancias, el momento y la cultura, escogen o seleccionan o mezclan unos y otros. Tela de araña en la que todos los hilos se confunden.

LAS ILUSIONES

En psiquiatría el término *ilusión* se trata en el apartado perteneciente a los *trastornos de la percepción*. Hay que tener en cuenta que una cosa es la *ilusión* propiamente dicha y otra la *alucinación*. Aunque ambas tienen una definición genérica que las perfila como «falsas percepciones de la realidad, producidas por un estímulo concreto», la alucinación presenta un componente clínico más grave. En suma, tanto ilusiones como alucinaciones consisten en deformaciones de la percepción de la realidad captada por medio de los sentidos. El resultado es que hay un engaño, la persona altera las características de lo que percibe. Se pueden distinguir tres tipos de ilusiones:

1. *Por inatención:* son las más comunes. Por ejemplo, viendo una película observamos algún defecto argumental o de escenario que inconscientemente ignoramos por mantener el interés de lo que estamos contemplando.
2. *Afectivas:* se producen en momentos emocionales específicos, durante los cuales la percepción se altera. Reciben también el nombre de «catatímicas», y un ejemplo clásico es el de la persona que camina por un lugar oscuro y confunde un bulto, por ejemplo un montón de cajas, con una persona.
3. *Determinadas por la fantasía:* Son muy comunes y reciben el nombre técnico de «paraidólicas». En este terreno entran ilusiones muy comunes, como ver formas en las nubes, percibir un rostro en las manchas de la luna llena, etc.

La relación anterior deja claro que la ilusión supone una apreciación errónea de la realidad. El estímulo exterior es correcto, pero nuestra mente, a través de los sentidos, interpreta incorrectamente la información. Este tipo de ilusiones son frecuentes y no presentan, por lo general, un carácter sintomático.

En este apartado del libro, no obstante, voy a utilizar la palabra «ilusión» en el sentido que se le da coloquialmente, como sinónimo de afanes, deseos o esperanzas que uno desea ver satisfechas.

Desde este punto de vista la ilusión se constituye como un estado de ánimo caracterizado por el optimismo, la confianza en el buen resultado y el deseo de alcanzar un objetivo. Su proyección se concentra en el porvenir. Como ya hemos visto, *el ser humano tiende siempre a proyectarse hacia el futuro*. Este tipo de ilusión es fundamental, pues nos mueve a lograr un fin, y nos anima a ello constantemente, nos motiva y fascina. Es la aspiración suprema para conseguir algo, y bien encauzada, con un motivo noble, la ilusión es una de las fuerzas fundamentales de la vida.

Como todos los términos que utilizamos, la palabra ilusión tiene una historia etimológica que, en este caso, es cuando menos sorprendente. Proviene del latín *ludere*, que a su vez viene de *ludus*, «juego». La derivada *«iludere»* da idea de diversión, incluso de bromear. De esta raíz deriva nuestra acepción «iluso», sinónimo de palabras como «tonto» o «excesivamente confiado», que no es otro que el que se deja llevar a engaño. En el *Diccionario de autoridades* (publicado en el siglo XVIII) aparece esta voz, además de otras dos relacionadas: ilusor, «el que falsea»; e ilusorio, «el contenido de aquello que engaña».

Así que, como podemos ver, los significados, en general, han tenido siempre un matiz negativo, y de ahí se han derivado expresiones como «de ilusión también se vive», entre otras que indican cierto alejamiento quimérico de la realidad. No será hasta bien entrado el siglo XX que el término comience a tener alguna acepción positiva, como la que registra el *Diccionario de uso del español*, de María Moliner (1967): «Esperanza que tiene su base en alcanzar algo especial». Quince años después, la Academia, en su *Diccionario* de 1982, incluye una nueva significación: «Esperanza cuyo cumplimiento parece especialmente atractivo. Viva complacencia en una persona, cosa, tarea, etc.». La mayoría de edad, al menos en el sentido que nos ocupa, le llega al término en 1984, cuando en su *Breve tratado de la ilusión*, publicado en 1984, Julián Marías define la ilusión como el ingrediente que mueve toda vocación y el carácter futurizo de la trayectoria personal.

La ilusión se compone en realidad de varios elementos, como cualquier otra faceta del devenir humano. En primer lugar tenemos ante nosotros el *porvenir*, ese futuro en el que nuestra mentalidad tiende siempre a instalarse. La idea de futuro, característica del ser humano, nos permite adelantarnos a los acontecimientos, establecer programas de actuación, metas parciales. En cierto modo nuestra percepción del futuro es la que define todas nuestras actuaciones y relaciones: la amistad, el amor, el trabajo... *Vivimos atrapados en un deseo de futuro al que se llega siguiendo una ruta determinada.*

Ahora bien, el *camino* a seguir varía según la persona, la ocasión y las circunstancias. Cada cual debe escoger la ruta más adecuada. En este recorrido la ilusión es como la fuerza que nos empuja, es la energía que nos recuerda que estamos vivos, que nos permite prever el mejor resultado y la manera de conseguirlo. La ilusión nos hace superar las dificultades y obstáculos. El camino puede presentar vericuetos, encrucijadas y bifurcaciones. A veces puede retroceder en lugar de avanzar. Lo importante es tener perseverancia: *el que resiste, triunfa.*

La ilusión es la esencia del porvenir, el envoltorio que lo rodea. El contenido es otra cosa —los fines a los que aspiramos—, pero la ilusión es la que hace que perseveremos y nos crezcamos ante las dificultades. Nuestros fines son como una luz al final del túnel. Si avanzamos por el camino con actitud resuelta y positiva, llegaremos sin duda a ese término. Esto no quiere decir que la vida se concrete en una sola meta. De sobra sabemos que cada paso, cada pequeño éxito, va seguido de un nuevo desafío. Esa es la gracia de la vida, ir engarzando ilusiones una detrás de otra, de forma que al final el balance de la vida sea positivo. No se trata, sin embargo, de caer en la ansiedad de superar meta tras meta, actitud tan típica de nuestro tiempo. De hecho, es importante hacer todo lo contrario: trabajar sin prisa. Hay que disfrutar de lo que se hace, gozar cada momento. Es necesaria la vista puesta en el futuro, pero sin perderse el instante presente. La ilusión última es haber logrado una vida plena, basada en el propio esfuerzo, la inteligencia y los valores. Y todo ello dentro de la cooperación con los demás, particularmente en el seno de la familia.

En una época en la que vivimos atrapados por la oferta consumista de una falsa juventud eterna, la ilusión es la que define precisamente la edad mental en la que uno se encuentra. Mientras uno tiene ilusiones y esperanzas, se mantiene vivo y joven. La verdadera vejez llega cuando ya no hay expectativas hacia delante y se empieza a volver la mirada hacia lo que queda atrás. Es el envejecimiento del alma, no del cuerpo, el que nos hace viejos.

Ciertamente el pasado es importante también, pero no debe ser lo único, pues actuar así supone haber llegado al término de las expectativas vitales. Siempre debemos mirar un poco hacia atrás, para repasar nuestra trayectoria, aprender de los errores y disfrutar de los éxitos. Es cierto que cuando recordamos el pasado, incluso el más reciente, tendemos a olvidar lo negativo y a enfatizar lo positivo. Esto es bueno, pues va dando relieve a lo más sustancial de la experiencia y nos hace progresar.

El estadio final, la aspiración máxima, es la felicidad, que consiste no tanto en un estado de ánimo como en el balance de toda una vida. Este es un aspecto en el que es preciso insistir una y otra vez: *la felicidad, que podemos considerar el resultado final de esa ecuación de la vida en la que tanto participa la ilusión, nace de la convicción de haber hecho lo correcto, de haber seguido el mejor camino a lo largo de nuestra biografía.* Y no olvidemos nunca que en este recorrido los errores y fallos también son positivos —aparte de inevitables—, y que debemos extraer enseñanzas de ellos.

El sufrimiento hace madurar, aunque esto es difícil de aceptar en los malos momentos de la vida. El dolor puede ser lacerante, y temporalmente nos impide avanzar. Es un freno a la ilusión, pero hay que saber superar los problemas, afrontarlos con decisión y derrotarlos. La duda de Hamlet al respecto no tiene lugar: *uno no debe dejarse abatir bajo ninguna circunstancia.*

El tiempo es una buena cura y, como suele decirse, no hay mal que cien años dure. La primera reacción ante la adversidad es repentina, violenta y agotadora, pero luego las aguas se calman y es entonces cuando la mente racional debe recuperar el control, tomar las riendas de la vida.

La ilusión es despertar cada mañana con ansias renovadas. Nos abre los ojos y nos permite enfocar la realidad desde el punto de vista más adecuado. Nos eleva sobre lo rutinario y nos da una panorámica del mundo en el que vivimos. Es la fuente de la alegría y el contento, y aleja el dolor y la tristeza. La persona con ilusiones es fuerte, rebosa vigor, está bien dispuesta para el auténtico amor y siempre tiene el ánimo presente.

Es importante el papel de la ilusión en el amor. El amor que se funda sobre valores sólidos, el que empuja al ser humano a entregarse en el seno de la familia, tiene uno de sus fundamentos en la ilusión. A fin de cuentas, el proyecto de una vida compartida es el más importante de todos los planes posibles y, por lo tanto, tiene su componente básico de ilusión, de expectativas. De hecho, la ilusión sin amor no es verdadera ilusión, sino sólo un ansia que puede llegar a ser destructiva.

Hemos hablado de ilusiones, pero no hemos entrado a analizar todavía uno de sus aspectos más importantes. La ilusión, como todas las herramientas con las que contamos en nuestro recorrido por la vida, debe ser utilizada con inteligencia. No es una fuerza insuperable que nos permita afrontar cualquier situación. Por el contrario, la ilusión debe ser *razonable*. Debe dar lugar a *expectativas realistas*. Podemos tener la ilusión de ser astronautas, o presidentes del Gobierno, y es adecuado tratar de conseguir estas expectativas, pero siendo siempre conscientes de las dificultades. A veces, por mucha ilusión que se ponga, es imposible cumplir nuestros deseos. Si lo sabemos de antemano, la derrota no tiene que ser necesariamente amarga. Ni siquiera tiene que ser una derrota, si sabemos conformarnos. A pesar de los postulados del Mayo del 68, el *conformismo* no es en absoluto un valor negativo, sino una herramienta inteligente. La actitud racional, incluso en el campo de las ilusiones, es nuestra mejor aliada.

Debemos considerar también que cada edad tiene sus propias ilusiones, y es este un tema en el que habremos de insistir. El niño vive ilusionado, por ejemplo, con la venida de los Reyes Magos; para el adolescente la magia de las expectativas se centra en el primer amor, o en la amistad; para el adulto, una buena proyección profesional y familiar puede ser la aspiración fundamental; para el anciano, vivir en calma, rodeado de la familia... A menudo estas aspiraciones esconden decepciones: el niño descubre un día que los Reyes son sus propios padres; el joven encuentra que el primer amor no es tan mágico como se esperaba, o que los amigos no responden; el adulto puede finalmente dedicarse a un trabajo que no es exactamente el que deseaba... Sin embargo, un planteamiento racional permite superar estos problemas y convertir las decepciones en enseñanzas. Después de todo, no es tan malo para el niño descubrir, bajo el pequeño engaño de la Noche de Reyes, el amor que por él sienten sus padres.

En la obra *Luces de bohemia,* de Valle Inclán, el personaje Max Estrella, un poeta ciego, iconoclasta y bebedor que vive en el extraño y empobrecido Madrid de 1998, dice a don Latino de Hispalis: «Préstame tus ojos para buscar la luz». No hacen falta ojos para verla, hay que saber mirar con el alma. La felicidad, en suma, es tener una concepción positiva de las cosas, tal y como hemos visto en el ejemplo de los Reyes Magos. La magia no está en conceptos, sino en la propia existencia. Descubierta esta verdad, el camino se hace más fácil de seguir.

Para terminar, podemos definir la ilusión como el motor de la felicidad. No es lo mismo estar ilusionado que ser feliz, pero la relación es intensa. Si se descubre el camino con ilusión, el recorrido no resulta agotador, sino placentero. En última instancia, los éxitos superarán de sobra los fracasos.

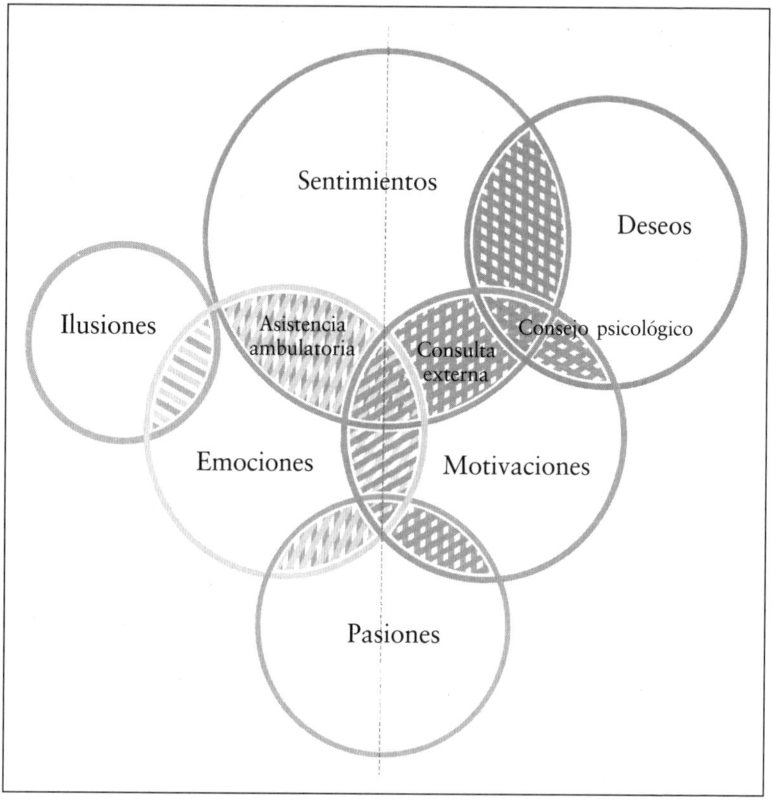

Cartografía de la afectividad.

IV. El deseo sin amor

EL IMPULSO ANIMAL EN EL SER HUMANO

La sexualidad humana ofrece una enorme complejidad. Sin embargo, su impulso fundamental es de tipo instintivo. *Es la personalidad, formada por la inteligencia racional, la educación, la voluntad y el espíritu la que diferencia la sexualidad humana de la de los animales.* La sexualidad es un elemento básico de nuestras vidas, y forma parte, de manera intrincada e inseparable, del más grande de los sentimientos: el amor.

Aunque el estallido de la sexualidad se produce a partir de la pubertad, en realidad nos acompaña desde nuestro mismo nacimiento. Como Freud y otros estudiosos descubrieron, el niño presenta ya una faceta sexual desarrollada, que influye en la evolución de su personalidad y que puede determinar, al menos en parte, su vida adulta.

Por todo ello es conveniente asumir la sexualidad como algo perfectamente natural, pero también como un factor vital que, relacionado con el deseo, debe ser educado y controlado. Como ya se ha comentado, y así se supo desde los mismos comienzos de la psiquiatría moderna, la represión de la sexualidad en la edad infantil puede producir trastornos; igualmente, la entrega a una sexualidad descontrolada —a un deseo descontrolado— da lugar a una vida insatisfactoria e infeliz dominada por los impulsos hedonistas.

Las teorías sobre la sexualidad humana son numerosísimas, y tal vez no haya otro tema sobre el que se haya escrito tanto a lo largo de la historia. Desde Ovidio hasta el propio Freud, o desde el *Kama Sutra* hasta Havelock Ellis, la literatura sobre el tema ha ido desde el puro erotismo hasta los tratados científicos, pasando por catálogos de posturas y hasta libros que relacionan el sexo y la mística.

En realidad no fue hasta finales del siglo XIX que la sexología se convirtió en una ciencia gracias al libro *Estudios sobre psicología sexual*, del mencionado Ellis. En esta obra se analizaba por primera vez la sexualidad desde un punto de vista general, desvinculado del erotismo. Ellis estudió la relación de pareja, la respuesta sexual de hombres y mujeres, o problemas como la frigidez y la impotencia. Desde entonces ha habido multitud de autores que se han dedicado a este tema que, sin duda, atrae, sorprende y fascina al ser humano: Kinsey, Master, Johnson, Pellegrini, Giese, Lorando... En casi todos los países de Europa, así como en los Estados Unidos, se han publicado trabajos de mayor o menor rigor que han tenido la sexualidad humana como tema central.

El planteamiento ha sido distinto en cada caso[1]. Unos han preferido concentrarse en detalles técnicos; otros han buscado una mejor expresión de las necesidades sexuales; algunos han querido desmitificar el sexo, restándole importancia como cosa natural que es; y otros han preferido indagar en los

[1] El marco ideológico en el que hoy se sitúa la sexualidad en muchos ambientes tiene tres notas negativas que debemos combatir: el *agnosticismo* (ignora su vertiente espiritual), el *utilitarismo* (enaltece lo útil y placentero como esencial) y el *positivismo* (el sexo por sí mismo, sin más).

medios para incrementar el placer. Todos ellos, sin embargo, han coincidido en un punto: la sexualidad humana es variada, exclusiva de nuestra especie, pero guarda un poso animal en su impulso de base. Independientemente del punto de vista, casi todos los autores señalan, por una razón o por otra, que hay que evitar dejarse dominar por ese impulso instintivo que priva a la sexualidad de sus mejores facetas y convierte la relación de pareja en un mero choque sexual para satisfacer un apetito apremiante.

Por desgracia, estas sugerencias no parecen haber prendido en la sociedad moderna, agobiada por la inmediatez, el hedonismo y el consumismo. El sexo se ha convertido, desde la década de 1980, en un artículo más de consumo masivo y por eso proliferan todo tipo de negocios relacionados con el sexo puro, en su vertiente animal, sin entrar a considerar aspectos superiores. Pornografía, prostitución, teléfonos eróticos... Son formas de sexualidad en las que no existe una verdadera relación humana (a veces ni siquiera hay un contacto físico), sino sólo la descarga de una necesidad gobernada por el instinto. Alcanzado el placer físico, la persona se siente vacía —como siempre que se realiza un deseo de manera impulsiva— y esto produce sentimientos de culpa, obsesión y neurosis.

Convertir el sexo en una «religión», lo que parece ser una de las normas de la modernidad, es un error. *La sexualidad es sólo una parte del ser humano, importante, pero no la más importante, ni tampoco la única.*

LA VIDA SEXUAL

La sexualidad humana es, pues, algo más que conseguir un orgasmo rápido. Es parte de una relación profunda entre dos personas, el inicio de un proyecto común que, partiendo de lo corporal, termina en una fusión psicológica, cultural y espiritual. La función básica de la sexualidad en la naturaleza es asegurar la continuidad de la especie por medio de la reproducción, pero en el género humano es algo más.

La sexualidad es parte del amor, y el amor conduce al perfeccionamiento de la persona y a la verdadera felicidad. Para que la sexualidad sea satisfactoria y surja el amor es necesario saber controlar el deseo. De nuevo, como ya hemos indicado en otros capítulos, la inteligencia es la herramienta que nos permitirá alcanzar éxito en esta misión, compleja y esforzada, pero que ofrece una magnífica recompensa.

La sexualidad es una parte del amor, pero no es lo mismo que éste. Como dijo el actor estadounidense Groucho Marx, «¿Por qué lo llaman amor cuando quieren decir sexo?». Esta frase, pronunciada en tono de broma, esconde una gran verdad: el sexo por sí solo no es más que un impulso del instinto. Por el contrario, *el sexo con amor forma parte del camino hacia el desarrollo humano en el ámbito de la pareja.*

La relación de pareja debe apoyarse también en la educación de los deseos. La relación sexual entre el hombre y la mujer ha de ser plena, placentera y satisfactoria. Hay que evitar los tabúes y la represión. Al mismo tiempo, hay que saber que el sexo no es lo único. Es necesario un proyecto, un compromiso y una verdadera compenetración. Los dos miembros de la pareja deben llegar a conocerse, fundirse en una sola personalidad con un objetivo vital común. La afectividad, el cariño y la confianza son fundamentales.

La contención es importante en la vida sexual de la pareja. Forma parte de la educación del deseo, y permite disfrutar de una sexualidad más completa, por cuanto hace que entren en el juego elementos como el autocontrol, la voluntad y el dominio sobre los impulsos. Las personas que se dejan gobernar por sus deseos terminan siendo infelices, neuróticas y se convierten en egoístas incapaces de mantener una verdadera relación comprometida.

Hay que tener en cuenta que la sexualidad no es un fin en sí misma, sino parte de un entramado.

LA HISTORIA DEL AMOR

El amor ha sido una de las fuerzas que ha movido a la humanidad a lo largo de la historia. La literatura, el arte, la filosofía, la música y hasta la ciencia han tenido el amor como uno de sus temas centrales. En el amor, en sus planteamientos y formas, se puede estudiar el carácter profundo de una cultura.

En nuestra tradición cultural occidental fueron, por supuesto, los filósofos griegos los primeros en estudiar detalladamente la naturaleza del amor. Entre sus conclusiones destaca la tesis de que el amor surge primero de un deseo físico, pero que luego se perfecciona en una relación más profunda caracterizada por el afecto. El amor y el afecto no se distinguían claramente, y lo que hoy llamamos amor (en su sentido de relación de pareja, o amor erótico), era más bien considerado puro deseo sexual.

El cristianismo elevó el amor a la categoría de valor universal. El amor, tanto a Dios como al prójimo, es la máxima expresión del carácter humano y lo que verdaderamente nos convierte en seres superiores. El amor sería una suma de virtudes, como bondad, compromiso y generosidad. La idealización del amor cortés en la Edad Media corrompería en parte este concepto superior, al iniciarse un «vaciado» de la relación de pareja que alcanza su «cumbre» en los últimos compases del siglo XX.

En diversas obras como *El arte de amar,* de Ovidio, o *El collar de la paloma,* de Ibn Hazm de Córdoba, se habla del amor, pero no tanto en su faceta de entrega y renuncia, sino en planos que van desde la sensualidad a la distancia. El amor que predican estos libros, y otros parecidos, está más en la línea del hedonismo, aunque todavía se buscaba un contenido humano. El Renacimiento proseguiría en esta línea y se iría alejando del concepto de amor pleno de la tradición cristiana original. *La Celestina,* y más tarde *Romeo y Julieta,* son los precedentes de un nuevo concepto de amor que se va desarrollando poco a poco hasta llegar a la definición del amor del primer gran filósofo moderno, Descartes. Para el pensador francés el amor era una de las pasiones fundamentales del ser humano —junto al deseo o el odio, entre otras—, y estableció su famosa máxima: «El corazón tiene razones que la razón desconoce». El enciclopedista Diderot llegó aún más lejos con una frase que, en nuestra opinión, es absolutamente errónea, pero que da buena fe de la forma de pensar de la Ilustración: «Se dice que el deseo es fruto de la voluntad, pero lo cierto es lo contrario: la voluntad es fruto del deseo». En suma, se había llegado a la culminación de un proceso intelectual que separaba el amor del intelecto, como si fueran aspectos independientes.

Esta lógica, equivocada en nuestra opinión, condujo paso a paso al desarraigo del fin del milenio. El amor, elaborado como pasión exaltada por los autores románticos, devino sentimiento vacío, expresión del hedonismo apresurado, y quedó privado de su verdadero valor como herramienta para alcanzar la plenitud del espíritu.

En la actualidad vemos los resultados de todo ello: una multitud de personas desorientadas, dominadas por el consumismo y privadas de felicidad. Todo el mundo nota que algo va mal, pero no sabe decir exactamente qué. Es hora de efectuar un giro, de realizar un esfuerzo de superación tanto personal como social.

LA SOCIEDAD DEL DESAFECTO

La proliferación de una forma de deseo sexual carente de amor se ha traducido en una desorientación afectiva intensa para muchas personas. No sabemos a qué atenernos, qué reglas seguir. La entronización de la idea de la eterna juventud y la belleza física como únicos valores dominantes ha dado en la figura del «eterno adolescente», en la imagen penosa de gentes adultas que siguen comportándose de manera inmadura, dando tumbos, sin saber cuál es la dirección adecuada.

Sólo las novedades, lo sorprendente, tienen algún interés, en cuanto sirven para alimentar una sed constante de deseo. El deseo fácilmente satisfecho deja una sensación desagradable que sólo puede llenarse con más deseos, y de ahí el esfuerzo por ofrecer cada vez mayores y más diversas posibilidades de consumo, ocio vacío y erotismo deshumanizador.

Hemos creado una sociedad del desafecto, en la que el cariño y el compromiso entre las personas no son valorados, en la que no hay ningún proyecto, ni tampoco futuro. Sólo existe el *yo* y el *ahora* y eso sólo lleva al egoísmo. Pero el yo, dirigido por una marea abrumadora de posibilidades de diversión hueca, se desestabiliza y desorienta. *El ser humano perdido en esta tempestad se vuelve débil e influenciable, carece de voluntad e iniciativa: pierde su humanidad.*

Hemos descrito los anti-valores de la sociedad moderna, y hemos hablado también de sus efectos sobre el individuo pero, ¿qué pasa con la pareja? El objetivo fundamental del amor humano es la relación de pareja que lleva a la constitución de una familia. La modernidad, con su carga de hedonismo, también se ha llevado eso por delante.

Siguen existiendo parejas, es cierto, pero a menudo es sólo una imagen engañosa. Sometidos a la satisfacción sin control del deseo, cada miembro de la pareja es en realidad un individuo aislado, dominado por su propio egoísmo y despreocupado del otro, al que sólo valora en tanto que objeto de placer. Por eso son tan comunes las parejas de corta duración, los «noviazgos» de quita y pon, el intercambio constante del ser supuestamente «amado» por otro, pues no se valora la interioridad, sino sólo el envoltorio exterior. La pareja moderna es frágil, pues su sustrato es el deseo de pasarlo bien y disfrutar y si no, de cambio. La ruptura, para la que se está predispuesto, es su «alma». Sin embargo, *el amor es algo más que unirse dos personas brevemente para satisfacer el impulso sexual.*

El egoísmo, unido a la ética relativista tan en boga, ha concluido en un periodo de subjetivismo que refuerza aún más todo lo antedicho. Es el dogma del «todo vale, si me apetece». No hay más valores que los que a uno le sirven en cada momento, y no existen las referencias fijas. Todo se puede cambiar a conveniencia, sin pensar en los demás, y sin pensar siquiera en uno mismo. Indiferencia ante lo que afecta al prójimo y una intensa ansiedad interior son los nuevos «sentimientos».

Todo ello repercute en el ánimo del ser humano, que se siente infeliz a pesar de tener sus deseos cubiertos, pero en el ámbito de las relaciones de pareja las consideraciones son más graves, por cuanto afectan a otra u otras personas. La situación es aún más grave en el caso de parejas con hijos, pues su conducta repercute en la educación de estos y en la formación de su personalidad, y las consecuencias son muy dolorosas si se llega a producir una ruptura. Esto no es materia teórica: es algo que podemos observar casi a diario.

LA EDUCACIÓN ES LA CLAVE

Es el tema de este libro, y por eso lo recalcamos una vez más: la clave de todo está en la educación[2]. Entendida en un sentido amplio, como formación de la personalidad hasta alcanzar la plenitud. Es un proceso vital que se mantiene durante toda la existencia, un camino de perfeccionamiento que nunca se recorre del todo. *La educación es lo que nos convierte en personas, que es tanto como decir que es lo que nos hace libres.*

Por medio de la educación desarrollamos nuestras facultades, aprendemos a usar la inteligencia y fortalecemos la voluntad. La vida es trabajo, y hace falta fuerza para afrontarla. La educación es la gimnasia que fortalece nuestros músculos interiores, los de la mente y el espíritu, y nos da el vigor necesario para afrontar cada nuevo desafío.

Un ser educado, formado, tiene el control de su propio ser, y por ello es más persona. *A la hora de la relación de pareja el deseo gobernado sirve como elemento rector en el que se asienta el amor auténtico.*

[2] En el capítulo X me ocupo con más detalle de esto. Véase también el XVII, *Medios para educar el deseo.*

V. El deseo en el amor

VIDA PÚBLICA Y PRIVADA

La actividad del ser humano muestra dos vertientes bien definidas y conocidas: la *privada* o interior y la *pública* o exterior. La vida y la personalidad se definen en gran medida por el grado de equilibrio que seamos capaces de fijar entre estas dos facetas. Una de ellas se desplaza hacia dentro, hacia el mundo interior, mientras que la otra se expresa hacia fuera por medio de la conducta.

Los profesionales de la psiquiatría tratamos de acceder a los espacios ocultos de la personalidad para descubrir lo que guardan. Penetramos en los recovecos más íntimos con la intención de descubrir ese mundo interior oculto que tiene una geografía precisa, pero cuyas fronteras generalmente están mal definidas. Es un lugar a menudo confuso, escondido tras una espesa bruma. Esto implica, en nuestro trabajo, la necesidad de «hacer un inventario de esta faceta oculta» no sólo por el deseo de desvelarla, sino también para tratar de ordenarla, para acabar con el caos y así lograr *entender* y *comprender* quién es en verdad una persona. Antes de seguir adelante hay que explicar los términos. Recordemos que en nuestra terminología particular, *enten-*

der significa «ir hacia», saber acercarse al otro. *Comprender* implica un sentido más amplio, pues representa el hecho de ponerse en el lugar del otro y ver las cosas desde su punto de vista.

Hay dos cuestiones básicas que no debemos olvidar a la hora de iniciar el camino de descubrimientos por el interior de nuestra propia naturaleza. En primer lugar hay que tener en cuenta la *visión estática,* el estado de ánimo y opinión que una persona presenta hacia sí misma y hacia los demás. Es un punto de vista actual, sincrónico. En segundo lugar hay que considerar la *visión dinámica,* el análisis histórico, diacrónico, de una trayectoria personal. No se puede pasar por alto que la vida es algo que progresa hacia el porvenir, y cada persona realiza su propia travesía, la cual puede ser analizada por medio de un estudio amplio que considere varios puntos de vista. Esto es, a fin de cuentas, una biografía, la vida vista paso a paso y, en lo que nos ocupa, desde dentro.

Para poder hacer esto con éxito es necesario un método. El interior humano es un laberinto sin fin, y resulta imposible tratar de desvelar y analizar todas sus facetas. Con una visión de conjunto se pueden ir localizando las parcelas y segmentos básicos, los que conviene aclarar para manifestar su significado. A pesar de las dificultades y confusiones aparentes, casi siempre *nuestra dinámica interior sigue un hilo conductor*, un argumento. Este tejido, si está bien entramado, es el que hace que la vida se desarrolle correctamente y progrese.

Cuando el especialista y su paciente se mueven juntos a través de estos paisajes ocultos se descubre un espacio organizado: hay una puerta de entrada, un patio, una escalera que sube hacia estancias situadas en un piso más alto. Pero la intimidad también tiene sótanos y buhardillas, estancias más oscuras y desordenadas... La metáfora de la casa interior es verdaderamente acertada, pues toda personalidad muestra también una fachada que se abre a la calle, mientras otros espacios se cierran hacia el interior y resultan invisibles desde fuera.

Todo lo negativo, lo que nos duele, nos avergüenza o nos preocupa suele guardarse en el interior. Para asegurar el equilibrio, sin embargo, es necesario que las alegrías se muevan también por el espacio interior, iluminando esas estancias que los demás no ven. Saber proteger la propia intimidad es muy importante. ¡Son dignas de lástima esas vidas en las que todo se proyecta hacia fuera! En la actualidad se vive en exceso cara al exterior, con un deseo exagerado de mostrar una imagen determinada de nosotros mismos, olvidando otros importantes aspectos de la vida. A menudo la persona queda atrapada en una lucha constante y obsesiva por dar buena impresión a los demás.

En el ámbito de la intimidad la persona se encuentra consigo misma, lo que le permite simultáneamente mejorar su relación con los demás. El diálogo fluye mejor y se torna más rico y sereno. Esta mejora hecha desde el interior abarca desde las relaciones familiares hasta las amistosas o laborales, aunque resulta especialmente beneficiosa para las primeras, sobre todo en las relaciones de padres e hijos. Así, aunque pueda resultar paradójico, conocer bien la propia intimidad es algo básico para alcanzar unas relaciones sanas y completas, sobre todo con los que nos son más próximos. En una época de crisis como la que estamos viviendo, *la familia unida tiende a convertirse en uno de los tesoros más valiosos.*

Ahora bien, llegados a este punto es necesario tener en cuenta un aspecto importante de la personalidad humana: la mujer vive centrada en su cuerpo, su vida gira principalmente alrededor de este aspecto[1]. El hombre, sin embargo, vive más hacia el exterior, desconociendo en gran medida su intimidad. Esto se produce por varias razones, entre ellas una fundamentalmente fisiológica: la mujer es el receptáculo de cada nueva vida, el hombre no.

La persona moderna carece en gran medida de intimidad. Pensemos en el desnudo o semidesnudo en las playas, como ya hemos comentado. Todo está a la vista. Hay en ello contagio y superficialidad, la imitación de la moda y el quedarse uno en la fachada. Esto hace que viva centrado en la imagen que ofrece, olvidando el desarrollo de su vida interior. Para escapar del triste destino que tejen estas redes, en las que uno se ve envuelto con tanta facilidad, hay que esforzarse por corregir el error que supone permitir que lo social, exclusivamente, sirva para vertebrar nuestra existencia. Las relaciones exteriores parten del interior, de una intimidad sana. Organizando nuestra personalidad es posible mejorar nuestra forma de ser y, al mismo tiempo, funcionar mejor en sociedad. La soledad es importante para esto, pues nos permite comprenderla y reorganizarla si es necesario.

Además, en nuestro interior hay lugares secretos que conviene tener en cuenta, pero que no hay que revelar. Esta es la esencia de la intimidad: *encontrarse con uno mismo, cultivar lo que hace que nos entendamos mejor y de este modo, mejorar nuestra relación con el entorno, con las demás personas.*

[1] La mujer tiene una condición *concéntrica*, el hombre *excéntrica.*

LA DIMENSIÓN SEXUAL

El ser humano es algo más que un cuerpo y una mente. Su realidad se compone de numerosas facetas que pueden analizarse a partir de cuatro planos que se entrelazan profundamente para formar un ser único. Estos planos son: *físico, psicológico, cultural y espiritual.*

—*El plano físico.* Es la base material de nuestro cuerpo. Sin embargo, se diferencia de la calidad corporal de otros seres de nuestro mundo, ya que el cuerpo humano sirve de asiento al espíritu. Los caracteres sexuales físicos, basados en los órganos reproductores, son la fuente primaria del impulso erótico y del tipo de deseo que tratamos en este libro. El sexo físico es el más elemental de todos, pero también es su expresión más primaria: pura fisiología, una simple manifestación del sistema hormonal.

—*El plano psicológico.* Es lo que denominamos mente, cuyo asiento físico es el cerebro. Todos los animales tienen cerebro, pero en el ser humano este órgano desempeña la función superior del pensamiento consciente, que es la fuente de la inteligencia racional. En este plano se expresa el denominado sexo psicológico, caracterizado por los términos *masculinidad* y *feminidad.* Los sentimientos paternales[2] y maternales también habitan este plano, así como la libido.

—*El plano cultural.* Es el que se desarrolla por medio de la educación. El aprendizaje, la capacidad de adquirir conocimientos exteriores que nos liberen del programa del

[2] La paternidad casi no existe como sentimiento o es muy débil en la cultura occidental.

instinto, es un rasgo único del ser humano. En el plano del deseo, la educación es fundamental a la hora de establecer unos patrones sexuales determinados. Una correcta educación sexual desde la pubertad forma adultos equilibrados y sanos. Una educación sexual inadecuada o inexistente da lugar a personas hedonistas, ansiosas o neuróticas.

—*El plano espiritual.* Es quizá el más complicado de definir, ya que el espíritu es una esencia interior de lo humano que no puede ser medida ni contemplada científicamente. Sin embargo, es ese hálito el que nos mantiene vivos y el que nos eleva por encima de la animalidad. La sexualidad espiritual es la más elevada, y es la que lleva a un hombre y a una mujer a fundirse en un solo ser impulsados por un proyecto familiar de vida en común. Es la aspiración a lo absoluto.

Estos planos no son independientes: todos juntos conforman la personalidad, y deben actuar unidos y en equilibrio. Si predomina uno u otro, habrá problemas. Así, la persona que da mayor importancia a los factores culturales puede caer en conductas como la sexofilia; el que se mueve animado por el sexo físico, trivializará el contenido de esta actividad y se verá sometido a sus impulsos; otras personas, por el contrario, pueden reprimir excesivamente sus deseos, lo que es tan negativo como la liberalidad absoluta.

La sexualidad es un idioma que se expresa a través del amor. Y el amor parte del cuerpo, de la mente, de la educación y del alma. Para comprender la verdadera dimensión sexual del ser humano es imprescindible conocer sus cuatro planos y saber conjugarlos y hacerlos actuar de manera coordinada y equilibrada.

VIVENCIA DEL PLACER EN LA SEXUALIDAD

En nuestro contexto, con la palabra *vivencia* queremos expresar simultáneamente dos cosas: en primer lugar, la *experiencia personal,* la participación directa en un acto (en este caso el sexual); y en segundo, la *huella* que este hecho de participar, de vivir algo como actor, deja en la persona. En el primer caso, lo importante es ser protagonista. En el segundo, valorar la fuerza de la impresión que dejan los hechos, que cambiará según las circunstancias.

En una relación sexual esas circunstancias pueden ser realmente muy variadas. La cumbre de la sexualidad es el orgasmo, pero cuando el encuentro se limita únicamente a la búsqueda de placer, no hay un verdadero *encuentro personal,* en el que la afectividad sea el sentimiento dominante. La genitalidad es la relación sexual centrada en el sexo y no en el amor. Hay muchos matices en la sexualidad sana, que pueden deteriorarse si el corazón humano se convierte en un campo de batalla en donde el deseo le gana la partida a la afectividad, con lo que esa relación pierde calidad humana. Este tipo de relaciones, que denominamos *preindividuales* (por cuanto no hay una verdadera conexión entre las dos personas), no conducen en absoluto hacia la plenitud y se limitan a ser una mera satisfacción de los sentidos. Lejos de unir a las personas, un contacto sexual de este tipo, si se prolonga en el tiempo, produce separación y alejamiento. Los dos protagonistas irán poco a poco viéndose desnudos el uno al otro, pero no tanto en el plano físico como en el psicológico y espiritual, y quedará revelada, dolorosamente, la pobreza interna de ambos.

Esta sociedad nuestra de los albores del siglo XXI, tan llena de progresos técnicos pero tan escasa de amor verdadero, va muy deprisa y no se detiene a pensar sobre los aspectos psicológicos de la sexualidad. Por un derrotero sinuoso puede llegar *a convertir al otro en objeto de placer, como deseo transitorio de uso de otro cuerpo para sentir el máximo de placer sexual.* La mujer es vista, entonces, con ojos de deseo, es objeto, no persona, y la relación queda reducida a un medio utilitario para satisfacer la necesidad de la pulsión instintiva. Convertir al otro en objeto destruye la calidad del acto. Lo he dicho en otro apartado de este libro: a veces, en esta sociedad de nuestro tiempo, *las personas son tratadas como si fueran cosas* y eso queda aquí patente si todo ese encuentro degenera en pura genitalidad. O dicho al revés: el amor sexual auténtico es un icono de la categoría de esas dos personas, porque expresa una unión íntima y total, con todos sus planos vibrando al unísono. De este modo, *el acto sexual se convierte en un acto de amor, que expresa el deseo de lo mejor para el otro, de satisfacerlo en todos los campos de la persona, no sólo en el corporal.*

La satisfacción egoísta de la sexualidad es un impulso animal. Hay que distinguir entre los *actos naturales*, que son compartidos por el hombre con el animal y son más instintivos, y los *actos humanos*, que tienen un tono distintivo de más nivel, con ingredientes psicológicos, espirituales y culturales[3]. *La sexua-*

[3] Este es un campo de minas de la cultura actual. ¿Por qué? Porque amar a una persona es lo contrario de utilizarla. Esa es la *norma personalista*. Incluso el amor sexual, aquel que arranca de un compromiso con toda la persona del otro, puede dar cabida a la abstinencia periódica de dicha actividad, acomodándose a los ritmos naturales del cuerpo para regular la fertilidad, dándole a la sexualidad un tono sagrado, excelso, retablo sublime en donde el otro es tratado de forma excepcional y entonces se descubre la posibilidad grande de no tener relaciones sexuales en algunos días del mes, viviendo la virtud de la continencia sexual, y así la relación de la pareja queda ennoblecida; este fondo lo tiene la visión judeo-cristiana, con todas sus consecuencias de entrega y donación completa a la otra persona. Con el materialismo sexual por delante, es difícil entender esta postura.

lidad sana es un acto humano que integra en su seno los distintos elementos mencionados. Es físico, pero va más allá, pues conjuga a la vez la afectividad, el trato sentimental, la humanidad y todo el amplio panorama de la psicología. Una persona madura debería buscar en el encuentro sexual otro tipo de motivaciones, no sólo las físicas, que le sirvieran para canalizar sus pulsiones sexuales en un sentido creativo y de mejora de uno mismo. Al animal lo domina el instinto, única fuerza que lo rige, pero en el ser humano esa tendencia natural puede ser gobernada por medio de la voluntad, que es a su vez una expresión de la inteligencia racional. El concepto es fácil de entender, pero la sociedad moderna ha convertido el sexo en un artículo de comercio, lo cual priva a esta actividad de su contenido afectivo y lo transforma en un fenómeno igualado con la pulsión animal. La sexualidad se degrada al convertirse en un simple enlace de dos cuerpos en busca del placer, sin compromiso ni responsabilidad, dirigido por dos únicas variables que hoy día parecen ser las dominantes: hedonismo y permisividad. *La sexualidad se transforma en un terreno de pruebas para experiencias cada vez más atrevidas, pero en el que no hay dirección ni voluntad y sí un vacío creciente.*

Hay numerosos libros, algunos muy célebres, que exaltan este tipo de actividad sexual centrada exclusivamente en la obtención de placer inmediato, sin buscar nada más. Harún al-Makhzumí, en su obra *Las fuentes del placer,* presenta la versión árabe del *Kama Sutra*, y su objetivo no es otro que encontrar el máximo placer por medio del erotismo. Sin embargo, la entrega a este tipo de pasión hace que la persona se olvide de su propia humanidad. No se tiene en cuenta la afectividad inherente a nuestra naturaleza, ni se consideran las necesidades que todos tenemos —nosotros y nuestra pareja— de ternura, cariño y consideración. La persecución obsesiva del placer no conduce a la felicidad, ya que ésta deriva del esfuerzo personal, del afán de mejora y superación, y del deseo de hacer feliz a otra persona. Esta otra forma de amar no centrada en el hedonismo nos hace contribuir no sólo a la felicidad propia y de nuestra pareja, sino al progreso de la sociedad, ya que uno se hace consciente de la necesidad de colaborar con el común y olvida el impulso de autosatisfacción exclusiva y egoísta.

Otro libro muy célebre es el propio *Kama Sutra,* escrito por el indio Vatsyayana en el siglo V. Básicamente es un catálogo de posturas y técnicas para el acto sexual centrado en el placer. Es una obra pródiga en metáforas cuya intención es resaltar la importancia de una relación hedonista: el abrazo de la vegetación, las lianas entrelazadas, la brisa que mece los árboles... El objetivo de la sexualidad, para el autor de ese libro es, por encima de todo, alcanzar el orgasmo. Ahora bien, ¿la sexualidad consiste sólo en esto? No: debe ser un encuentro personal con intimidad.

Desde nuestro punto de vista, reducir el concepto de felicidad a la mera obtención de placer es un error, tanto por la estrechez de tal objetivo, como por sus reducidas perspectivas. Siguiendo los consejos de libros como *Kama Sutra* se olvida que el ser humano tiene una grandeza que se basa en su sed de amor: el amor es el verdadero objetivo, aunque a menudo esto se olvide, y muchas personas terminan conformándose, por ignorancia, con sucedáneos.

Afortunadamente, está surgiendo un nuevo tipo de literatura, de corte científico, que propugna la recuperación del verdadero amor humano. En este sentido recomendamos la lectura del libro *Le plaisir chaste*, de Yan de Karorguen. En esta obra se tratan muchos de los temas que hemos analizado hasta ahora, y de entre ellos destaca el «descubrimiento» de la conexión entre el amor y la sexualidad. Esta obra ofrece una panorámica sobre la posibilidad de afrontar las relaciones sexuales desde un nuevo punto de vista, más allá del mero hedonismo y la satisfacción mecánica de los deseos. Yan de Karorguen propone recuperar el romanticismo o, lo que es lo mismo, la ternura, la afectividad como elemento básico de la relación de pareja. Otra obra relacionada con este tema es *El fin del sexo*, de George Leonard, en la cual denuncia el carácter mecánico y animal del sexo en la sociedad moderna e incluso acuña un término para describir esta situación: orgasmolatría.

El trabajo de estos y otros autores indica el comienzo de una nueva etapa en el ámbito de la sexualidad humana: se aporta la idea de que el sexo no es el objetivo último, sino una de las diversas vías para el perfeccionamiento de la relación de pareja. En suma, se trata de recuperar la idea del amor como factor de felicidad y satisfacción plena, no sólo física, sino también espiritual. Hay que recuperar el amor humano[4] en su sentido de totalidad, no el amor incompleto representado por la mera relación erótica.

Esta dualidad ha sido representada de muchas maneras en la tradición occidental. Sin embargo, el simbolismo más interesante —y acertado— ha sido el que idearon para su mitología los antiguos pueblos helénicos, que representaban por medio de dos divinidades diferentes esas dos facetas del amor de las que hemos hablado hasta ahora. Así, para estos pueblos se encontraba en primer lugar *Eros,* dios del amor afec-

[4] El encuentro de dos libertades constituye la materia del amor. La sexualidad revela nuestra evidente dependencia de los demás. Pero los demás no pueden ser nunca meros objetos de placer. La otra persona no es sólo un cuerpo, es mucho más que eso.

tivo, que había surgido del caos primigenio y que favoreció la unión del Día y la Noche para dar lugar a la Creación. Lo consideraban una fuerza básica de la naturaleza, pues aseguraba la continuidad de la vida, y los romanos tuvieron un mito similar con el nombre de *Cupido*. Los filósofos antiguos se interesaron por el tema, como Platón en *El banquete*, donde explica que este dios era hijo de la Riqueza *(Poros)* y la Pobreza *(Penia)*. El amor era una fuerza elemental, cargada de insatisfacción, que al mediar entre dioses y hombres terminaba alcanzando siempre sus fines. Su imagen alegórica como niño con alas, armado de arco y flechas y portador de una antorcha en su espalda, procede de la época de Alejandro. Esta apariencia infantil es engañosa, ya que es en realidad un dios muy poderoso, que produce heridas de difícil cura.

La otra faceta clásica del amor —aunque de origen oriental— era la encarnada por la diosa griega *Afrodita* (Venus para los romanos). Representaba la belleza, el amor sensual y el matrimonio, el atractivo sexual y el placer erótico. Era en cierto modo la antítesis de *Eros,* ya que esta diosa provocaba la discordia, los celos y la envidia. En suma, era la representación de una idea disolvente: el amor que no es tal, sino tan sólo satisfacción de los sentidos.

El placer es una experiencia expansiva: el hombre y la mujer vibran físicamente, pero el acto sexual es algo más. Debería ser una unión íntima, una forma de éxtasis (palabra que en griego significa «estar fuera de uno mismo») basado en el verdadero amor y cuya cumbre va más allá del orgasmo. Si se considera que los aspectos sexuales son los únicos que participan en el coito, entonces se tiene una visión muy limitada de la sexualidad. El hecho de no ser capaz de apreciar los otros planos que participan en el encuentro sexual hace que las relaciones de pareja, con el paso del tiempo, se degraden y pierdan contenido.

Cada persona debe tener en cuenta no sólo su propio placer, sino las necesidades y exigencias de su pareja. Y no olvidemos que no es lo mismo el hombre que la mujer: el primero tiene una disposición más rápida hacia la relación sexual, mientras que en la mujer el encuentro precisa de más sosiego y dedicación. El hombre puede alcanzar el orgasmo rápidamente, pero la mujer, en general, presenta una respuesta más lenta, aunque también más sostenida. Por eso el hombre debe olvidarse de su propia urgencia y dedicar más tiempo a la mujer si quiere que la relación sea satisfactoria y plena.

La sexualidad femenina presenta cuatro fases bien definidas: *excitación previa, meseta, orgasmo y resolución.* En la primera el hombre debe estimular a la mujer por medio de caricias y besos. Todo el organismo se prepara para el acto sexual, particularmente la vagina, en la que se producen cambios de color, tamaño y temperatura y, sobre todo, se segrega una mucosa lubricante que facilita la penetración. Ésta ha de realizarse en la fase de meseta, cuando la mujer está plenamente excitada. El hombre no debe tener prisa, pues es éste el momento más agradable para su pareja.

El orgasmo es una explosión sensorial de intenso placer, que supone el clímax o culminación física, pero también mental y espiritual, del encuentro sexual. Por último tenemos la fase de resolución. Se le suele dar poca importancia, ya que la sexualidad mecánica moderna se ha centrado en el orgasmo, pero de hecho es —o debería ser— este momento de máxima relajación y compenetración de la pareja el de mayor contenido afectivo y humano. Es frecuente que algunas parejas, nada más terminado el acto, se separen y se den la espalda para dormir, o que uno de los dos salga corriendo a la ducha apenas ha experimentado el orgasmo[5]. Esto es algo más que una actitud errónea: puede ser síntoma de que algo anda mal en la pareja.

Es conveniente también no dejarse llevar por mitos o falsas creencias. Ciertamente, es preferible el orgasmo simultáneo, pero no hay que obsesionarse por esta idea. El orgasmo simultáneo es difícil de conseguir, muy poco frecuente, aunque cuando se consigue el placer se multiplica. La unión conyugal debe centrarse más bien en la comunicación mutua, haciéndola cada vez más rica. Esta ganancia psicológica y afectiva es la que lleva al culmen del verdadero placer. En una relación completa, después del orgasmo sobreviene una poderosa sensación de calma y relajación que es anticipo de un sueño profundo y reparador. El resultado del amor es que las tensiones se diluyen en un encuentro humano íntimo, responsable y comprometido, fruto de la voluntad. *En una relación sexual plena, el tú y el yo se conjugan para crear una sola personalidad: el nosotros.*

LA IMPORTANCIA DE LOS SENTIDOS

Los sentidos son un elemento fundamental en el encuentro sexual, pues actúan como canalización de los estímulos que van incrementando la excitación. La intensidad con la que actúan varía en cada caso, pero siempre son importantes, todos ellos, aunque para el ser humano los dos sentidos prin-

[5] La calidad humana hará que se cuiden esos detalles de finura. Uno se ofrece al otro.

cipales a la hora del encuentro sexual son el tacto y la vista (complementados con el oído, básico en el proceso de comunicación verbal que nos permite conocernos unos a otros).

Los sentidos son la vía para la seducción, que se basa en nuestra percepción de la imagen de la otra persona. La vista actúa en primer lugar: nos presenta con claridad los rasgos, el aspecto general. En el hombre predomina sobre todo lo visual, la mujer se centra más en la imaginación y el oído. En general, los demás sentidos van ofreciendo información suplementaria para completar lo que denominamos el *atractivo estático,* la imagen aparente. En una observación más detallada y prolongada en el tiempo comenzamos a descubrir la *belleza dinámica,* interior, más rica y satisfactoria. Es en esta fase cuando las palabras —el ámbito del sentido de la audición— abren un nuevo camino para conocer a alguien y nos ofrecen una panorámica más amplia, no sólo física. Sobre la comunicación, no obstante, hablaremos algo más adelante.

Los cánones de belleza han variado a lo largo del tiempo, y en general la concepción de la estética humana se ha centrado más en la mujer que en el hombre. Es cierto que en los últimos años, con el desarrollo de la moda masculina, la oferta estética para hombres ha crecido enormemente, pero todavía sigue el mundo de la imagen (moda, cosméticos, etc.) centrado en la figura femenina, y se sigue ofertando un modelo femenino mucho más preocupado que el masculino por la imagen. Esta preocupación natural por el aspecto, que se da tanto en el hombre como en la mujer, es un preámbulo —a veces inconsciente— del encuentro sexual, ya que, como hemos indicado, es a través de los sentidos y de ese atractivo estético que se va a producir el primer contacto.

Sin embargo, *el acto sexual pleno va más allá y debe basarse en la afectividad y la ternura*, y también en poner atención y dedicación en el otro. A partir de aquí puede llegarse a una relación sexual completa. Y *el principal elemento de la afectividad, que sirve para expresar la ternura, son las caricias*. Entramos en el dominio del tacto.

En la especie humana las caricias, el primer paso activo del acto sexual, se expresan de muchas maneras: besos, gestos mimosos, masajes suaves... Todo ello empieza de un modo lento y cuidadoso para ir dando paso, a medida que crece la excitación, a un ritmo más apasionado.

Si lo primero en una relación fueron la imagen y las palabras, las caricias se convierten ahora en un nuevo lenguaje muy expresivo que facilita una intensa intercomunicación y un mayor acercamiento. Hay que actuar siempre sin prisa, con cierta ceremonia incluso para desnudarse. Esto es muy importante, particularmente para el hombre, al que le resulta más excitante una mujer vestida que desnuda del todo.

Una vez que la ropa ha caído, e incluso antes, ya se ha establecido el contacto a través de las caricias y dado que éstas tienen un papel básico en el proceso de excitación sexual, es muy importante saber cómo estimular la piel de nuestra pareja. La boca y los órganos genitales constituyen los puntos de atención clave. Las zonas erógenas pueden variar de una persona a otra, pero las principales son siempre las mismas: en el hombre el glande y el escroto son las áreas de mayor sensibilidad; en la mujer, la vulva, el clítoris, el cuello del útero y los pechos son las zonas más excitables. En ambos, la boca y la lengua, que se acarician mutuamente por medio de los besos, representan la otra gran región erógena del cuerpo. Sin embargo, no hay que limitarse sólo a esto. En primer lugar porque cada persona vibra de una manera distinta, y en segundo lugar porque a medida que la excitación aumenta, mayores parcelas del cuerpo van ganando en sensibilidad.

Las caricias serán primero suaves y generales, y luego se irá pasando a lo concreto. El objetivo final es alcanzar el grado de excitación necesario para que el pene entre sin dificultades en la vagina. Sobre el tipo de caricias a practicar, resulta imposible hacer un inventario, ya que dependen en última instancia de los gustos y particularidades de cada uno. Hay que evitar, eso sí, caer en lo maniático o patológico. Lo importante es tener en cuenta que *la caricia es ante todo una expresión del amor*. La espontaneidad es fundamental. *La ternura es el ungüento del amor.*

Además, este proceso, que ha de ser progresivo, no tiene que centrarse sólo en lo meramente erótico. Para que el acto sexual resulte pleno, el intercambio de la pareja debe alcanzar, aparte del plano físico, también el mental, el cultural y el del diálogo. El encuentro del hombre y la mujer supone una experiencia relajante, que les libera de las tensiones y problemas cotidianos, pero es algo más: una forma de comunicación mutua al máximo nivel. Cuando la relación se centra sólo en lo físico, el deterioro es inevitable con el paso del tiempo, entre otras razones porque se suele actuar de forma superficial, y el contacto acaba siendo insatisfactorio, sobre todo para la mujer, cuya sexualidad requiere más tiempo y dedicación, ser cuidada con esmero. Sin embargo, si se produce una conexión interior y profunda, entonces las calidades humanas se suman y la relación puede durar toda la vida.

El intercambio de caricias culmina en unos instantes de profundo contacto psicofísico: es mediante esta comunicación tan particular que las dos personas llegan a verse verdaderamente desnudas una frente a otra, y alcanzan el grado de unión necesario para alcanzar ese «nosotros» en el que se funden dos seres que se aman.

La importancia de los sentidos radica en el hecho de que es durante la fase de aproximación (contacto visual, comunicación verbal y, sobre todo, la comunicación a través de las caricias) cuando cada uno de los dos se muestra tal cual es: o apresurado y egoísta, o delicado y atento. Por supuesto, y como ocurre en toda actividad humana, la experiencia supone una mejora: con relaciones habituales se perfeccionan las técnicas, aunque sólo si esta repetición se ejecuta desde las premisas ya indicadas del amor atento, la dedicación y la ternura. El acto sexual es importantísimo en el proceso de perfeccionamiento y plenitud de la pareja[6]. Donación y pertenencia recíproca, es como si uno se escogiese a sí mismo, a través de esa otra persona: *vivir-con otro* y *ser-para otro*. Por eso debe ser cuidado con esmero, delicadeza, finura, elegancia, ya que se trata de algo misterioso e íntimo. No puede ser banalizado como algo que sirve de descarga de unas pulsiones o unos instintos. Eso sería rebajarlo de nivel. El deseo anhela el placer sexual personalizado, en un encuentro pleno, íntegro, total: por eso deambula en ese cruce el descubrimiento e intercambio de las facetas física, psicológica, espiritual y biográfica. Las tres citadas, más la historia de cada uno que atraviesa los entresijos de esa vivencia repleta de intimidad, que comienza con la ternura y culmina con la pasión.

[6] El deseo sexual es esencial en la vida conyugal y si se debilita o desaparece, el tema es grave. Muchas veces, detrás de ese hecho, hay problemas psicológicos o de comunicación que es menester resolver con un experto.

La palabra clave es precisamente *pareja*. El egoísmo y la autosatisfacción no tienen lugar: hay que pensar en el otro. Después del orgasmo, sobre todo en el hombre, tiende a producirse un veloz descenso de la excitación. Sin embargo, en el momento posterior al orgasmo el hombre y la mujer deben mantener el contacto, en todos los planos aludidos. Si tras el orgasmo se siente la necesidad de separarse con rapidez, incluso si se experimenta cierto rechazo hacia la pareja, entonces es que algo funciona de un modo deficiente. Terminado el acto sexual propiamente dicho, el encuentro debe prolongarse, esta vez expresado por medio de la ternura, a través de un profundo abrazo que culmine verdaderamente la conexión entre las dos personas. Actuar de este modo no sólo mejora la relación, sino que induce a un estado de bienestar y relajación muy satisfactorio.

EL RITO EN LA RELACIÓN SEXUAL

Las relaciones sexuales no se reducen a la mera obtención de placer: *la prisa es el peor enemigo de una relación sexual.* Para que ésta sea satisfactoria es imprescindible cumplir con un ritual, efectuar unos preparativos que, en sí mismos, constituyen una forma de comunicación y contribuyen a hacer que el encuentro sexual llegue a su desenlace de manera absolutamente satisfactoria.

Cada cultura ha desarrollado sus propios ritos previos al encuentro sexual, aunque, como no podía ser de otra manera, hay algunas notas comunes, entre ellas la solemnidad que el acto tiene en sus primeras fases. La repetición de las relaciones y el paso del tiempo hace que se pierda algo de este carácter un tanto mayestático, pero si el amor es sano y completo, se gana en espontaneidad y frescura lo que se pierde en protocolos.

Espontaneidad es, como se verá en otro epígrafe, un término clave. La pareja debe expresarse, comunicarse de forma abierta y directa, utilizando los recursos verbales y no verbales de que dispone. De este modo se establece un diálogo íntimo, espiritual, cuyo primer gesto es el *beso*. Es la más importante de las caricias, la que implica un mayor contacto mutuo, y sin duda la más excitante de todas. Después vendrán las caricias manuales, a continuación el coito, que desemboca en el orgasmo y, tras éste, la expresión final de ternura y cariño que debe ser el culmen de un acto sexual completo y saludable.

El ritual, siga el orden que siga, es importante porque permite realizar una adaptación previa de la pareja. La sexualidad requiere tiempo, y el hombre y la mujer deben conocerse poco a poco para mejorar en este campo. La familiaridad, el hecho de conocerse, mejora la sexualidad y es parte fundamental en la necesaria adquisición de experiencia.

Si no hay ritual, el encuentro sexual se reduce al coito. La penetración, sin nada más, no es verdadera sexualidad, sino sólo una descarga animal en pos del placer. Este tipo de acto es un mero desahogo que nada tiene que ver con el amor.

COMUNICACIÓN VERBAL Y NO VERBAL

Ya hemos señalado con anterioridad que la relación humana —y no sólo la sexual— combina los aspectos gestuales (lo que podemos ver o tocar) con las palabras. La relación entre las personas es pues una suma de dos lenguajes: verbal y no verbal. En el encuentro sexual, tal como vimos, hay un primer contacto visual (no verbal), al que sigue una secuencia verbal que sirve a las personas para conocerse y realizar una comunicación literal de su afecto. A continuación se da la expresión táctil de las caricias, que es también una forma no verbal de comunicar la ternura. El amor implica una combinación equilibrada de palabras y silencios elocuentes.

El *lenguaje verbal* es objeto de estudio privilegiado de la filología. Entra dentro del ámbito de la psicología analizar el *lenguaje no verbal,* sobre todo en lo que se refiere a la expresión de las emociones por medio de gestos faciales. Es una labor difícil cuyos primeros pasos fueron dados en 1977 por J. Izard y diez años más tarde por Paul Ekman. Su procedimiento científico consistió en hacer un catálogo de las emociones más importantes y luego analizar cómo cada persona las expresaba gestualmente. Ira, felicidad, nerviosismo, tristeza, plenitud, enfado, placer, preocupación, paz interior... Cada sentimiento básico presenta una gestualidad que, a grandes rasgos, es igual para todas las personas. Los hallazgos en este campo han permitido establecer un código fundamental del lenguaje humano no verbal basado sobre todo en las oposiciones «placer–disgusto» y «atracción–rechazo».

¿Qué utilidad tiene esto? En el terreno de la psicología permite estudiar algunos rasgos del interior de la persona a partir, precisamente, de su expresión externa. Hay incluso sistemas de análisis científico como el desarrollado por Ekman, uno de los mayores especialistas en el campo del lenguaje no verbal. Es el cuestionario denominado FAST *(Facial Affect Scoring Technique),* basado en diversos parámetros, como la posición de los ojos y el tamaño de la pupila, la expresión de las cejas y la boca, etc., que dan una determinada puntuación la cual, a su vez, es interpretada como un sentimiento concreto en un momento determinado. Su utilidad como herramienta de diagnóstico es indiscutible.

Sin embargo, sus aplicaciones van más allá, y pueden resultar de gran utilidad en el terreno de las relaciones de pareja. En efecto, el lenguaje no verbal, si se comprende adecuadamente, facilita la comunicación entre dos personas que se quieren, y puede contribuir a una mayor unión al tiempo que evita malentendidos. Se puede aplicar aquí con mayor propiedad que nunca ese refrán que dice: «La cara es el espejo del alma». Antes y durante el encuentro sexual es conveniente observar las expresiones de la cara del otro, que reflejan de modo inequívoco sus sentimientos más profundos. En una relación plena, la ternura, el afecto, el placer y la unión, desde la parsimonia de las primeras caricias hasta la vibración del coito, todo se manifiesta en el rostro. Si sabemos observar estos detalles, comprenderlos y disfrutar con ellos, haremos que la relación dé un paso adelante y se vuelva más humana, compleja y completa. El amor se tornará más intenso y real. El amor conyugal hace más humana a la persona, la mejora, la transforma y la eleva de nivel.

ESPONTANEIDAD SENTIMENTAL

A la hora de estudiar la sexualidad humana la mayor parte de los autores se centran en los aspectos técnicos, olvidando cuestiones tan importantes como la afectividad, la comunicación o la espontaneidad. Desde nuestro punto de vista esta última faceta es básica, ya que consiste en lograr que la pareja acuda al encuentro sexual sin ideas preconcebidas, desarrollando la relación de un modo natural que se adapte a las necesidades de cada uno de los dos.

No se trata de quitar toda sofisticación al acto sexual, pero tampoco de hacer de la sexualidad una especie de juego artificioso, ya que esto termina produciendo insatisfacción y separa al hombre de la mujer.

Por eso la espontaneidad es una clave de la buena relación conyugal. Es, como todo en la sexualidad, un proceso que requiere tiempo, atención y algo de paciencia. Se trata de descubrir poco a poco, sin prisas, la intimidad de nuestra pareja. Sólo de este modo, combinando naturalidad y dedicación, el hombre y la mujer llegan a conocerse de verdad, a encontrarse íntimamente más allá del plano físico, en la interioridad de su mente y su alma.

El otro gran elemento de la sexualidad humana es, como acabamos de indicar, la paciencia, y esto es aplicable sobre todo al hombre. El sexo masculino presenta una predisposición rápida al coito, su excitación es más rápida y explosiva. Las mujeres, por su parte, tienen un ritmo de excitación más lento, paulatino, y para alcanzar el clímax necesitan una preparación, ese «ritual» del que ya hemos hablado. Por eso hay que insistir en la importancia que para el amor tienen las caricias previas. El hombre debe tener en cuenta que el orgasmo femenino es más «difícil». A veces sólo se alcanza tras una larga relación de pareja, con repetidos encuentros sexuales. Este proceso se acelera, y aumenta en satisfacción mutua, si el hombre es paciente y sabe cómo excitar a su pareja.

Todo esto nos lleva, en definitiva, al argumento fundamental de la conexión amorosa auténtica: el egoísmo no tiene lugar. El amor es entrega mutua y delicada. Cualquier actuación egoísta, desconsiderada, apresurada o carente de sensibilidad conduce a la insatisfacción, la tristeza e incluso, el alejamiento y la ruptura. Las consecuencias de una mala práctica pueden llevar a problemas serios, como vaginismo o frigidez en la mujer, o impotencia y eyaculación precoz en el hombre. Conocer el cuerpo de la otra persona para saber el mejor camino a seguir en la excitación. Afectividad que trabaja la estructura íntima del momento, volcándose en todos los planos, aprendiendo a amar con el cuerpo.

Hay que ser natural y al mismo tiempo, saber quemar etapas. La prisa sobra en el verdadero acto de amor.

PRINCIPALES POSTURAS

El amor es una combinación de amistad y ternura. La sexualidad forma parte del amor, pero la sexualidad sin amor no es sino un mero encuentro animal de dos cuerpos en busca de un placer vacío. La gran falacia de la pretendida «liberación sexual» iniciada en los años sesenta consistió en ofrecer una visión de la sexualidad apartada de sus aspectos más humanos. Esto, en definitiva, sólo ha servido para producir insatisfacción, dolor y deshumanización. La liberación sexual ha traído más desorientación que solidez. Si la sexualidad pierde su sentido profundo y comprometido, se convierte en un juego degradante.

Así pues, la sexualidad, como parte complementaria y satisfactoria de una relación amorosa, debe basarse en una combinación de comprensión, compenetración y establecimiento de un proyecto común. Todo ello bajo el telón del afecto y el cariño. Dentro del amor, el objetivo de la sexualidad es incrementar todas estas facetas, alcanzar un verdadero conocimiento que permita a las dos partes de la pareja llegar a fundirse espiritual y mentalmente en un solo ser.

Las técnicas para el acto sexual son importantes, pero no

hasta el punto de convertirse en el elemento central de la relación, tal y como predican algunos libros sobre sexualidad que, en definitiva, sólo proporcionan una visión deformada y mecánica de lo que es el acto sexual.

El amor, la relación de pareja, implica convivencia, contacto cotidiano. Es conveniente, por lo tanto, evitar en todos los planos la monotonía, que puede llevar al distanciamiento. En lo que se refiere al sexo, la rutina es particularmente perniciosa, pues hace que el encuentro del hombre y la mujer, lejos de servir para una mayor interconexión, se vuelva algo desagradable, incluso fuente de enfrentamientos.

La monotonía es un terrible enemigo del amor, y surge, a veces, con gran facilidad. Pero nadie dijo que el amor fuera cosa sencilla. Ya hemos visto que una verdadera conexión sentimental requiere un esfuerzo: los resultados compensan de sobra. En este ámbito de la rutina que a veces llega a dominar las relaciones de pareja hay que considerar el papel a menudo excesivamente pasivo de la mujer. Si no participa de un modo razonable, puede no sentirse protagonista y perder interés. Por otra parte, tampoco debe la parte femenina adoptar un posicionamiento en exceso activo, pues ello tiende a acelerar la respuesta del hombre y, en definitiva, hace que el encuentro fracase. Como en casi todas las cosas, en el equilibrio está el punto adecuado.

Para evitar la monotonía y hacer que el acto sexual sea agradable, variado y satisfactorio, ofrecemos a continuación un «inventario» de las principales posturas para el coito, agrupadas por orden de frecuencia:

1. *Tumbados frente a frente, con el hombre encima*. Es la posición más corriente, y recibe diversos nombres, como «posición básica». Es también una de las más sencillas

de practicar. Al estar el hombre y la mujer cara a cara, pueden besarse durante el coito, lo que aumenta la excitación. En esta postura la penetración es relativamente sencilla, siempre y cuando la vagina se encuentre bien lubricada. En todo caso hay que evitar los intentos de penetración brusca o demasiado rápida, pues pueden resultar dolorosos. Es la mejor posición para facilitar el embarazo, aunque resulta algo incómoda si el hombre sufre de sobrepeso, si las mujer está ya embarazada, si las paredes vaginales no son demasiado elásticas o si la erección del hombre no es completa.

2. *Tumbados frente a frente, con la mujer encima.* Es como la anterior, pero invertida. Ofrece a la mujer mayores posibilidades de adoptar un papel activo, y es preferible si el hombre padece sobrepeso o tiene mucha tripa. Es más recomendable que otras posturas para casos de impotencia o frigidez. En la mujer esta postura puede ser muy positiva, pues de este modo el pene excita más fuertemente la vagina.
3. *La mujer le da la espalda al hombre.* Puede ejecutarse esta postura con la mujer tumbada boca abajo o recostada lateralmente. El hombre se coloca detrás e introduce su pene en la vagina. Es muy apropiada para acariciar los pechos de la mujer. Para incrementar la excitación del varón, una vez el pene ha sido introducido, la mujer puede cerrar sus muslos.
4. *Recostados lateralmente, de frente y con las piernas entrecruzadas.* Es una posición que permite a ambos establecer su propio ritmo y controlar el acto sexual. Para evitar el cansancio, uno de los miembros de la pareja puede apoyarse sobre el pecho del otro.
5. *Otras posiciones laterales.* La principal ventaja de este

tipo de posturas es que evitan que uno de los miembros de la pareja soporte el peso del otro. Por este motivo son posiciones adecuadas para la mujer durante el embarazo.

6. *Sentados*. Es conveniente para ciertos trastornos, como coito doloroso, exceso de peso o dificultades motoras, pero hay que tener en cuenta que en esta postura resulta difícil realizar algunos movimientos coitales. Por lo común el hombre se coloca debajo y la mujer se sienta encima, bien frente a frente, bien dando la espalda a su pareja. Es preferible la primera opción, pues permite abrazarse y besarse mutuamente. Si la mujer mueve su pelvis en círculos, aumenta la excitación del hombre y facilita su eyaculación.
7. *De pie*. Puesto el hombre en pie, la mujer se monta sobre el pene. Es una postura que requiere cierto esfuerzo, y que limita mucho los movimientos. Al estar ambos frente a frente, los besos y los abrazos incrementan la excitación de ambos.
8. *Estimulación sexual no coital*. También llamado sexo oral, las dos formas son el *cunnilingus* (estimulación del clítoris y la vulva con los labios y la lengua del hombre) y la *fellatio* (la mujer acaricia el pene con sus labios y su lengua, y se lo introduce en la boca). Es una forma de sexualidad adecuada para personas con dificultades para alcanzar el orgasmo, o cuando hay impotencia masculina o dolor vaginal ante la penetración[7]. En tales casos debe existir un acuerdo entre ambos.

[7] Esto debe culminar en la penetración del pene en la vagina, con la expulsión allí del líquido seminal. No debe sustituir la penetración, sino que según los casos es un modo de excitación eficaz.

Este breve catálogo sirve sólo como guía. Las posibilidades de la sexualidad humana son enormes: debemos recordar siempre que la naturalidad, la espontaneidad, son los ingredientes básicos, siempre que no se llegue a lo extravagante o desviado. Además hay que tener en cuenta que durante el acto se puede cambiar varias veces de postura. El único detalle a considerar es que, al hacerlo, no se produzcan rupturas muy marcadas del ritmo sexual: hay que evitar las discontinuidades. Y que sean el amor y la pasión amorosa sus ingredientes.

FRECUENCIA DE LAS RELACIONES SEXUALES

Un tema de interés en las relaciones sexuales es la *frecuencia* de las mismas. La repetición del acto sexual en una pareja depende de muchas variantes, aunque en general suelen ser más habituales e intensas en los primeros tiempos del matrimonio. Más adelante suelen espaciarse, aunque esto no signifique que el amor en la pareja haya disminuido. *La pregunta «¿Cuál es la frecuencia normal de relaciones?» no tiene una sola respuesta:* cada persona y cada pareja tienen unas necesidades concretas, que además varían dependiendo de numerosas cuestiones, como el estado físico, el trabajo, el nivel cultural y la educación, las preocupaciones, la hora del día o la estación del año. Incluso la zona en la que se vive influye: por lo general las personas que viven en el campo tienen relaciones más frecuentes que las que habitan en las grandes ciudades. Las prisas y la ansiedad características de la moderna vida urbana tienen mucho que ver con esto.

Algunas parejas, sobre todo en los inicios de su vida conyugal, mantienen relaciones a diario. Otras, varios días a la semana. Y otras, una vez a la semana o menos: depende de cada cual determinar su propio ritmo. La frecuencia sexual puede mantenerse durante años, y aunque tiende a disminuir con el tiempo (en parte por razones naturales), en algunos casos la variación puede ser al alza. No hay normas fijas, y esto lo saben bien los diversos estudiosos, desde Freud a Kinsey o Ellis, que han estudiado el tema de la sexualidad humana.

En cualquier caso hay que recordar que las relaciones no deben planificarse. No olvidemos que la espontaneidad es la clave, por lo que lo ideal es que el acto sexual se produzca en momentos de relajación y buena predisposición de las dos partes. Por este mismo motivo tampoco hay que establecer una hora fija del día para el encuentro sexual. La mayor parte de la gente prefiere la noche. Sin embargo, éste no es siempre el mejor momento: después de una larga jornada de trabajo, el cansancio y las tensiones acumuladas son un mal ingrediente para alcanzar el estado de ánimo necesario para el coito.

LA SEXUALIDAD ARMÓNICA

Todo lo que hemos visto hasta ahora en el presente capítulo, el ritual erótico, la comunicación en la pareja, el modo de realizar el coito y su frecuencia, la necesidad de practicarlo con ternura y espontaneidad, nos conduce a la idea principal de que la sexualidad, en el ser humano, es un camino para alcanzar la plena comunicación de la pareja. O dicho de otro modo: *la armonía*.

La sexualidad debe ser armónica, y la confianza, la naturalidad y el afecto son elementos de importancia para lograr ese objetivo. Sin embargo, esta armonía no siempre se alcanza, y los motivos son muy variados: miedo al fracaso, temor al embarazo, anorgasmia, dolor coital, experiencias desagradables previas, cansancio... Estas situaciones conducen al establecimiento de una práctica sexual errónea e insatisfactoria. Cuando no hay armonía entre las dos partes, el encuentro sexual se transforma en una «obligación» mecánica y falta de contenido humano.

La solución no es sencilla, puesto que en cada individuo la causa o causas son distintas, y pueden variar además con el paso del tiempo y la evolución de la pareja. Se puede, no obstante, poner algo de nuestra parte para llegar a una resolución positiva. En primer lugar hay que reconocer que se tiene un problema. A continuación hay que tratar de identificar sus motivaciones, el origen de todo. Cuando se conoce la causa se puede aplicar un remedio.

Así, si la mujer siente dolor al realizar el coito, una posible solución pasa por practicar nuevas posturas. En otros casos la precipitación o la prisa del hombre por alcanzar un desenlace placentero hace que la mujer no llegue al orgasmo. Ante esto debemos insistir de nuevo en la importancia de los preparativos y las caricias.

Tener en cuenta otros detalles puede prevenir problemas. Por ejemplo, observar siempre la actitud lógica de buscar para el encuentro sexual el instante más adecuado. Hay que evitar los momentos de cansancio, tensión o mal humor. Por otra parte, el hombre debe tener en cuenta la respuesta sexual de la mujer. Hay dos tipos de orgasmo femenino: el que se produce por estimulación del clítoris y el que surge como resultado de la estimulación vaginal. El primero es más intenso, y relativamente fácil de conseguir. El segundo es más prolongado, pero a algunas mujeres les cuesta trabajo experimentarlo.

No olvidemos nunca que el fin más importante de la sexualidad en el ser humano es alcanzar la plenitud armónica de la pareja: visión y procreación. Si se presentan problemas no hay que descartar la posibilidad de acudir, sin miedo, al médico o al psiquiatra: muchos trastornos corrientes de la sexualidad, como la impotencia masculina o la falta de deseo en la mujer, pueden corregirse con el tratamiento adecuado de forma relativamente sencilla y pronta.

EL ROMANTICISMO MADURO

La sexualidad es un elemento constituyente y muy importante del amor, pero no siempre que se practica el acto sexual hay amor. Muchas personas confunden una relación sexual esporádica con un acto de amor, por más que el contacto haya sido breve, superficial y carente de contenido. *El verdadero amor incluye una intensa comunicación entre los dos miembros de la pareja*, que va más allá de lo físico para entrar en los planos, ya comentados, de la mente, la cultura y el espíritu.

En una época en la que se da prioridad al hedonismo, es preciso redescubrir el amor romántico y sentimental, el que guarda como un tesoro la afectividad y la ternura. Se trata de recuperar la profundidad del amor entre dos seres humanos: hombre y mujer.

El sexo, por sí solo, no es amor: es sólo satisfacción del deseo, de la pulsión sexual instintiva, un acto que nos acerca a los animales. El amor humano hace que nos afirmemos en nuestra propia esencia a través del otro. Implica la unión de dos personas en busca de un sentido más profundo de la vida. Se habla de «hacer el amor», pero a menudo no hay ningún amor en ello. Desde el momento en que una pareja se conoce y atrae, hasta que surge el verdadero amor, el camino es largo y consta de una serie de etapas. La belleza física es lo que primero nos llama la atención, pero en una relación consistente y sana son otros valores, los interiores, los que determinan el surgimiento del afecto.

¿Qué es, pues, el amor? Ante todo, saber ponerse en el lugar del otro, estar pendiente de él, desearle lo mejor como si fuera para uno mismo. En definitiva, fundir dos vidas en una. El amor es algo muy necesario, pues constituye el ingrediente principal de la felicidad. La persona feliz, enamorada[8], es más libre y completa, y su plenitud la lleva a integrarse mejor en su sociedad, a colaborar en ella, a participar en el esfuerzo común del progreso humano. El amor es un genuino «bien moral», más allá del materialismo.

El amor es un bien precioso que hay que saber cuidar. James Joyce dijo de él que era algo «tan poco natural, que rara vez se puede repetir, puesto que el alma es incapaz de volver a ser virgen, y casi nunca tiene la energía suficiente para sumergirse en el océano del alma de otro». Si se llega al amor auténtico, no habría que temer esto, pues en un nivel de verdadera comunión espiritual, la ruptura es difícil.

El amor es una fuente de alegría relacionada con el conocimiento que tenemos de nosotros mismos y del otro. En este esfuerzo el acto sexual es sólo una parte. La sexualidad no es el fin que se debe perseguir, y buscar sólo el placer

[8] El amor conyugal es una realidad viva que hay que cuidar y vigilar, esmerarse en ella y si uno se abandona, se puede caer en la rutina y la vida paralela. Los que tienen un buen nivel de inteligencia emocional saben tener muy presentes estas estrategias. El amor es deseo de posesión; si es maduro se fragua en una reciprocidad equilibrada.

erótico constituye una mala estrategia. Cuando se ansía la satisfacción rápida del deseo físico, no nos preocupamos del otro, ni siquiera lo valoramos como persona, sino tan sólo como mero instrumento para satisfacer un deseo hedonista.

La pareja sin amor es inútil, se disgrega y aleja con el tiempo, y por eso se dice con tanta frecuencia que «del amor al odio sólo hay un paso». Este dicho sólo tiene sentido si hablamos de ese falso amor exclusivamente físico. *El verdadero amor difícilmente puede deslizarse hacia el extremo de la repulsión. Por el contrario, tiende a generar más amor a su alrededor.*

La entronización del sexo como bien supremo, fomentada por los medios de comunicación, lleva a la sociedad a un proceso creciente de deshumanización. Como dice Quentin Crisp en *Las maneras del cielo* (1999), «cada vez que nos enfrentamos a un deseo incontrolado, estamos sin duda frente a una tragedia en gestación».

El amor auténtico, bien planteado, comprometido y entregado, es la mejor herramienta de que disponemos para evitar esto y alcanzar la plenitud del ser humano en el mutuo afecto de la pareja. El romanticismo maduro es capaz de entusiasmar a una persona con la otra, pero con una perspectiva cartesiana: aunar dos figuras en una, Stendhal y Descartes, Max Scheller y Husserl, sentimientos y razones, lo emotivo y lo intelectual, corazón y cabeza.

VI. Los deseos y sus territorios

BIOLOGÍA DE LOS DESEOS

Antes de seguir adelante haremos una pequeña recapitulación sobre el ámbito del deseo. Hemos visto que los deseos —en realidad toda actividad humana— presentan cinco facetas características: física, psicológica, conductual, cognitiva y asertiva. No son terrenos aislados, sino que trabajan todos juntos, profundamente relacionados, en el interior de nuestra mente y nuestra alma.

Los deseos forman parte de la biología humana, pues, como ya comentamos, el hecho de desear es en sí mismo intrínsecamente humano. Los deseos nos ayudan a sobrevivir, nos empujan a la reproducción, nos animan a progresar y descubrir cosas. Pueden expresarse de muchas formas. Por ejemplo como sentimientos, como emociones, como pasiones o como motivaciones. Algunos deseos son apremiantes, urgentes, mientras que otros se muestran más relajados. Las diferencias radican en aspectos cuantitativos y cualitativos, pero todos son deseos.

El deseo varía a lo largo de la vida. Como vimos, no tiene las mismas aspiraciones un niño que un anciano, un joven que un adulto. Incluso el género matiza los deseos, pues los deseos de un hombre y una mujer, incluso dentro de una misma etapa de la vida y en unas condiciones sociales, culturales, etc., similares, no son necesariamente idénticos.

Los deseos pueden ser conscientes o inconscientes, podemos expresarlos abiertamente y sin tapujos o reprimirlos. Lo mejor es, sin duda, el término medio, saber qué tipo de deseo hay que satisfacer y cuándo es oportuno hacerlo. La represión por sí sola es negativa, pero aún peor es la falta absoluta de control sobre uno mismo.

En suma, el mundo de los deseos es variado, como variada es la esencia de la vida, y esta diversidad es positiva, pues da color al mundo, anima la existencia y nos ofrece perspectivas, proyectos, ilusiones. El truco está en saber colocar la inteligencia por encima del deseo.

Este aspecto es muy interesante: la búsqueda del equilibrio interno, en el ámbito de nuestro cerebro, entre los impulsos naturales, instintivos, que son raíz de muchos deseos primarios, y el intelecto racional, que representa la parte superior de nuestro desarrollo como especie.

Los deseos, desde un punto de vista biológico, residen en el sistema nervioso. Esta es al menos su parte física. El cerebro aúna diferentes estratos. Hay sistemas automáticos que controlan las funciones vitales; otros son conscientes, y en ellos viven la inteligencia y la personalidad. Esto implica que es posible controlar la conducta y, por lo tanto, el deseo. Pese a lo que alegan muchas personas dominadas por el hedonismo y el consumismo, el instinto no es la fuerza dominante de nuestra constitución, y con voluntad es posible, siempre, imponer la fuerza de la inteligencia humana sobre el impulso animal.

El deseo es una aspiración que busca ser satisfecha. Se produce de modo inconsciente, como respuesta a una necesidad. La mente racional ha de decidir si es conveniente o no, en un momento dado, satisfacer ese deseo, dejarlo para otro momento, o simplemente anularlo. La inteligencia tiene más capacidad de control de lo que tendemos a pensar. Los animales no tienen más opción que dejarse llevar por sus impulsos, pero el ser humano, dotado de capacidad de elegir, no tiene que someterse a esa imposición de la naturaleza.

En el capítulo III hicimos una primera clasificación de los deseos. Ahora haremos otra, esta vez desde el punto de vista biológico:

1. *Por inclinación hacia un objeto*. Su origen neurobiológico es complejo de definir. Pueden encontrarse en una parte u otra del sistema nervioso dependiendo de su contenido, aunque con preferencia se localizan en la corteza cerebral prefrontal y en el lóbulo parietal inferior.
2. *Gobernados por instancias superiores*. En concreto la inteligencia y la voluntad, como ya hemos apuntado anteriormente. Si se trata de deseos impulsivos, de tipo animal, suelen presentarse de forma urgente, y resultan difíciles de controlar, aunque no es imposible hacerlo.
3. *De apetencia*. Buscan la satisfacción como fin básico, y se presentan con una imagen mental de ese objetivo cumplido. Es una suma de tendencia e imaginación.
4. *Afectivos*. Se manifiestan con diferente intensidad según sea un sentimiento, una emoción o una pasión. Las motivaciones entran en este campo, aunque su modulación es difícil de calibrar. Los deseos afectivos influyen de manera poderosa en nuestro comportamiento.
5. *Movidos por factores desencadenantes*. Son muy variados, y en su gestión intervienen, como en los afectivos, diferentes partes de nuestro organismo. Por ejemplo, la sed

intensa puede venir acompañada de un síntoma físico (sequedad de boca) para incitar a la satisfacción del deseo. Los sentidos, sobre todo la vista y el oído, participan de manera importante en esta modalidad de deseos.

6. *Impulsos de tipo animal.* Son los más elementales, y parten del instinto. La diferencia es que el ser humano puede dominar el componente animal de su naturaleza. Funciones básicas para la supervivencia, como la alimentación o la reproducción, entran dentro de este campo. Evidentemente, no es muy inteligente anular permanentemente el deseo de comer, pues ello nos conduciría a la muerte. Sin embargo, en ocasiones es necesario dominar la sensación de hambre para atender cuestiones más urgentes. Este punto de vista es aplicable en general a toda clase de deseos, sobre todo a los más apremiantes. Hay que indicar que la situación social de la persona influye en este tipo de deseos[1]. En lo que se refiere a la zona cerebral implicada, se pensó en origen que era el hipotálamo el que regía estas funciones, pero recientes descubrimientos muestran que el tema es mucho más complejo, pues intervienen otras zonas cerebrales (corteza cerebral, sistema límbico, lóbulo de la ínsula), además de la memoria, la conciencia, los afectos y diferentes funciones hormonales y bioquímicas.

[1] En un viaje reciente a Kenia y Tanzania, recorriendo el primero de estos países pude ver situaciones de gran pobreza. La comida diaria sigue siendo una cuestión no resuelta aún y plantearse otros retos educativos o culturales está todavía lejos. En el primer mundo ocurre justo al revés: las dietas para adelgazar se imponen y hay un esfuerzo enorme por no engordar y la presión social de la delgadez está en primer plano. Igual sucede con la cirugía plástica, cuyo auge es extraordinario.

7. *El deseo sexual.* Forma parte hasta cierto punto del apartado anterior, pero por sus peculiares características lo analizamos aparte. Es uno de los deseos más intensos y determinantes. Se activa de diferentes modos, uno de ellos a través de la vista, mediante la contemplación de imágenes eróticas o directamente pornográficas. En este sentido son muy interesantes los experimentos realizados por Redoute en el año 2000[2]. La pornografía es uno de los grandes problemas del mundo actual, repleto de ofertas de consumo deshumanizado. La oferta de escenas sexuales es cotidiana e intensiva, y se presenta sin tapujos a niños y adolescentes, lo que altera, al presentarles unos modelos deformados, la percepción que esas personas en formación tienen de la vida sexual. Se ofrece una imagen de placer sin compromiso, ni amor, ni proyecto.
8. *Relacionados con el placer.* Del mismo modo que hay *sentimientos básicos,* como la alegría o la ansiedad, el placer es un constituyente básico del deseo. En efecto, una de las características del deseo es que su satisfacción produce una sensación agradable. Esto cumple una función biológica, pero también puede llevarnos a una pos-

[2] A un grupo de personas se les pasaban unas películas con tres contenidos distintos: documentales sobre la naturaleza, películas divertidas y otras de carácter sexual claro y rotundo. Ellos eran monitorizados mediante la técnica de la tomografía por emisión de positrones, para observar la actividad de las diferentes zonas cerebrales: el temporal, la corteza prefrontal, así como el lóbulo de la ínsula y la zona del cíngulo. El comportamiento observado es de una enorme riqueza y complejidad, siendo muchos los ingredientes que lo mueven. La faceta biológica tiene una base bioquímica y cerebral. Así, en enfermos con lesiones del lóbulo prefrontal se produce una desinhibición, que da lugar a manifestaciones sexuales descontroladas.

tura hedonista. La abstinencia es positiva, pues renunciar a un deseo concreto nos puede llevar a lograr un fin superior[3].

CLASIFICACIÓN DE LOS DESEOS

Todo intento de clasificación representa un intento de poner orden en algo. Igualmente trata de hacer acopio, de almacenar contenidos. Los deseos tienen una definición general, pero son variados, por lo que pueden clasificarse siguiendo diversos puntos de vista. Ya hemos aplicado algunos a lo largo del libro. En este apartado trataremos de hacer una relación de los tipos de deseo desde un punto de vista científico, atendiendo a factores culturales, mentales, etc. En apartados posteriores desarrollaremos el contenido de los más importantes.

Siguiendo nuestra línea de división «pentagonal», podemos considerar cinco tipos fundamentales de deseo, correspondientes a otras tantas vertientes de la naturaleza humana:

— Físicos.
— Psicológicos.
— Sociales.
— Espirituales.
— Culturales.

[3] La ética, en general, y el tener una filosofía de vida inspirada en valores espirituales, en particular, pueden ser factores que condicionen a una persona para que sea capaz de renunciar en algún sentido a la comida, la bebida o la vida sexual. Hay algo dentro de ese ser humano que le lleva a *decir que no* a esa inclinación natural. La respuesta es de índole sobrenatural.

Cada categoría se subdivide, y puede abarcar muchos tipos de deseo. Igualmente, unas categorías pueden solaparse con otras, ya que en la naturaleza humana apenas hay compartimentos estancos.

Los deseos, ya lo hemos visto, son variados: se puede desear el conocimiento de una ciencia o el cuerpo de otra persona. Entre estos dos extremos hay un amplísimo espectro de tonos y colores. Todos comparten puntos comunes, como son el impulso inicial, el afán de satisfacción o la sensación placentera una vez llegados al punto final. Unos deseos pueden ser más de tipo físico, otros más mentales y otros más de tipo cultural. A menudo hay interacción entre los diferentes planos. Y, por supuesto, también hay interferencias, puesto que los deseos no aparecen aislados, uno por uno, sino que suelen asaltarnos en bloque, desde distintos frentes. Nuestra mente trata de poner orden y establece un rango de prioridades. La inteligencia es factor determinante en esa tarea.

Los deseos presentan, por lo tanto, ciertas características fenomenológicas que apuntaremos a continuación, antes de analizar en profundidad cada categoría:

—*Fugacidad*. Si un deseo persiste con fuerza, entonces es más bien una motivación. Por otra parte, si su duración es mínima, se tratará de una emoción.

—*Superficialidad*. En general los deseos no dejan mucho rastro. Si perseveran tienden a convertirse en sentimientos.

—*Involuntariedad*. El deseo no es voluntario. Si lo parece, entonces hablamos de un querer, que implica voluntad y firmeza, además de requerir un objetivo. Es una buena vía hacia la madurez.

—*Estímulo exterior*. Es una faceta importante. Los deseos casi siempre dependen de algún factor externo que los dispara.

—*Frescura.* El deseo es vital y dinámico. Anima la existencia y proporciona ilusiones. Sin embargo, hay que valorar esta faceta en su justa medida, pues dejarse llevar por la lozanía del deseo es, insistimos, bastante negativo a la larga.

—*Personalidad.* Interviene de forma importante en el mecanismo de los deseos. Una personalidad madura sabrá establecer prioridades y mantener el control. Una personalidad inmadura se verá dominada por los impulsos. Los deseos racionalizados son menos frescos, pero ganan en equilibrio y riqueza. Cuando hay trastornos de la personalidad, los deseos se manifiestan de manera desordenada y caótica, produciendo euforia y decepción a partes iguales y alternándose a toda velocidad.

Los deseos físicos

Son quizá los más acuciantes y forman una red intrincada en la que se combinan todo tipo de funciones y elementos vitales. El estímulo inicial de un deseo físico suele despertarse por medio de los sentidos, sobre todo la vista. Esto es de gran importancia en el mundo actual, obsesionado con la imagen. La moda se ha convertido en un «valor», igual que la estética corporal o la cirugía que remodela la apariencia del rostro. El deseo de «mejorar» la imagen es dominante en nuestros días, y este ejemplo nos servirá para analizar el efecto tan negativo que el deseo descontrolado puede llegar a tener sobre la vida de las personas.

Se ha puesto de moda un prototipo de belleza femenina que se centra en mujeres hiperdelgadas, sin formas. A lo sumo, con unos pechos desproporcionadamente grandes (vía quirófano), que apenas encajan en un cuerpo escuálido. El resultado, estéticamente, es desproporcionado, pero la mayor parte de nuestra sociedad no parece darse cuenta y favorece unos cánones estéticos que son, además, insanos. Las jóvenes, y aun las niñas de hoy en día, se someten a todo tipo de privaciones, hasta llegar a la enfermedad, con tal de alcanzar ese ideal estético que supone el culmen de sus deseos. Aunque trataremos este tema más adelante, en el capítulo XIII, podemos adelantar que esta exacerbación del deseo (de este deseo en concreto) puede tener, y a menudo tiene, unos efectos gravísimos. Hambre, ejercicio agotador, ingesta de diuréticos y laxantes con el consiguiente desorden gástrico y, sobre todo, el hecho de tener un único objetivo en la vida, que ocupa por completo la mente, restando toda energía vital para otros empeños. Este tipo de deseo ni siquiera es ilusionante, pues la persona afectada es en realidad una enferma que se ve sumergida con frecuencia en la desesperación.

En el plano de los deseos físicos se ha impuesto una nueva religión, que es el *culto al cuerpo*. Esto tiene mucha importancia, porque en muchos trabajos es requisito indispensable para tener éxito. La televisión, el cine y las revistas potencian una determinada imagen, y lo hacen con tal energía que cualquiera que se escape del canon parece condenado al fracaso y al ostracismo.

Sin embargo, una cosa es la apariencia y otra la realidad. La persona puede tener un aspecto externo bello, pero su interior puede ser un verdadero caos si se ve dominada por los impulsos. *La persona que sabe mantener el control, domina su vida y comprende la verdadera belleza de lo que la rodea.* En la sociedad moderna los valores auténticos han desaparecido, y sólo se tienen en cuenta las ficciones de la estética, la fachada hermosa que puede ocultar un edificio en ruinas y a punto de derrumbarse.

La adicción a cualquier cosa (y la satisfacción compulsiva del deseo no es sino una adicción) siempre trae problemas, y no sólo a uno mismo, sino a su entorno, sobre todo a su familia. Los que rodean a una persona dominada por las pulsiones físicas (sea deseo de adelgazar, obsesión sexual, ludopatía...) sufren como él los desperfectos vitales que genera la incapacidad para controlar el deseo. Se llega a veces a un estado que ha sido descrito como «neurotización de la familia», aunque también pueden verse implicadas personas ajenas a la familia, como son los amigos.

El deseo físico de belleza puede canalizarse positivamente si consideramos el verdadero valor de la belleza interna. Si se potencia ésta, su hermosura saldrá al exterior. La cara es el espejo del alma, hay que insistir en ello, y si una persona sabe mantener su equilibrio interior, en mente y espíritu, su exterior será atractivo sin necesidad de cremas ni cosméticos. Su belleza tal vez no responda al canon moderno, pero desprenderá el atractivo poderoso del ser que sabe dirigir su trayectoria.

El rostro de este tipo de personas desprende energía y vitalidad. Sus gestos son equilibrados y, por ello, hermosos. Sus movimientos son elegantes por naturaleza. Esto dice mucho más que un rostro tallado en el quirófano o que un cuerpo modelado en agotadoras jornadas de gimnasio. A menudo las personas obsesionadas por su imagen no transmiten el menor atractivo, al verse dominadas por la angustia, el cansancio o el vacío interior.

Cuando vemos a alguien por primera vez a menudo no sabemos qué es lo que encontramos atractivo en él. Puede ser esa belleza íntima que transmite serenidad. La belleza externa no tiene misterio alguno, y se repite una y otra vez, forjando personajes casi clónicos en su aspecto y actitudes. La persona con hermosura interna es irrepetible.

A menudo nos cansamos de personas de magnífica apariencia externa, pero de conversación hueca, y nos fascinan otros, quizá no tan bellos, pero de diálogo enriquecedor. No se ama a una persona sólo por su aspecto: hay que conocerla, y esta es tarea reposada que requiere profundizar poco a poco. *La belleza interior es lo que hace diferente a una persona de otra.*

Es importante, en este terreno, el concepto de *intimidad.* Proviene del latín *intimus,* que se refiere al espacio interior más privado[4].

Resulta difícil definir en qué consiste la belleza interior. Los psiquiatras, que profundizamos cada día en los recovecos de la mente humana, a menudo no sabemos definir qué es ese extraño hálito que hace a unos atractivos y a otros no[5]. Es una impresión, una sensación inexplicable, que depende también del punto de vista del que mira.

Nuestro ser es una suma de cuerpo, mente y espíritu. El cuerpo es sólo el soporte físico: son la mente y el alma las que dan sentido a la existencia material. Si nos remitimos sólo a la carne, entonces no nos diferenciamos de los animales, y el resultado es un perfecto vacío[6].

[4] Platón, en sus *Diálogos,* dice que la naturaleza de lo bello va desde lo exterior a lo interior, hasta poner al mismo nivel lo bello y lo bueno. En su pensamiento la estética y la ética están íntimamente relacionadas. El verdadero amor es deseo del bien y de la belleza.

[5] La belleza exterior es física y apolínea. La belleza interior es metafísica y dionisíaca. La belleza integral es aquella que escoge el atajo de unir a las dos, no quedándose en la primera, sino buscando la segunda y ensamblándolas.

[6] La belleza interior es el castillo que guarda el tesoro de la armonía y la autenticidad. Equilibrio y ser una persona verdadera, que cultiva y selecciona lo más valioso para aplicarlo a su vida. Muchas roturas conyugales estaban cantadas, debajo de las apariencias había demasiados materiales de derribo, incoherentes, frágiles, superficiales, frívolas,... con las cuales no se podía llegar muy lejos. La obra más completa del ser humano es su propia realización, en la integración de los distintos segmentos de su existencia. *Hoy vemos el éxito fragmentado, sólo referido a lo profesional, con un penoso descuido de todo lo demás.*

Ya hemos hablado anteriormente de la obsesión actual por la idea de mantenerse joven. Esto, junto a la persecución maniática de ciertos conceptos de imagen, nos lleva a la aparición de las *fobias estéticas*. Aunque algunas están justificadas (por ejemplo, desear la corrección de unas orejas de soplillo), en otros casos se trata de verdaderas enfermedades mentales. En muchos casos encontramos verdaderos complejos de inferioridad motivados por unas modas desacertadas y omnipresentes que se imponen como si fueran valores. Lo más curioso de todo es que este embellecimiento y rejuvenecimiento es sólo exterior: el vacío interno, la falta de expectativas es, como comentamos en capítulos anteriores, una muestra de vejez interna. Una vejez encerrada en una carcasa física de eterna adolescencia.

El deseo, para no ser enfermizo, debe ser equilibrado. No hay nada malo en querer tener buen aspecto. Sin embargo, no ha de ser este el único objetivo de la existencia. Si la conducta se articula en torno a un único fin, guiado por deseos que quedan fuera de control, podemos hablar de fracaso vital.

No debemos olvidar, en este apartado de los deseos físicos, al otro gran icono de la sociedad contemporánea: el *dinero*. Es el becerro de oro de nuestros días. Una cosa es tener las necesidades materiales cubiertas, deseo legítimo fuertemente entroncado con el instinto de supervivencia, y otra dedicar la vida a amasar fortuna, sin otra finalidad. No es necesario ser muy observador para descubrir que la fijación por ganar dinero es otra de las grandes pasiones modernas que funcionan como una adicción tóxica y que en absoluto sirven para alcanzar la verdadera calidad de vida.

La sociedad de consumo, a nivel global, presenta curiosas paradojas. Si hablamos de la belleza, destaca el dato de que mientras millones de personas pasan hambre en el Tercer

Mundo, en el Primero hay quien ayuna voluntariamente sólo por satisfacer su deseo de tener una línea bonita. En lo que se refiere al dinero, conviven el que nada tiene con el que lo tiene todo. Para incrementar más la paradoja, la persona que carece de trabajo dispone de tiempo, pero quizá obsesionada con los antivalores modernos no sabe en qué emplearlo; por su parte, el que «ha tenido éxito» posee muchos bienes materiales, pero su actividad profesional le absorbe tanto que no tiene tiempo para nada más. No sólo no tiene un segundo para tratar de abrir sus expectativas vitales a fines más positivos (amor, amistad): lo más paradójico es que ni siquiera puede disfrutar, en un sentido estrictamente material, de los bienes que atesora. Por esta y otras razones hemos hablado ya de «una sociedad enferma».

En tiempos antiguos se relacionaba la riqueza con la ociosidad: era la imagen clásica del señorito andaluz o el *dandy* inglés. Hoy se ha dado la vuelta al concepto: los más ricos son los que más trabajan. El exceso de trabajo es un signo de poderío, de éxito personal. Sin embargo, creemos que es un éxito un poco vacío, pues no conduce a nada si sólo se queda en una actividad agotadora y una acumulación de inútiles trofeos. El trabajo es enriquecedor y fundamental en el desarrollo humano, pero, una vez más, no debe ser lo único. En especial hay que tener en cuenta que el trabajo debe ser una recompensa en sí mismo, una vía de realización y satisfacción personal. Si sólo se trabaja por dinero, la decepción espera al final del camino.

Esta actitud ante el trabajo y el dinero genera una división social preocupante y una fuerte insolidaridad. El que acumula dinero y poder no colabora con el común, y sólo desea, egoístamente, su propio beneficio. Al mismo tiempo, las personas que se encuentran económicamente por debajo envidian el dinero y el poder del otro. Es un tipo de competencia malsana, que genera antivalores, pues el que no tiene tanto dinero trata, no obstante, de aparentar que lo tiene por medio de símbolos huecos (un buen coche, un teléfono móvil de última generación, etc.). Se crea así una espiral cada vez más compleja que aleja a los seres humanos de la verdadera vida y de la auténtica riqueza.

Esto se plasma de forma especialmente cruda en las relaciones de pareja. Banalizadas y carentes de sentido profundo, las rupturas son continuas. Incluso a veces se producen matrimonios de conveniencia entre familias adineradas (al estilo de las sociedades antiguas, en un retorno negativo hacia el pasado), que no tienen más fundamento que la acumulación de riquezas. Es imposible alcanzar la satisfacción de la felicidad plena por esta vía.

Indiquemos, por último, que el gran deseo físico es, por supuesto, el sexual, que se vive de forma aislada, carente de afectos. Sin embargo, como es uno de los temas principales del libro, no hablaremos de él aquí, ya que se trata sobradamente en otras partes de esta obra. Sólo mencionar que el ser humano se realiza a sí mismo, de la mejor manera, en la entrega y donación a otra persona, y que la sexualidad es un segmento riquísimo de la persona, que toca a su parte más íntima, a su núcleo más privado, y que requiere de la razón ilustrada por la afectividad[7]. Los deseos sexuales deben

[7] La educación sexual reconduce la revolución sexual hacia una zona sana psicológicamente, evitando los criterios comerciales, lights y consumistas, que deforman la sensibilidad de los adolescentes, jóvenes y por supuesto de las personas mayores de edad, *reduciendo la sexualidad a genitalidad divertida y pasatiempo placentero de conquista.* Hay cuatro principios que deben ser recordados en este sentido, para llevar a cabo una buena educación de la sexualidad: 1. La sexualidad no debe perder su misterio, envuelto en una afectividad comprometida; 2. Las enseñanzas sobre la sexualidad

darse hacia la persona a la que uno ama y no hacia los que aparecen por las cercanías del sujeto. La permisividad deteriora a la persona y la torna incapaz de descubrir que el acto sexual conyugal es la expresión privada del don y la entrega de sí mismo. Por eso debe estar abierta a la vida: si se excluye la fertilidad, el acto queda desposeído de una de sus verdades íntimas, falsificándose de alguna manera ese acto.

Los deseos psicológicos

Los deseos psicológicos son variados, y se basan en muchos aspectos del ser: la inteligencia, la memoria, el afecto... Cualquier persona quiere desarrollar su inteligencia, alcanzar mayor madurez afectiva o lograr el verdadero amor en el seno de una familia.

Vivimos inmersos en una era en la que todo se impregna de psicología. Cualquier cosa puede contemplarse desde un punto de vista psicológico: los vaivenes de los tipos de cambio o los resultados de unas elecciones, la final de la Copa o la actitud de los adolescentes. Parece haber un deseo de conocerse a uno mismo. O tal vez sea que, después de todo, la sociedad de consumo ha fracasado en su intento de proporcionar felicidad. Las personas, inmersas en un ambiente insa-

deben ser presentadas a los niños y adolescentes proporcionadas a cada etapa de su desarrollo individual y su tipo de personalidad, buscando los momentos más oportunos; 3. Las enseñanzas deben ser expuestas evitando materiales pornográficos o eróticos, siendo positivas, prudentes, realistas y claras, llamando a cada cosa por su nombre, pero con delicadeza; 4. Evitar en la educación introducir de entrada la patología sexual con alteraciones y desvíos que invitan a la curiosidad y distraen del verdadero fundamento de diseñar unos criterios sólidos, fuertes y humanos.

tisfactorio, se dan cuenta de ello, aunque a menudo no pueden expresar sus sensaciones de un modo claro y consciente.

Esto es campo abonado para un nuevo frente de consumo: la *autoayuda*. Proliferan los manuales de todo tipo, a veces impregnados de falsa espiritualidad, que personas confusas adquieren con la esperanza de mejorar su situación vital. Aunque hay textos de calidad, a menudo se trata de obras huecas que, en algunos casos, sólo sirven para empeorar la situación. Al mismo tiempo proliferan pícaros avispados que pretenden resolver todos los problemas de sus «pacientes» con tratamientos pseudomédicos o pseudopsiquiátricos. En la mayor parte de los casos estos personajes no cuentan con la menor titulación, y ya será suficiente si su «tratamiento» no acaba con la salud del desventurado que caiga en sus manos.

Es importante penetrar en el propio conocimiento, pero no hay que hacerlo de cualquier manera. Es un deseo saludable que necesita de las herramientas que ya hemos comentado: inteligencia, voluntad, capacidad de esfuerzo y un proyecto de vida.

En su libro *La euforia perpetua* (2002), Pascal Bruckner pone de manifiesto que en la sociedad actual la felicidad se ha convertido en una obligación. Es el «deber de ser feliz». Como es lógico, este objetivo fascinante, que se persigue sin criterio, se convierte en una trampa, y por eso hoy, en los tiempos del «mundo feliz», vemos más gente triste y desorientada que en cualquier otro momento de la historia.

Junto a «felicidad» surge con fuerza el término «autoestima». Es importante saber valorarse, pero como siempre el abuso de las palabras tiende a dejarlas vacías de significado. En su búsqueda de autoestima, la persona moderna termina volcándose en el egocentrismo, dejando de lado a los demás, como si el mundo girara sólo en torno a uno.

La autoestima es un juicio positivo sobre el propio ser, que debe partir de un análisis serio de lo que hacemos. No se trata de «autoestimarse» porque sí: debe haber alguna razón, un mérito. El trabajo, la cultura o el amor son valores que nos impregnan, que nos permiten alcanzar metas importantes que, entonces sí, pueden aportar un juicio positivo sobre nuestro devenir.

Para examinar nuestra forma de ser podemos considerar cuatro puntos:

— Visión de uno mismo.
— Relación con los demás.
— Panorámica de la historia personal.
— Interpretación de la realidad[8].

Debemos mirarnos de un modo realista, sabiendo ver lo bueno y lo malo. También hay que saber perdonarse los errores (pero antes hay que saber ver esos errores).

Los deseos sociales

La faceta de las relaciones interpersonales es importante, ya que el ser humano se define como animal social. Gustamos de la soledad ocasionalmente, pero de hecho somos incapa-

[8] Todo eso no es otra cosa que *balance personal,* haber y debe de la travesía individual. Son muchos los matices que se mueven aquí. La autoestima es fundamental para la supervivencia psicológica, pero debemos ser valientes al analizarnos y no mentirnos demasiado: hay que saber verse desde el patio de butacas. La pentalogía propuesta a lo largo de estas páginas vuelve a erigirse en protagonista: lo físico, lo psicológico, la conducta, el plano cognitivo y el social, son repasados y dejan su arqueo de caja.

ces de vivir aislados. Nuestra forma de vida, nuestra propia inteligencia, se definen en el seno de la especie a la que pertenecemos.

Los deseos sociales se entroncan pues en el ámbito de nuestras relaciones con las demás personas. El espectro es amplio, desde la persona taciturna e introvertida, el clásico «tímido», que procura limitar al mínimo su círculo íntimo, hasta el extrovertido que persigue con afán el establecimiento de contacto con los demás.

La terminología moderna (según el criterio de la American Psychiatric Association) ha establecido nuevos términos para definir prototipos ancestrales. Así, el tímido sería considerado como una *personalidad por evitación.* Su nivel de deseo social es bajo, y esto determina una conducta de escasa relacion social. Las causas son variadas: inseguridad, miedo, apatía... También es evitación de riesgos y, a veces, muestra un sentimiento egoísta o incluso un complejo de superioridad. En casos extremos es una enfermedad, una alteración de la personalidad que debe ser tratada. Al extrovertido, por su parte, se le denomina *relaciones públicas,* y es un perfil contrario. Aunque la personalidad de este segundo tipo parece más positiva, lo cierto es que a menudo no está exenta de rasgos patológicos que, paradójicamente, a veces coinciden con las motivaciones del tímido, aunque se expresen de otra manera.

En el equilibrio, una vez más, está la razón. El deseo social debe mantenerse en el justo centro entre el aislamiento total y la entrega desmedida a las relaciones interpersonales. La persona completa gusta de su propia personalidad, pero también se enriquece con el contacto con los demás. Esto no implica el aprovecharse del prójimo, como tratan de hacer algunos de los «relaciones públicas». En efecto, es cada vez más corriente, en algunas personas, el tratar de acercarse a los ricos y a los poderosos, no por verdadero afán de contacto humano, sino en busca de algún beneficio. Las relaciones humanas tienen un componente espiritual, cultural y mental de gran intensidad, y es incorrecto el instrumentalizarlas.

El deseo enfermizo de conocer la vida de ciertos personajes populares, que aparecen en la televisión y las revistas, es una forma torcida de deseo social. Se interesa uno por las andanzas de personajes sin el menor interés, incluso se identifica con ellos y los toma como modelos. Sin embargo, en este caso ni siquiera hay verdadero contacto: incluso la personalidad por evitación más recalcitrante puede encontrar en este camino torcido una vía de satisfacer deseos sociales residuales. Esto se estudia con más detalle en otro apartado[9].

Una forma particularmente positiva de deseo social se encuentra en el interés por codearse con personas interesantes, cultas, con una vida llena de sentido. De estas personas se pueden aprender importantísimas enseñanzas vitales. Querer codearse con estas gentes, en un sano intento de emulación espiritual, es un deseo positivo. Estas personas especiales no representan sino la hoy casi desprestigiada figura del «maestro». En nuestra opinión no hay relación social más apreciable que la que se pueda tener con este tipo de seres.

Los deseos culturales y espirituales

Los incluyo en un mismo apartado, ya que, aunque presentan diferencias, se complementan. Comparten, además, ciertas características, como su desapego de lo material y su búsqueda común de niveles morales y éticos más elevados.

[9] Remito al capítulo XII, que trata más extensamente sobre este tema.

Son la fuente del arte, el conocimiento y el progreso. Son también menos frecuentes, más difíciles de satisfacer, pero proporcionan un auténtico placer interno, más intenso y perdurable que cualquier gratificación física.

La cultura es el depósito que almacena la producción del ser humano pleno. Es la fuente de la creación, y una de las herramientas de la inteligencia. Acumula lo aprendido y proporciona material para adquirir más conocimientos o descubrir cosas nuevas. Es una mezcla de teoría y práctica de utilidad fundamental en la vida cotidiana, pero también para alcanzar el desarrollo interior: repertorio de creaciones y obras, donde el ser humano ha puesto de manifiesto lo mejor, lo más sutil de sí mismo. *La cultura es el trasfondo del alma humana,* al final de sus parajes se encuentra lo mejor de la vida. La cultura parte del deseo de conocer, y una persona culta, que aprende día a día, tiene más posibilidades de ser feliz, de controlar su vida y de llegar a la culminación del amor. La educación, como veremos con más amplitud en el capítulo XVII, es fundamental en este terreno.

La persona que se cultiva, la que recibe una educación impregnada de valores, genera un sistema de ideas y creencias que la ayudan a superar los eventos del día a día. *Supera mejor los obstáculos, pero también saborea mejor los momentos de éxito.* A menudo se compara el plano cultural del hombre con un edificio monumental, una especie de fortaleza interna que nos protege mediante sus murallas hechas de valores y virtudes[10].

[10] Los valores son criterios con los que contamos ya antes de actuar. Bases firmes de ideas y creencias positivas que valen por sí mismas. Criterios para la acción. El sistema de valores de una persona la retrata, es el subsuelo que hay debajo de la conducta. Forma un mapa personal e intrans-

En la actualidad la oferta cultural es muy amplia. El truco está en saber elegir. Igual que en el mundo de la psicología y la autoayuda abundan los pícaros y oportunistas, en el terreno de la cultura hay una gran cantidad de material que, bajo un barniz magnífico, es en realidad puro desecho. No todo lo que se vende como cultura lo es realmente. Sólo debemos considerar cultura aquello que sirve para comunicar valores: obras de grandes clásicos o biografías de personajes ejemplares... Como las propias personas, las obras culturales deben mostrar un contenido, una estructura positiva que sirva de sustento a algo. La literatura hueca sólo genera más vacío. Tampoco tienen interés las obras que no explican los porqués, ni las que están repletas de tópicos o verdades de perogrullo. Y, por supuesto, de nada valen las formas culturales que sólo pretenden producir división o enfrentamiento. La cultura es la herramienta del progreso, sirve para encontrar respuestas.

Disponemos de un valioso legado cultural, laboriosamente tejido a lo largo de milenios de civilización. Es tarea de la persona

feríble que hemos ido elaborando a lo largo de nuestra historia personal. Necesitan una jerarquía, pero nunca son algo frío, distante y neutral.

El que no sabe lo que quiere, ni tiene pautas para conducirse claras y coherentes, está como perdido y es pasto del relativismo y la permisividad. El que ha ido haciéndose con alguien a quien admirar y al que le gustaría parecerse, ha tenido un camino más fácil. *Los héroes y los ídolos sirven de modelos: primero los admiramos, después los imitamos.* Lo importante es que el modelo elegido valga. Los mejores modelos de identidad son aquellos que han tenido una vida plena, positiva, humana y de categoría. A través de ellos aspiramos a lo excelente. Los modelos de moda, en su gran mayoría, son efigies de barro, prontas a desplomarse por su falta de lógica interior (futbolistas, cantantes, presentadores de televisión, personajes de las revistas del corazón, famosos en general y, por supuesto, los políticos). Este tipo de personajes forman una fauna que es menester conocer para evitar seguir su ejemplo.

consciente saber elegir lo mejor de ese legado, pero también debe aprender a asimilarlo. Hay que saber leer, descubrir el modo de profundizar en el conocimiento que otros dejaron para las generaciones futuras. La cultura es arte, música, literatura...

No se trata ahora de hacer una relación completa de autores de gran valía —tarea abrumadora y banal—, pero podemos destacar, entre otros, a escritores como Galdós, Valle-Inclán, Juan Valera o Stendhal; pintores como Velázquez, Rembrandt o Goya; músicos como Mozart o Beethoven...

El amor, objeto principal de este libro, ha sido la fuente de inspiración para la mayor parte de la producción cultural humana a lo largo de los siglos. El propio Stendhal describía cuatro tipos de amores que habían influido en su quehacer literario: amor físico, amor-gusto, amor-pasión y amor-vanidad. El verdadero amor estimula la producción cultural, incrementa la creatividad y estimula la ilusión por hacer algo bueno y positivo. El amor es la fuerza básica de la vida, y la representación clásica de Cupido, diosecillo ciego que lanzaba sus flechas sin ton ni son, es equivocada. El amor impregnado de cultura ve con claridad y permite apreciar las virtudes de la persona amada[11].

Al hablar de la espiritualidad nos adentramos en terrenos aún más inmateriales que los de la cultura. El mundo del espíritu se encuentra en ámbitos trascendentes en los que reside el verdadero sentido de la existencia. Los ojos del rostro nos permiten ver el mundo que nos rodea, pero los del alma, cuando se abren, no encuentran obstáculo que los empañe: todo es transparente para ellos.

[11] La creencia de que casi todos los amores acaban mal procede del Romanticismo. Hoy en día revolotea por el ambiente, de igual manera, esta idea.

El mundo es enigmático, y aún más lo es la naturaleza humana. Hay vericuetos de nuestro interior que sólo pueden recorrerse a través de un sendero espiritual. La humanidad reconoció este hecho hasta que, con el advenimiento de la Ilustración, en los albores de la Revolución Francesa, la espiritualidad fue puesta de lado para entronizar a la Diosa Razón. El raciocinio, hemos insistido en ello, es fundamental, pero no aislado, sino en conjunción con las otras fuerzas que abarca la esencia humana.

La crisis de valores que se vive actualmente radica precisamente en ese destierro del espíritu que caracteriza nuestra civilización en los últimos trescientos años. El resultado: un inusitado progreso técnico acompañado de una potente miseria espiritual y filosófica. El Romanticismo trató de rescatar, sin demasiado éxito ni acierto, algunos aspectos de la espiritualidad, centrándose sobre todo en aspectos más escenográficos, sentimentales y misteriosos[12].

El error radica en considerar que la razón y el espíritu son cosas diferentes. No son sino expresiones de una misma cosa. Actualmente se ha acuñado el término «inteligencia emocional», un loable intento de volver a fundir argumentos que nunca debieron haber sido separados. Si conseguimos recuperar la espiritualidad sin desterrar a la razón, habremos avanzado de manera importante en la superación del materialismo, y daremos también los primeros pasos en el

[12] Heidegger decía: «El hombre necesita del misterio». El misterio y la trascendencia forman un todo en el ser humano. Hoy la trascendencia, ante la *represión religiosa* tan fuerte que se vive en medio mundo, ha dado pie a formas pseudotrascendentes, como los quiromantes, las echadoras de cartas, los magos, los adivinadores del futuro y otras especies similares.

camino de la trascendencia. Es lo que podemos definir como *materialismo espiritual.*

Los deseos espirituales deben apoyarse en una fe religiosa coherente y comprometida. La cultura europea se basa en la religión cristiana, y de ella surgen grandes valores como la fe, el pensamiento moderno o el derecho. Nuestra propia cultura procede de otras más antiguas, las de Mesopotamia y Egipto, que fueron también de una gran religiosidad.

La desorientación actual indica que el ser humano busca un soporte sólido en el que fundamentar el edificio de su vida. El materialismo no es la respuesta, y sí la espiritualidad, como complemento a los otros cuatro pilares de la esencia humana. El *materialismo cristiano,* otra posible denominación para este ensamblaje entre lo trascendente y lo mundano, gana poco a poco terreno y puede servir de guía para salir del marasmo de la sociedad de consumo[13].

[13] Recomiendo el libro de J. H. Weiler, *Una Europa cristiana* (2003). Profesor del Colegio de Europa, en Bélgica, Weiler define Europa como unidad cristiana en la diversidad de culturas. Su construcción está movida por grandes ideales (la paz, los derechos humanos, la democracia) y hoy, en plena crisis de identidad, en la redacción de la Constitución Europea hay que poner el dedo en la llaga sobre su raíz cristiana, que se hace patente en iglesias, catedrales, libros, arte, pintura, música y un largo etcétera.

Hay figuras recientes que han encarnado este *materialismo cristiano* y cuya fuerza biográfica, desde mi punto de vista, es excepcional: el rey Balduino de Bélgica; Nguyen Van Thuan, un vietnamita cristiano que pasó trece años en las cárceles de su país (nueve de ellos en régimen de aislamiento), y que salió de esa aventura terrible lleno de amor, escribiendo dos libros esclarecedores de su experiencia (*Testigos de esperanza* y *Cinco panes y dos peces*, Ciudad Nueva, Madrid, 2000); Jean Marie Lústiger, un judío converso, hoy un personaje de la vida intelectual francesa; Jacques Philippe y el mismo Karol Wojtyla, cuya figura es amplia y su sombra se proyecta sobre todo el mundo del siglo XX. Estos ejemplos y otros muchos han vivido ese ensamblaje con maestría.

LA CULTURA COMO ESTÉTICA DEL CONOCIMIENTO

Al hablar de cultura ya indicamos que hay diferentes puntos de vista al respecto. Los partidos y grupos de izquierda[14], por ejemplo, la consideran en tanto que herramienta destinada al cambio social. La derecha, por su parte, la valora como un elemento más de la cultura del ocio destinada a enriquecer a la persona. Para mí[15], la cultura es, ya lo he señalado, el almacén en el que se guardan las creaciones del ser humano a lo largo de la historia. No sólo en un aspecto material (arte, literatura, etc.), sino espiritual: conceptos como belleza, sensibilidad, así como las ideas, forman desde mi punto de vista parte de la cultura. Es el símbolo del esfuerzo humano por superar la animalidad.

La cultura busca la verdad y el bien. Es un fruto de la inteligencia común, no algo impuesto por la voluntad de los poderosos. Estos pueden tratar de imponer un canon determinado en un momento histórico, pero es el juicio del tiempo el que pone cada cosa en su sitio[16].

La cultura nos libera del peso del tiempo. Al disfrutar de

[14] Los conceptos políticos de derecha e izquierda proceden de la Revolución Francesa (1789).

[15] Personalmente me considero ecléctico en este sentido. Es un concepto que arranca de los helenistas, que son los pensadores posteriores a Sócrates, Platón y Aristóteles. Su postura era integradora, ensamblando la felicidad como placer (Epicuro), como virtud (Séneca, Marco Aurelio) o como algo utópico e inalcanzable (los escépticos) en una misma estructura, en donde estas tres visiones tenían una cierta cabida.

[16] En suma, no debe haber directrices ni instrumentaciones, como ha ocurrido con el comunismo, el nazismo, la derecha radical o la llamada izquierda cultivada.

un objeto cultural, por ejemplo un libro, su autor nos habla desde épocas lejanas, sin importar el paso de los años, los siglos o los milenios. El presente deja de tener importancia y nos lanzamos hacia el pasado. El aprendizaje, a su vez, nos resulta de valor tanto en el presente como para el futuro.

La cultura como elemento del deseo es compleja de valorar. Harold Bloom indica que la cultura busca una satisfacción distinta a la de los placeres convencionales. Es más difícil, pero más intensa y duradera. Por este motivo es tan poco apreciada hoy día, cuando sólo se busca la inmediatez. La persona tiene dificultades, primero, para disfrutar de este placer complicado; pero es que, además, se pierde en el laberinto abrumador de la oferta de información. ¿Cómo elegir, cómo saber qué es útil y qué no, qué contiene verdadero valor y qué es superfluo?

Es un tema muy tratado este, al que podemos denominar «síndrome por exceso de información[17]». Las noticias que transmiten los medios de comunicación son impactantes, rápidas. Tratan de dar en el blanco de la atención inmediata, pero carecen a menudo de verdadero contenido. No se analiza lo que transmite la noticia, que enseguida es sustituida por otra aún más impactante. Todo queda reducido al espectáculo y el entretenimiento inmediatos, y la masa de información recibida no resulta provechosa ni se traduce en formación. La sociedad de la información, paradójicamente, se encuentra en las antípodas de la verdadera cultura.

[17] Véanse mis artículos en *ABC* de Madrid (18/3/2002) y *El Universal* de México D.F. (19/2/2003). Las noticias se suceden en un carrusel caleidoscópico imparable, en donde unas se devoran a otras, produciendo una especie de bulimia de novedades, tras la cual uno se encuentra sumergido en un mar tempestuoso y desdibujado, que no permite mantenerse a flote.

La cultura trata de reunir lo mejor del conocimiento. Sin embargo, hoy llamamos cultura a cualquier cosa. La verdadera es la que trata de extraer las mejores esencias del ser humano.

Yo fui afortunado. En mi casa, durante mi infancia, se respiraba un ambiente cultural intenso: música clásica, zarzuela... Recuerdo haber ido con mis padres a los Festivales Internacionales de Música de Granada, donde pude escuchar en directo magníficas obras de Beethoven o Chopin bajo la batuta de grandes directores como Rafael Frühbeck o Arthur Rubinstein. Mi aprendizaje no consistió sólo en escuchar estas obras maestras en un entorno excepcional. A veces miraba a mis padres, embebidos en la belleza de la música, y aprendía de ellos la hermosura del arte. Me enseñaban, de forma inconsciente, cómo era posible encontrar placeres sutiles en la cultura. También tuve ocasión, ya desde mi infancia, de ir al teatro, y disfrutar asimismo de obras literarias de los más importantes autores, como Lorca o Valle–Inclán, Cervantes o Quevedo. Con todo ello recibí una formación completa en las materias más importantes de la cultura.

Es cierto que no todo el mundo dispone de una biblioteca en casa, o de unos padres que le lleven al teatro o a conciertos. También es verdad que en aquella época no había televisión y los entretenimientos eran otros. Sin embargo, no es excusa para el que tiene verdadera sed de aprender: hay representaciones teatrales y musicales asequibles a todos los bolsillos, y cualquier ciudad, casi cualquier pueblo, dispone de al menos una biblioteca pública donde se pueden encontrar las más importantes joyas literarias. Ya lo hemos dicho: la educación del deseo requiere esfuerzo. El deseo cultural no había de ser distinto.

Para mí la música ha sido particularmente importante. La música clásica me transmite todo tipo de sentimientos.

Me sirve para encontrarme mejor, para relajarme. Libera mi mente y mi espíritu de tensiones y me sitúa en una disposición de ánimo adecuada para afrontar la vida y sus avatares. Si se combina con un buen libro, es entonces un placer de dioses, superior a cualquier experiencia física. Pero alcanzar este grado requiere un aprendizaje, recorrer un camino que, sin ser tortuoso, tiene sus obstáculos. La cultura es el vehículo que nos lleva de forma más directa a la espiritualidad.

LA ESPIRITUALIDAD: LA ÉTICA DE LO MEJOR

Si utilizamos continuamente la metáfora del camino debemos suponer que hay una meta. Esa meta es el perfeccionamiento espiritual a través del control de los deseos. En suma, a través del gobierno de nosotros mismos. La espiritualidad está íntimamente ligada a la cultura. *Es una visión trascendente que nos lleva a planos metafísicos.*

Hay tres libros, obras de fe, que penetran en el campo de la espiritualidad. Dos de ellos, la *Torah* (en concreto el Pentateuco, los cinco primeros libros de la *Biblia*) y los *Evangelios*, forman parte integrante de la civilización occidental. El tercero no pertenece a nuestra tradición, pero está influido por los otros dos: el *Corán*, libro sagrado de la religión musulmana.

Los tres textos ofrecen una visión espiritual del mundo, impregnada, por otra parte, de pragmatismo y humanismo: una muestra clara de que lo espiritual y lo material se encuentran íntimamente vinculados. Estos libros son, además, la base de tres grandes tradiciones culturales: judaísmo, cristianismo e islam. Así, la cultura y el espíritu se suman, ofreciéndonos esa ecuación en la que la sabiduría se mezcla con la trascendencia para alcanzar un fin superior.

Aunque el panorama del mundo actual es, en general, desolador, hay esperanzas de cambio. La cultura de la solidaridad, el deseo de una globalización más social y menos económica, el esfuerzo de las ONG, la búsqueda de justicia, igualdad y democracia como valores fundamentales, todo ello es anuncio de que un mundo mejor está a nuestro alcance, y depende sobre todo de nuestro propio esfuerzo.

Una característica del ser humano es su afán de búsqueda y descubrimiento. La persona tiende al conocimiento, quiere saber las causas de lo que ignora, y una vez encontrada una razón, busca la siguiente. El proyecto de vida conforma una trayectoria similar: es un devenir continuo, superando metas, haciendo descubrimientos constantes. La suma de pasado, presente y proyectos futuros compone una biografía. El resultado de la ecuación puede ser positivo o negativo, pero esto es algo que depende de nosotros mismos.

El deseo espiritual proporciona las aspiraciones para avanzar en ese camino. Es la fuerza que compendia y hace trabajar en equipo a todas las demás facetas del ser. Es también la fuente del raciocinio, del libre albedrío y del amor.

La religión es importante para el ser humano precisamente porque le permite concretar esa aspiración espiritual que vive en su alma. Sin embargo, como ocurre con la cultura, no todo lo que se disfraza con galas de religión es verdadera religión. En la actualidad proliferan todo tipo de pseudoreligiones y movimientos supuestamente espirituales que en la mayor parte de los casos no son más que estafas, engañifas y objetos de consumo, cuando no peligrosas sectas que anulan por completo al individuo en nombre de una fe falseada. En ocasiones estas supuestas religiosidades de nuevo cuño sólo fomentan el egoísmo, y aun la egolatría[18].

En el terreno espiritual es importante contar con una ética, un conjunto de verdaderos valores que sirvan como pauta. La ética sirve para establecer un orden y una jerarquía en ese camino vital que nos lleva a la felicidad. Podemos sacar, para terminar, algunas conclusiones generales sobre la felicidad:

1. *La felicidad es el objetivo universal del ser humano.* A esta felicidad, que es una meta, se llega por medio de un proyecto planificado y diverso.
2. Hay una *felicidad verdadera* y otra *felicidad falsa.* La primera busca los bienes superiores y el amor. La segunda es incompleta y se centra en aspectos residuales, en impulsos y deseos sin matizar.
3. *La cultura trae la felicidad.* Pero sólo si es verdadera cultura, que tiene a la persona como centro y busca el desarrollo humano. La persona es el fin, nunca el medio. Es la oposición entre el *principio personalista* y el *principio utilitarista.* El ser utilitarista se aprovecha de los demás, y sólo los valora en tanto que puede sacar algún provecho de ellos. Esta actitud es muy negativa, y aleja de la plena felicidad.
4. *La cultura enriquece.* No es necesario explicar mucho sobre esto: cuanto más sepamos, y cuanto mayor sea la

[18] No son lo mismo. El *egoísmo* es un amor desordenado hacia uno mismo. Sólo se piensa en uno mismo, en las cosas propias. Sólo se valora la propia opinión y la visión particular de la realidad que se tiene, sin considerar otros puntos de vista. La *egolatría* implica un grado más intenso: el culto y adoración a uno mismo. Por esos vericuetos se topa uno con la personalidad narcisista.

calidad de lo que aprendemos, mayores serán nuestras posibilidades de tener éxito en la búsqueda del amor y la felicidad. En el ámbito de los deseos, una cultura sólida permite elegir y mantener el control.

5. *Las personas deben ser objetos de amor, no objetos de placer*. Por desgracia, en los tiempos que corren los seres humanos tienden a ser cada vez más, unos para otros, meros objetos sexuales. La proliferación de encuentros sexuales hedonistas no constituye, pese a lo que muchos creen, verdadero amor[19].

LA FORMACIÓN ES CRITERIO

Vamos a adelantar el concepto de *formación* como base de una correcta trayectoria vital. Hablaremos al final del libro acerca de la educación correcta, pero es importante indicar de nuevo la fuerza del conocimiento para superar el moderno y pernicioso relativismo que invade todos los ámbitos de la esfera humana. El conocimiento da una visión general que es precisamente lo opuesto a esta tendencia que quita importancia a todas las cosas.

La sociedad moderna está cada vez más automatizada. Los seres humanos empiezan a comportarse como máquinas hiperespecializadas. Su educación está teledirigida, su ocio es tan mecánico como sus relaciones, y aunque nos vemos bombardeados por una oferta de felicidad enlatada, lo cierto es

[19] La falsificación del lenguaje tiene graves consecuencias. Necesitamos una especie de *vocabulario básico personal* sobre los grandes temas y tenerlo contrastado, madurarlo y hacerlo coherente. En la selva del lenguaje, es un salvavidas.

que muy poca gente es realmente feliz en un entorno tan antinatural. El ser humano es eso, un ser, no un número inscrito en una tarjeta o en la memoria de un ordenador.

La historia de la humanidad se ha caracterizado, entre otras cosas, por el deseo de progresar. Y para progresar hay que saber, conocer, y también ir contra la corriente dominante si es necesario. En una época vacía, el verdadero ser humano es el que sabe dotarse de valores, el que aprende la manera de aplicarlos, y los utiliza para sí y para los demás. Cultura y espiritualidad vuelven a sumarse en una potente simbiosis.

La persona así preparada tiene *criterio*. Es decir, *distingue el bien del mal, la verdad de la mentira, el amor y la felicidad de sus sucedáneos mecanizados.*

El criterio se basa en la formación. No en la información. Los datos por sí solos no sirven si no se tiene un medio —los valores, la ética— para analizarlos y sacarles partido.

VII. El deseo sexual y sus lenguajes

LA INCULTURA SENTIMENTAL

La vida es un aprendizaje continuo. Y lo primero que debemos saber es que siempre somos ignorantes de algo. Por mucho que estudiemos, por mucho que nos esforcemos en aprender, siempre habrá algo que no sepamos, un nuevo desafío. La piedra angular de la educación es la conciencia de las propias carencias y limitaciones.

Tendemos a considerar que la cultura son sólo ciertos conocimientos históricos, técnicos, etc. Sin embargo, la cultura abarca todos los campos de la actividad humana, y una persona no es verdaderamente culta si no alcanza cierta competencia a todos los niveles. El deseo puede ser educado. La educación del deseo es el objeto de este libro, y la finalidad de tal educación no es otra que aprender a controlar los propios impulsos. Esta es una forma de cultura poco valorada en la sociedad moderna, e incluso hay quien considera que no tiene importancia este tipo de aprendizaje en materias tan etéreas como son los deseos o los sentimientos.

Sin embargo, creemos que es algo fundamental. Difícilmente una persona podrá alcanzar la plena madurez si no ha aprendido la cultura de los sentimientos, entendidos estos en el sentido amplio y profundamente humano que le hemos venido dando a lo largo de estas páginas. Vivimos una época de intensa incultura sentimental, y eso se nota: infelicidad, falta de expectativas, consumo de sucedáneos sentimentales, amores ficticios y programados, rupturas traumáticas...

Los sentimientos son la base de nuestra existencia. Una persona educada en este campo es más madura, más sólida, y puede expresar su interioridad de un modo más firme y sincero. El analfabeto sentimental puede disponer de una gran cantidad de información, ser un especialista titulado y reconocido, pero este conocimiento, sin unos cimientos bien asentados, no sirve a la persona para avanzar en el camino de su desarrollo vital.

Los sentimientos conforman un laberinto en el que a veces se producen choques y enfrentamientos. Unos sentimientos son plácidos, otros generan inquietud. No es una materia bien definida, de corte matemático, sino que penetra profundamente en las raíces espirituales del hombre y, por lo tanto, presenta una amplísima gradación de tonos y colores. Precisamente por eso es una materia de estudio compleja, pero también apasionante.

El objetivo de una educación de los sentimientos es lograr el equilibrio entre el conocimiento intelectual puro y las facetas afectivas y emocionales del alma. Por desgracia, en nuestros días apenas se habla de educación sentimental. Hay quien lo considera un disparate, una antigualla romántica, y prefiere centrar toda la oferta educativa en una abrumadora catarata de datos, sin un criterio de fondo para saber manejarlos. El resultado es una generación de técnicos con mucha información, pero apoyada sobre una estructura que, en lugar de ser de sólido acero, es fina y quebradiza como una tela de araña. Cuando se descubre esta verdad ya no resulta extraño contemplar cómo cada día fracasan cientos de experiencias vitales. Vemos personas teóricamente bien educadas, con un buen nivel de vida, con éxito profesional, que, no obstante, viven una vida infeliz que con frecuencia acaba en una ruptura traumática de su vida familiar, y aun en un naufragio personal.

En la novela *Climas* André Maurois describe a su protagonista, Philippe de Marcenant, como un joven sensible que se enamora enloquecidamente de Odile, una jovencita de belleza etérea y frágil psicología. Philippe idealiza a la muchacha hasta tal punto que, cuando viene la realidad del día a día, mucho más prosaica, aparecen los celos. El celoso es el resultado de una mala educación sentimental, un ejemplo claro de este tipo de analfabetismo afectivo. Es una muestra, entre otras posibilidades, del resultado que se obtiene en una sociedad que desdeña la enseñanza de los valores, y efecto de una civilización que ha abandonado ideas como criterio o vida espiritual. Los celos son sólo una posibilidad entre las muchas que se producen como consecuencia de la incultura sentimental global, pero es una de las que genera resultados más trágicos: las constantes noticias de maltrato doméstico, incluso de asesinatos de mujeres, proceden en última instancia de unos emparejamientos no basados en un proyecto común responsable, sino en una costumbre mecánica carente de verdadera sabiduría y de verdadero compromiso.

La historia de los sentimientos en Occidente va muy ligada al desarrollo de su filosofía y pensamiento. En general, a medida que se ha avanzado en el campo de la razón, se ha retrocedido en el terreno afectivo. Por lo tanto, la situación actual no es una casualidad, sino una causalidad, el resultado de un proceso histórico que ha descuidado una parte fundamental del espíritu humano.

Buscamos hoy en día el amor como bien supremo. Es uno de los grandes iconos de la sociedad de consumo. Y, sin embargo, lo que nos ofrecen no es amor. *El amor inteligente es aquel que combina afectividad e inteligencia, y que forma parte del proyecto personal.* Amor con conocimiento, amor basado en una educación sentimental compacta. El amor no es una bandera, ni el lema de un anuncio publicitario, sino uno de los grandes pilares de la vida. Para que llegue realmente a serlo tiene que partir de la sabiduría verdadera. El amor comprometido nunca acaba en tragedia ni en ruptura. Una de las grandes plagas de la modernidad es la inestabilidad de la pareja, la proliferación de divorcios que no son sino la culminación de un fracaso. Si sabemos aportar a nuestra vida, y a la de nuestros hijos, un componente de educación sentimental apropiada, el camino hacia la felicidad y la plenitud resultará mucho más sencillo de recorrer. Pero si seguimos apostando por la razón privada de afectos, nos mantendremos en el devenir actual, repleto de dolor, infelicidad, rupturas y, en suma, empobrecimiento del patrimonio humano. Una sociedad así no tiene futuro a largo plazo.

LA INCAPACIDAD PARA EXPRESAR SENTIMIENTOS

Uno de los síntomas de todo lo antedicho es la dificultad creciente de las personas para expresar sus sentimientos. Parece que hay reparos a mostrar la faceta sentimental de uno mismo, casi como si estuviera mal visto. Existe un trastorno psicológico referido a la afectividad denominado *alexitimia*. Se define como la «incapacidad o dificultad grave para expresar los sentimientos». Fue descrito por primera vez en 1972 por el doctor Peter Sifneos, profesor de psiquiatría de la Universidad de Harvard. Este trastorno presenta una serie de manifestaciones características: la persona es fría y se mantiene distante; es correcta en el trato, pero no proporciona afecto; tiene muchas dificultades a la hora de mostrarse cariñosa y cordial; le resulta más sencillo, sin embargo, aportar notas secas y cortantes; es muy difícil que sea afectuosa, delicada o sensible, y mucho más que se decida a atender las necesidades afectivas de otros. En general se observa más la alexitimia en el hombre que en la mujer. Pese a que se está fomentando cada vez más un tipo de «mujer masculina», todavía hoy el sexo femenino tiene menos trabas para expresar sus sentimientos. Los hombres, hoy por hoy, todavía «no lloran».

No es un asunto banal. Las personas somos seres sociales, y la convivencia cotidiana es indispensable. En las relaciones con los demás tendemos de forma natural a desarrollar afectos, y a apreciar a los que muestran sentimientos hacia nosotros. Pero si dominan la frialdad y la distancia, la convivencia se hace más difícil. Esto es así en el trabajo, en el centro de estudios y, por supuesto, en el seno de la pareja, ámbito en el que, paradójicamente, cada vez abundan más las relaciones mecánicas, con mínima expresión de afectos, a pesar del despliegue de una batería amplísima de conocimientos sexuales. El problema es que estos son puramente hedonistas, sin relleno afectivo.

La inteligencia emocional —recuperemos el término— es la capacidad para aunar inteligencia y vida afectiva. Es un concepto que, poco a poco, comienza a ser valorado. Es una vía de esperanza, aunque todavía hoy predomina el modelo de persona fría, muy profesional, quizá muy competente en su terreno de trabajo, pero completamente ineficaz fuera de él. No queremos decir que estas personas no sientan. El sentimiento es algo inherente al ser humano. Lo que ocurre es que, al recibir una educación incompleta, basada en la razón abstracta y carente de un fondo espiritual, cultural y sentimental, tienen grandes problemas, a veces patológicos, para expresar lo que verdaderamente ocurre en su interior.

Muchas personas que se dan cuenta de esto, pero que carecen igualmente de formación, tratan de solucionar el problema desplazándose al extremo contrario, mostrando una afectividad exagerada, teatral y en gran medida pueril. A menudo sólo son gestos aparentemente cariñosos que esconden un interior emocionalmente vacío. En su libro *El hombre romántico,* François Furet señala cómo en la etapa posterior a la Revolución Francesa se produce un cambio radical en la concepción de la vida. Se deja de lado el racionalismo de la Ilustración, en el que la razón es entronizada, para transitar a otros parajes mas cálidos y sutiles. En esta etapa se produce la exteriorización del amor en sus diversas facetas y se vuelve a la turbulencia de las pasiones.

Saber expresar los sentimientos es algo importante en todos los terrenos de la vida. En el amor, por razones obvias, pero también en la escuela, con los amigos, en el trabajo. Una persona dotada de una correcta inteligencia emocional funciona mejor en colaboración con los demás. No sólo avanza en su propio camino de maduración, sino que hace que los que le rodean se sientan mejor. Al mismo tiempo, ofrece una enseñanza de gran valor.

No se trata tampoco de mostrarse zalamero o empalagoso. El sentimentalismo es equilibrio e inteligencia. Un buen ejemplo lo constituye la actividad cotidiana que desempeñamos los psiquiatras. Somos especialistas en humanidad, pero en nuestro trabajo debemos adoptar en principio lo que llamamos la «técnica del iglú»: al conocer a un nuevo paciente ponemos unos «cubitos de hielo» de cara a analizar las experiencias a las que asistimos como espectadores de primera fila. Buscamos cierta distancia para así disponer del adecuado punto de vista y de este modo poder ayudar al paciente a resolver su problema. Esto no implica que nos alejemos demasiado: sabemos equilibrar la *perspectiva* con la *empatía*. Es un ejemplo de equilibrio sentimental: conocemos el problema del paciente y nos compadecemos de él. Pero al buscar una solución no nos dejamos abrumar.

La inexpresividad sentimental es una carencia que se termina pagando. En la pareja el resultado de este analfabetismo suele ser la ruptura, precedida de una temporada más o menos larga de conflictos y problemas. Es imposible mantener una amistad o una vida conyugal si no se sabe expresar lo que se siente. Sin embargo, la persona que sabe manifestar adecuadamente sus sentimientos tiene mucho terreno ganado en el camino hacia la madurez, hacia la plenitud personal.

Los sentimientos son un territorio muy cuidado en los últimos tiempos y la causa es la aparición de la educación afectiva. La responsabilidad es general. Los centros educativos se dedican a la oferta masiva de información desestructurada. Unos padres agobiados de trabajo, que apenas tienen tiempo para estar con sus hijos, tratan de suplir esta carencia con regalos. Al mismo tiempo abruman a los niños y adolescentes con todo tipo de actividades extraescolares, a menudo superfluas, para mantenerlos ocupados y distraídos. Piensan que así les ofrecen una formación completa, pero descuidan totalmente el plano emocional. La educación de los sentimientos es deseo de engendrar en la belleza y en la intimidad.

Recordemos que el amor es entrega, y que en él no hay lugar para el egoísmo. Amar a otra persona implica olvidarse un poco de uno mismo. Además, el amor exige expresividad sentimental: *hay que saber decirle al otro que se le quiere, y no por medio de frases estereotipadas, sino con sinceridad y realismo, con actos cotidianos y gestos positivos.* La persona que no comprenda esto tiene un serio problema de personalidad, y también vital.

LA MAGIA DE LO EFÍMERO

Vivimos en un tiempo en el que predomina la metafísica de la nada. Es la muerte de los ideales en medio de la superabundancia. Es una era de levedad, todo es ligero y sin calorías, incluido el ser humano. Posmodernismo para unos, edad postindustrial para otros, nuestro momento histórico se caracteriza, como ya vimos, por el hedonismo y la permisividad. Son la esencia del materialismo, el desplazamiento de la actividad humana hacia el plano físico, descuidando todo lo demás. Desde los años noventa del siglo XX se observa una tendencia esperanzadora en dirección contraria, pero todavía queda mucho camino por andar.

Los «valores» que siguen predominando hoy día son de tipo material y efímero. Se busca el placer a toda costa, haciendo del bienestar un nuevo dios, pero todo ello va dejando el legado de vacío interior que hemos descrito en páginas anteriores. La permisividad absoluta, la diversión como objetivo supremo, son argumentos de una sociedad de consumo que no produce nada duradero ni de auténtico valor.

No se trata de aburrirse o de hacer vida ascética. Es sano el esparcimiento pero, de nuevo, hay que insistir en el uso de la inteligencia. En esto, como en todo, la combinación de raciocinio, espíritu y cultura constituye, o debería constituir, el eje de la actividad humana.

Una característica de nuestro tiempo es que se fomenta lo efímero como un valor mágico. La publicidad, herramienta fundamental de la sociedad de consumo, ofrece un mundo irreal, lujoso y magnífico, pero ficticio. Nos empeñamos en perseguir ese ideal de los anuncios, igual que pretendemos tener un cuerpo perfecto —también modelado por la oferta publicitaria—, sin darnos cuenta de que esos estereotipos son absolutamente fantasiosos. Hay que tener los pies puestos en la realidad. De lo contrario, se cae en la trampa del consumismo, que nos lleva a toda velocidad a las otras trampas descritas: permisividad, inmediatez, hedonismo. En suma, caemos en un vacío interno, por más que, paradójicamente, tratemos de rellenar materialmente ese espacio ya de por sí repleto de objetos.

En el mundo de lo efímero nada sorprende. Buscamos el espectáculo en todo, en las noticias, en los anuncios, en las películas, pero todo es apariencia, una imagen etérea que se proyecta en una delgadísima pantalla. La vida se convierte en una sucesión de actos siempre iguales. Se busca la evasión a través de mecanismos de ocio perfectamente organizados pero que, a la larga, terminan siendo también rutinarios. Se construye una suma de biografías limpias de todo contenido: nunca pasa nada, parece ser el lema. No hay grandes emociones, ni verdaderos proyectos, ni ilusiones creativas; a cambio tampoco hay verdaderas tragedias, pues en esta sociedad de lo inmediato y la pasividad, nada tiene mucha importancia. Es otra vertiente del triunfo del relativismo. No hay bien ni mal, no hay moral ni valores: es la «ética indolora», por eso nada importa. Es también la apoteosis de la incoherencia, pues al querer relativizarlo todo se impone un nuevo valor absoluto: que todo es relativo.

Ante una situación así, el ser humano pierde el rumbo y comienza a hundirse. Es el momento de aportar soluciones. Debemos descubrir que *el progreso material no es lo único y que si no va acompañado de un contenido espiritual, no sirve para nada*. Las personas necesitan amor auténtico, y notan esa carencia, aunque no sepan cómo expresarlo. La felicidad requiere consciencia y una dura lucha: la verdadera meta está en el propio camino, en el recorrido constante de un proyecto lleno de ilusiones, trabajo y satisfacción.

VIII. El deseo en el mundo virtual

EL SÍNDROME DEL MANDO A DISTANCIA

La televisión se ha convertido en un medio omnipresente. Ha cambiado por completo nuestra concepción del entretenimiento, incluso de la vida cotidiana. ¿Por qué cada vez más gente pasa horas y horas, muertas, perdidas, delante de la televisión? De una televisión por demás vacía, con una programación que, salvo excepciones, es de ínfima calidad. La respuesta no es fácil, pero lo cierto es que el problema se ha visto acentuado con la irrupción del vídeo y, más recientemente, del DVD.

La ausencia de valores, la banalización de la cultura y la potenciación de la inmediatez hedonista pueden explicar el éxito de esta forma hueca de entretenimiento que, lejos de producir un esparcimiento sano, colabora en el proceso de deshumanización de la sociedad. De hecho, la televisión funciona hoy día como una droga: produce un hábito repetitivo que genera adicción y, al mismo tiempo, tolerancia, por lo que hay que aumentar la dosis poco a poco, en un proceso paulatino de embrutecimiento.

La palabra «embrutecimiento» puede sonar dura, pero esa es la realidad: la oferta televisiva se centra básicamente en programas de entretenimiento–espectáculo que no ofrecen ningún contenido de valor. Por el contrario, da lugar a toda una subcultura de antimodelos cuya influencia social es mucho más dañina de lo que puede parecer a simple vista. Esta mecánica lo impregna todo, y hasta los informativos y los programas culturales tienden a caer en esa dinámica de la espectacularidad sensacionalista y la riada de datos sin un criterio de fondo.

No hay más que dar un repaso a la parrilla televisiva para observar que hay casi una estrategia de lo banal: por la mañana, cotilleos; a mediodía, informativos centrados en los sucesos, que a veces parecen más bien una crónica negra; por la tarde, más cotilleos, seguidos de nuevos informativos; y por la noche, una combinación de todo: programas denominados «*magazines*» en los que se mezcla la crónica rosa más grosera, la información más o menos periodística y, como un barniz que todo lo cubre, una generosa oferta pseudoerótica o manifiestamente pornográfica. Los fines de semana proliferan las películas, de cualquier tema y a todas horas, y rara vez de calidad. Concursos-bagatela y musicales completan el noventa por ciento de la programación.

Mención aparte merece la programación infantil, cuyos contenidos a menudo parecen dirigidos a los adultos. Contemplando estos programas llega uno a preguntarse qué tipo de enseñanza se quiere transmitir a los más pequeños con cierto tipo de espacios que, en teoría, están destinados a ellos.

Como fondo de todo, una abrumadora avalancha de publicidad que, en la mayor parte de los casos, exacerba los peores aspectos de todo lo que hemos hablado, y en particular la pornografía. Parece que en los tiempos que corren resulta imposible vender un producto si no se asocia su imagen al sexo más explícito. Y da igual de qué se trate: un desnudo vende lo mismo un coche que unas galletas.

Este marco que acabamos de describir no resulta muy positivo. La televisión pocas veces es educativa, y por cada programa bueno hay una multitud de espacios repletos de violencia, pornografía, sexo fácil y vidas perdidas y sin rumbo. En medio de este panorama aparece de paso un fenómeno nuevo: el *zapping*, la posibilidad de cambiar rápida y sucesivamente de canal en una búsqueda frenética y alienante de lo peor que estén dando en cada momento.

Uno de mis pacientes me comentaba al respecto: «Yo hago *zapping* para relajarme y después coger mejor el sueño... Normalmente no me quedo viendo ningún canal en concreto, porque la verdad es que no me interesa casi nada». Esta declaración deja claro algo muy notable, que revela la psicología oculta en el medio televisivo: el espectador siente interés por todo y al mismo tiempo no le interesa nada. Recorre los canales consciente de la mala calidad de la programación, pero busca algo fácil, que atraiga su atención, le libere de tensiones y rutinas y le facilite un entretenimiento rápido, inmediato, sin complicaciones intelectuales.

Es una situación análoga al tema de las revistas del corazón. Una paciente mía, adicta a este tipo de prensa, me decía: «¡Ay, si en vez de haberme tragado tantas revistas del corazón, en esas horas muertas hubiera estudiado una carrera o hubiera leído libros buenos que me hicieran una persona más culta! Pero las leemos todas y luego hablamos de eso». ¿Qué más podemos decir al respecto? En cierto modo, la lectura superficial y apresurada de varias revistas, todas con los mismos contenidos, se parece mucho al *zapping*.

¿Por qué se produce esta especie de «síndrome del mando a distancia», centrado además en cuestiones banales? Hay algunos puntos importantes que podemos considerar como claves fundamentales:

1. *Es una nueva forma de consumismo.* Tanto el mando a distancia como las revistas permiten satisfacer la curiosidad de novedades, la avidez de encontrar imágenes cada vez más sorprendentes, sólo con apretar un botón (o con volver una página de la revista). Se pasa de una película a un debate, de un concurso a una retransmisión deportiva...Y no importa, pues el contenido es tan bajo y homogéneo que ni se nota el cambio.
2. *Implica que interesa todo y no interesa nada.* Se combina el ansia natural de saber del ser humano con el vacío de la sociedad moderna, lo cual genera una fuerte insatisfacción. Se busca algo, sin criterio y de forma frenética, pero generalmente no se encuentra. Si tratamos de analizar lo que siente el adicto al *zapping* descubrimos un deseo compulsivo de verlo todo a la vez, de que nada se escape. Hay una ansiedad de la posesión, una mezcla de codicia y descontento a la vez. Como en toda conducta adictiva, no hay verdadera satisfacción, y se recae una y otra vez.
3. Se produce una *bulimia de novedades.* Es como una exploración, pero sin riesgos ni verdadero objetivo: no se sabe exactamente qué es lo que se busca. Se penetra de este modo en un laberinto de imágenes fugaces que no dejan huella. O aparentemente no la dejan, pues en realidad influyen negativamente en la personalidad. El adicto al mando a distancia, con su actitud, tropieza en todas las trampas que generan una forma de ser incompleta e inmadura: se deja llevar por la inmediatez y la prisa, y carece de referencias y criterio racional.
4. Tiene un *efecto sedante.* El *zapping* no exige responsabilidad ni inteligencia. Casi se entra en una especie de trance en el que el cerebro «se apaga». Muchas perso-

nas lo utilizan a última hora del día, cansadas de la jornada de trabajo, porque funciona como un somnífero. Rara vez alguien encuentra algo que le interese tanto como para verlo hasta el final.

5. *Cumple la ley del mínimo esfuerzo*. Sólo hay que sentarse y practicar el ínfimo ejercicio de apretar un botón con el dedo. No se requiere fuerza de voluntad. El espíritu se pierde en la distracción pura, sin pretensiones de ninguna clase. Ni siquiera de aprendizaje, pues lo que se consume por los ojos no se aloja en ninguna parte. Todo lo que vemos vuelve a salir al exterior, sin archivarse. Esto facilita la tarea a los programadores: bajo la capa de novedades, nos ofrecen siempre más de lo mismo. Sólo cambia el decorado y alguna cara, pero el trasfondo es constante. A fin de cuentas, nadie recuerda nada de lo que vio el día antes.

En resumen, el mando a distancia es el chupete del adulto. ¡Qué tragedia cuando el mando no aparece! Es obvio que la esencia del *zapping* está en este pequeño avance técnico. Si no existiera, la incomodidad de tener que levantarse una y otra vez para cambiar de canal haría desaparecer esta costumbre. Por desgracia, no parece que esto vaya a suceder.

En los últimos años este fenómeno sociológico ha sido estudiado de forma estadística. Al parecer es más común en el hombre que en la mujer. Podemos interpretar este hecho del modo siguiente: la mujer se detiene más en lo que ve, se muestra más abierta a recibir información y aprender, aunque los contenidos no sean siempre de calidad. El hombre, en general, muestra un mayor sentido crítico y casi nada le satisface, y por ello no se detiene en nada.

El síndrome del mando a distancia tiende a convertirse en

una nueva patología mental. Si se hace crónico e invencible revela además cierta «venganza del telespectador», agobiado por una programación malísima repleta de publicidad y mensajes negativos. Los canales privados no sólo no han mejorado esta situación, sino que la han empeorado, y hasta se habla ya de «televisión basura»: brutalidad descarnada, contenidos paupérrimos y amorales, modelos de poquísima calidad, violencia, sexo y más sexo, debates tan abigarrados y enconados que el espectador termina más confuso de lo que estaba al principio... Y, por añadidura, los concursos, que bajo una supuesta capa cultural sólo revelan las profundas carencias intelectuales de sus participantes y, sobre todo, su ambición material.

La publicidad requiere comentario aparte. En su contenido abunda cada vez más eso que se denomina *lenguaje subliminal:* bajo el mensaje aparente se cuela una información oculta que, en realidad, es la más importante. Esta práctica, prohibida por ley, es fácil de enmascarar, y de hecho hay publicidad subliminal en todo momento, no sólo en los anuncios, sino en casi todos los programas. El personaje de un culebrón consume determinado producto, o se asocia cierto artículo comercial con ideas atrayentes, como seducción o juventud... Las posibilidades son enormes, y es casi imposible defenderse de esta forma de manipulación.

Lo paradójico es que, en medio de esta vorágine televisiva, se produce un hecho que desespera a los profesionales: la fuga de audiencias. Estos expertos en mercadotecnia buscan contenidos impactantes y novedosos para retener a los espectadores, pero a duras penas lo consiguen, y a menudo fracasan. En su búsqueda del máximo beneficio económico inmediato (mayor audiencia, mayores ingresos por publicidad), se olvidan de políticas a largo plazo y nunca parecen caer en la cuenta de que, tal vez, con una programación de calidad harían más fiel al público. Ellos se defienden alegando que dan al espectador lo que quiere ver, pero esta aseveración es, en nuestra opinión, falsa: dan inmediatez, hedonismo y permisividad, porque es lo más fácil de hacer y vender; realizar buenos programas requiere esfuerzo, trabajo e inteligencia. Bienes muy escasos en un mundo cada vez más banalizado y embrutecido. *La televisión, que nació con unas maravillosas expectativas como medio de comunicación universal, se ha convertido en un emisor de mensajes negativos que robotizan a la gente y la vuelven pasiva, inculta y carente de sentido crítico.*

El fenómeno del *zapping* puede estudiarse desde el punto de vista de la psicología como algo que afecta fundamentalmente a personas con escasos recursos intelectuales o con poca curiosidad. Esta es una definición para casos patológicos, por supuesto: practicar *zapping* eventualmente no implica en todos los casos padecer un trastorno. A fin de cuentas, ¿quién puede librarse hoy día de ciertas costumbres?

En los casos de adicción al mando a distancia podemos hablar con claridad de un verdadero síndrome cuyas consecuencias son, entre otras, la aparición de una mentalidad carente de interés por la cultura, de personalidad débil y nulo proyecto de vida. Cuando la televisión se erige como único alimento intelectual, la persona entra en un laberinto de difícil salida.

Psicológicamente, el *zapping* manifiesta el deseo de quererlo todo y quererlo ya. El telespectador está al mismo tiempo ansioso e indiferente. Un aluvión de datos deja a la persona convertida en un vegetal, incapaz de pensar, fascinada por el rápido baile de imágenes sugerentes que pasa ante sus ojos. Se le ofrece una liberación instantánea de las tensiones diarias, pero al mismo tiempo se crea un estado general de insatisfacción. Es el primer paso para perder todos los valores y referencias que son útiles en el camino de la vida, ya que la oferta de mensajes contradictorios y enfrentados genera una gran confusión, y uno no sabe finalmente a qué atenerse.

EL SÍNDROME DEL EXCESO DE INFORMACIÓN

Cada época tiene sus notas particulares, y también presenta formas patológicas características. Por ejemplo, ha surgido en nuestra época ese síndrome que denominamos «anorexia-bulimia», combinación de dos trastornos psicológicos relacionados con la alimentación y que analizamos en otro capítulo de este libro.

En lo que atañe a la televisión, a los medios de comunicación en general, podemos hablar de cierto «síndrome del exceso de información». Que no es otra cosa que la reacción de la mente ante la saturación de datos que caen en avalancha, pero sin orden, ni selección, ni trasfondo moral, cultural o de otro tipo (aparte de la mera oferta de espectáculo).

Hablaremos de ello extensamente al tratar de educación: lo que se nos da es información, no formación, y esta es la base de muchos de los males de la sociedad actual. Desde el punto de vista médico podemos decir que genera un tipo de trastorno caracterizado por síntomas como ansiedad, desasosiego, apatía o descontrol emocional. Es el efecto de acumular demasiados datos sin saber realmente qué hacer con ellos.

No es, por supuesto, un mal exclusivo del espectador televisivo. En una época de progreso técnico vertiginoso, el problema afecta a muchísimos profesionales de todos los ámbitos, particularmente en los terrenos de la ciencia. Médicos, ingenieros, matemáticos, informáticos, etc., se ven forzados a mantenerse constantemente al día, pues los descubrimientos se suceden con tanta rapidez que el que se instala, por ejemplo, en aquello que aprendió al estudiar la carrera, corre el riesgo de quedarse obsoleto muy rápidamente.

Sin embargo, es imposible absorberlo todo. Por eso hablamos de la necesidad de actuar con criterio. Dicho de otro modo: hay que seleccionar, pasar los datos por una criba. Podemos mantenernos al día y aumentar nuestros conocimientos sin necesidad de vernos abrumados o perdidos en medio de un ejército de nuevos hallazgos que nos asalta desde todos los frentes. Hay que saber poner una criba entre la información y nuestros sentidos. O, usando un viejo dicho, hay que aprender a separar el trigo de la paja.

El sociólogo francés Pierre Bourdieu habla de este tema en su obra *Sobre la televisión* (Anagrama, Madrid, 1997). Su punto de vista es muy negativo, y considera que el esquema televisivo moderno es algo más que un mero factor alienante: es una verdadera amenaza para la sociedad. Este autor llega a decir que «la televisión es el medio más malvado y corruptor que existe en este momento». Se presenta desde la pantalla una imagen distorsionada del mundo, pues se dice —y prácticamente es cierto— que *lo que no sale en la televisión no existe.* La mentalidad colectiva se ve influida de tal forma que se llega a creer que el mundo es, en verdad, tal y como aparece en el receptor televisivo.

Para mantenernos informados sin perder el equilibrio psicológico necesitamos una formación. La hipertrofia de datos es negativa. Hay que poner orden en ese caudal informativo para sacarle verdadero partido. Es el único modo de evitar problemas cada vez más corrientes, como son la incultura generalizada o la indiferencia por saturación.

La televisión se ha convertido, pues, en el medio dominante. Su poder es tan grande que ensalza o derriba a todo tipo de personajes, crea villanos y héroes. Y, sin embargo, sus contenidos reales son pésimos. O más bien ni siquiera podemos hablar, con propiedad, de contenido, pues el universo televisivo está vacío. No pensemos que es un fenómeno característico de España, ya que es algo que se da en casi todos los países.

Una de las influencias más perniciosas de la televisión es la creación de falsos modelos sociales: deportistas, cantantes, maniquíes de pasarela, políticos y, por supuesto, esos personajes de la prensa rosa cuyos méritos son, cuando menos, desconocidos. Se potencian en un mundo virtual las vidas huecas de personajes que no aportan ningún ejemplo. Por el contrario, se nos ofrecen personajes de trayectoria vital errática, vacía, saturada si acaso de antivalores pero carente de cualquier aspiración que no sea ganar dinero y amasar bienes materiales. La vida de estos personajes aparece en todas partes, a todas horas, y sirve de ejemplo a millones de personas desde la misma infancia. De este modo se potencia un arquetipo de éxito social que carece de valores morales y que resulta dañino para el auténtico progreso humano.

En un viaje reciente por Chile y Argentina, amigos de allí me comentaron que la vida en sus países «se ha futbolizado». El deporte profesional, sobre todo el fútbol, es uno de los grandes iconos modernos. En todo momento del día hay noticias, comentarios y declaraciones balompédicos. Los apartados deportivos en prensa y televisión cada vez son más importantes. En las emisoras de radio la tarde de sábados y domingos se dedica por entero, durante horas, a la emisión de la crónica de los encuentros de liga. No hay prácticamente un día de la semana sin su partido televisado: es el «pan y circo» de los romanos llevado a su máxima expresión.

Un mundo sin liderazgo carece de referentes firmes. Para avanzar en la vida necesitamos un *modelo de identidad*, un esquema psicológico previo que nos sirva de ejemplo y que nos permita establecer con él una suerte de identificación y aproximación gradual. *Del tipo de modelo que elijamos dependerá nuestra trayectoria.*

Esto es especialmente importante durante la juventud, esa época en la que uno comienza a perfilar sus preferencias y busca su vocación profesional. El modelo de identidad que se escoja entonces determinará en gran medida el resultado de nuestra empresa vital. Este modelo debe ser positivo, que fomente eso que en psicología se llama *motivación*. Un futbolista puede ser, sin duda, una excelente persona, pero su modelo de identidad —tan sugerente para millones de muchachos de hoy en día— no resulta muy adecuado: la práctica profesional de un deporte, aparte de no aportar nada al progreso común, sólo se suele mover por el afán de dinero. Repetidamente hemos indicado en este libro que los bienes materiales no son la fuente de la felicidad, y a menudo constituyen un verdadero obstáculo.

Los padres desempeñan un papel fundamental en la educación de los hijos. No sólo deben involucrarse en este aspecto de la vida de sus retoños: tienen que tener en cuenta que, al menos durante la infancia, constituyen para ellos el principal modelo de identidad. De la forma de ser de los padres dependerá que ese modelo sea o no positivo. Los progenitores aportarán un buen ejemplo si fomentan el desarrollo de sus hijos en las vertientes primordiales del ser: amor, cultura, trabajo y personalidad. Todo ello conducente a fomentar una auténtica espiritualidad.

Una vez elegido un modelo valioso, hay que poner esfuerzo y perseverancia. Querer es poder, y si realmente deseamos parecernos a alguien cuya vida ha supuesto un ejemplo, lo conseguiremos. La ilusión facilita que las aspiraciones se hagan realidad. No hay nada negativo en seguir los pasos de otro: la figura del héroe, del maestro, del líder, es necesaria, y bien escogida sirve para mejorar la propia trayectoria. *Sin una guía, es fácil perder la ruta. Si hay un buen conductor, se conseguirá una buena cosecha.*

IX. La persona: su cuerpo y sus mensajes

LA ANOREXIA-BULIMIA

La conjunción de anorexia y bulimia es un síndrome relativamente reciente. Aunque se trata de dos enfermedades mentales distintas, suelen darse asociadas con muchísima frecuencia, sobre todo en mujeres jóvenes (de hecho, cada vez más jóvenes). Por este motivo nos referiremos aquí a este problema como si fuera una sola cosa.

Si de otro trastorno común de nuestros tiempos, la depresión, ya se hablaba en la antigüedad (encontramos descripciones de esta enfermedad en Mesopotamia, en los papiros egipcios o en el mundo judío, hasta llegar a Hipócrates y Galeno), de la anorexia y la bulimia no empezamos a tener datos escritos lo suficientemente detallados hasta la segunda mitad del siglo XIX. Son dos médicos, uno inglés, Gull, y otro francés, Lasegue, los primeros que se interesan por estos trastornos desde un punto de vista científico, aunque cada uno lo haga por caminos distintos.

¿Cuál es el origen de este doble trastorno, qué síntomas presenta y qué consecuencias produce? Es opinión generalizada que la proliferación de casos se debe a la moda de la delgadez extrema en las mujeres. *Obsesión por no engordar, que conduce a no comer nada voluntariamente* (anorexia) *o a comer de forma incontrolada y compulsiva, para vomitar inmediatamente después* (bulimia). El prototipo de mujer actual, tal y como se presenta en los medios de comunicación, es casi patológico: delgadez anormal, sin formas, estilizada y longitudinal. El bombardeo es constante desde todos los medios de comunicación, y este canon estético se ha introducido profundamente en la mentalidad occidental moderna, tanto en hombres como en mujeres, pero sobre todo en éstas.

La incidencia del trastorno se da sobre todo en chicas adolescentes (95 por ciento de los casos), aunque empieza a afectar cada vez más a niñas pequeñas y a hombres, víctimas también de la saturación informativa. La causa de la enfermedad es el miedo a engordar, lo que hace que muchas chicas dejen de comer normalmente. Así se empieza, pero a medida que progresa la enfermedad, las cosas se complican.

Hay dos subtipos de pacientes: los «anoréxicos sin bulimia», caracterizados por la introversión, aunque padecen menos ansiedad; y los «anoréxicos–bulímicos» propiamente dichos, que son más extrovertidos pero también padecen más gravemente las consecuencias del trastorno.

El paciente a menudo combina la dieta radical con ejercicios agotadores. Esto es lo suficientemente grave, pero la cuestión se complica cuando aparece un cuadro asociado de bulimia: el enfermo, muerto de hambre, pierde el control sobre el proceso alimenticio y se lanza a devorar cualquier cosa con voracidad, especialmente aquellos productos que procura evitar «porque engordan». Estos episodios de ansiedad alimentaria suelen producirse a escondidas, por lo general de noche, y generan un sentimiento intenso de culpabilidad. Casi siempre el paciente termina por provocarse el vómito una vez acabada la ingesta descontrolada de alimentos.

Hay muchos indicios que pueden avisar a la familia de que una persona padece el síndrome de anorexia–bulimia. El primero, por supuesto, el sometimiento voluntario a dietas excesivas. Los vómitos son otra señal de alarma, y si se repiten con frecuencia producirán daños visibles en el esmalte de los dientes. Es habitual el uso de diuréticos y laxantes, sin prescripción médica, para perder peso más deprisa todavía. La persona afectada apenas tiene otro tema de conversación que las dietas, los ejercicios para adelgazar y los juicios críticos contra la gordura, pues se considera que estar gordo es sinónimo de fracaso social. La persona afectada se comporta de manera extraña, con ataques de ansiedad y agresividad. Su estado de nervios es, en general, desastroso. Un aviso claro es la alteración de la percepción de la propia imagen: estando anormalmente delgada, la persona enferma asegura sin tapujos que «se ve gorda». En casos extremos se producirán cuadros de deshidratación, anemias, desmayos y retirada de la menstruación. Como problema añadido, la anorexia–bulimia suele ir acompañada de toda una comitiva de males paralelos: tristeza, apatía, decaimiento, falta de ilusión, ansiedad, nerviosismo. Con frecuencia se producen casos de depresión.

El enfermo de anorexia evita comer en familia o en grupo. Come a solas, evitando ser observado, e ingiriendo sólo aquello que considera adecuado para adelgazar. Si se les obliga a comer en la mesa, con el resto de la familia, tienen la habilidad de esconder la comida: en la servilleta, en el bolsillo, en una bolsa de plástico... Si aun así se ven forzados a comer, en cuanto acaban van al baño y vomitan. De hecho, forzar al paciente es una mala estrategia, pues agrava su enfermedad. Conviene que el entorno familiar se lo tome en serio, porque es una enfermedad grave que produce un enorme daño físico y mental, y en casos extremos provoca la muerte por inanición.

El enfermo anoréxico, como ocurre en la mayor parte de los trastornos mentales, no es consciente de su mal. Se considera sano y niega categóricamente padecer ningún trastorno. A menudo sólo la presión familiar —combinada con comprensión y cariño— hace que el paciente acepte, por lo común de mala gana, someterse a tratamiento médico.

Hay tres áreas principales de conflicto a tener en cuenta en este tipo de pacientes:

1. *Conflicto con la propia imagen.* Nuestro aspecto exterior es como la tarjeta de visita, es la fachada con la que nos presentamos ante los demás. Indudablemente, la primera impresión que tenemos de otra persona nos la da su aspecto externo. Nos fijamos en su rostro, en su cuerpo, su estatura, cómo va vestido, etc. En este sentido es importante estudiar la anorexia–bulimia desde el punto de vista de la psicología del cuerpo. En alemán existen dos términos que podemos aplicar aquí: *koper,* «cuerpo como realidad exterior, física» y *leib,* «cuerpo como realidad vivida». La suma de ambos conceptos nos da la combinación del cuerpo externo propiamente dicho, el que ven los demás, junto al cuerpo interno, la idea que tenemos de nuestra propia apariencia. La anorexia–bulimia es un fallo en este segundo terreno.

   La psicopatología interpreta este trastorno como «una percepción deformada del propio cuerpo» pues, como hemos indicado, los pacientes se ven gordos aunque no lo estén. Desconfían de lo que les dicen los demás, de lo que ven en el espejo y hasta de lo que dice la báscula. Una enferma mía me dijo una vez: «No sé qué pensar, doctor, porque la verdad es que yo aún no me veo delgada». Esta es una manifestación que casi nunca está ausente de la enfermedad. La percepción horizontal está claramente alterada: los pacientes se ven a sí mismos «más anchos».

2. *Conflicto con la familia.* El conflicto es posterior a la enfermedad, no anterior. Los casos aparecen tanto en familias previamente desestructuradas como en familias sanas, ya que el origen parte de factores externos. En todo caso, la enfermedad deteriora las relaciones, particularmente entre la madre y la hija. A menudo este problema se debe a la falta de habilidad de la madre para tratar el problema. Esto es disculpable, ya que la anorexia es una enfermedad difícil con pacientes muy complejos de tratar. Recomendamos tener mucha mano izquierda y comprensión. Hay que evitar además toda rivalidad entre la enferma o enfermo y sus hermanos.
Ciertos psiquiatras dedicados al estudio del tema consideran esta enfermedad como síntoma de un núcleo familiar neurótico o resultado de un entorno con criterios de conducta inadecuados: madres hiperprotectoras, familias rígidas, aplazamiento de la resolución de los conflictos interpersonales... Estos hechos pueden influir, pero insistimos en que la causa última se encuentra fuera, en el mensaje masivo de los medios de comunicación a favor de una imagen física determinada. En todo caso, se puede considerar la responsabilidad de los padres a la hora de alejar a los niños de esos modelos, pero es una tarea realmente difícil, ya que el niño no vive aislado en casa.

3. *Conflicto de personalidad.* Dado que la anorexia se da sobre todo en adolescentes, la influencia del trastorno sobre el desarrollo de la personalidad es decisiva en una época de la vida en la que se están produciendo numerosos cambios. Al encontrarse mal aparecen todo tipo

de problemas de conducta: inestabilidad emocional, cambios radicales en el estado de ánimo, susceptibilidad extraordinaria, inseguridad, complejo de inferioridad, aislamiento progresivo... La conducta del enfermo es en general defensiva, ya que trata de evitar que le hagan preguntas. Esto da lugar a una paralización del proyecto personal. Los estudios, el trabajo, las relaciones personales... Todo se ve afectado.

La enfermedad tiene mejor solución cuanto más pronto comience el tratamiento. Si la evolución es larga, por inobservancia o dejadez de los padres, el problema se complica enormemente.

El tratamiento requiere medicación, ayuda psicológica, control de la dieta y, por encima de todo, apoyo familiar.

La anorexia–bulimia es un signo de los tiempos que corren, una muestra de los dramáticos resultados de una sociedad enferma. El paciente de esta enfermedad puede curarse o no, pero el trastorno le dejará huellas, y en el peor de los casos la brusca interrupción de su desarrollo personal en una fase temprana de la vida puede influir negativamente en toda su trayectoria posterior.

La medicina es ciencia y arte, por eso está tejida con conocimiento y amor. No debemos tener miedo a recurrir a ella cuando sea necesario, pues a veces la ayuda que se puede dar en casa no es suficiente.

EL LENGUAJE DEL PENSAMIENTO

¿Qué es el pensamiento, en qué consiste, cómo funciona? Es, para bien y para mal, uno de los elementos más decisivos de la persona, la actividad superior de la inteligencia mediante la cual fabricamos conceptos, juicios y esquemas mentales. *Pensar es reflexionar, examinar cuidadosamente algo para alcanzar una cierta conclusión, mediante un ejercicio en el que se valoran las diferentes posibilidades de un problema.*

El pensamiento bien utilizado es una herramienta poderosa. Mal utilizado, un freno. Volviendo al ejemplo del epígrafe anterior, las personas que padecen anorexia-bulimia tienden a generar pensamientos negativos, de muy baja productividad. Así ocurre con el hombre moderno, dominado por los deseos: sus pensamientos son de muy poca calidad humana.

Así pues, también es necesaria la educación en este campo. Pensar es una potestad natural del ser humano, pero debe ser ejercitada y entrenada para que funcione adecuadamente. El pensamiento diferencia a las personas de los animales. Hay que enseñar a pensar a las personas desde el mismo momento en que nacen. *El pensamiento ordenado genera ideas, argumentos y proyectos. Es fuente de ilusiones y esperanzas. Articula el plan de vida y sintetiza varias posibilidades buscando siempre lo mejor.*

El pensamiento pone orden en un juego de muchos factores. Asume las percepciones de los sentidos, organiza conceptos e información, selecciona y clasifica. Pone orden y genera una respuesta. El mejor o peor funcionamiento de este proceso se basa en gran medida en el aprendizaje recibido. *El pensamiento es una destreza que necesita un entrenamiento gradual mediante la articulación de hábitos lógicos, conjugando elementos procedentes de distintas fuentes.*

La cultura es herramienta del pensamiento. Una persona culta es mas libre, ya que su mayor conocimiento le da una base sólida y le ofrece más opciones entre las cuales elegir.

El pensamiento dispone de un lenguaje propio, *subliminal* y subconsciente, que funciona según una lógica particular. Por eso actúa muchas veces sin que nos demos cuenta. Es un lenguaje interior, mudo pero en continua actividad, que luego tiene un eco en nuestra actividad cotidiana.

En los últimos años se ha desarrollado a este respecto una nueva rama de la psicología, denominada *psicología cognitiva,* que estudia nuestra mente partiendo del modelo de los ordenadores. Según este punto de vista, la mente funciona como un ordenador, con la diferencia de que tiene consciencia de su propio ser. El proceso de funcionamiento, no obstante, es similar: el cerebro recibe información exterior (entradas), procesa los datos de acuerdo a una serie de normas establecidas (programa), y da una respuesta (registros de salida). Es un procedimiento de elaboración que busca el mejor resultado posible. Así pues, *toda experiencia, sea neutra, positiva o negativa, se acompaña de un discurso interno al que llamamos pensamiento y que impregna todo lo que hacemos.*

La tarea del psiquiatra es sondear los mecanismos del pensamiento. Muchos sentimientos, emociones y deseos parten de un funcionamiento erróneo de ese lenguaje interno del que hemos hablado. Y esto es, a menudo, un efecto de una educación inadecuada que produce conflictos.

Cada persona es un mundo y posee su propio lenguaje del pensamiento. Es necesario analizar y conocer nuestro propio código para saber interpretarlo y aprovechar todas sus posibilidades. Un pensamiento educado, con un lenguaje de lógica correcta, genera valiosas interconexiones mentales y ofrece mejores resultados, incluso si no somos conscientes del proceso.

El depresivo se dice a sí mismo: «Vales poco y tu vida está llena de fracasos»; el que sufre de ansiedad se dice: «Preveo lo peor, algo malo me va a pasar»... Estas son formas negativas del lenguaje del pensamiento, que se concretan en lo que llamamos trastornos mentales. Pueden ser más o menos graves, y sus causas a veces no son conocidas ni previsibles. Sin embargo, el entrenamiento y la educación del hábito de pensar pueden prevenir algunos de estos males o, al menos, ayudar a solucionarlos si se dan de todas formas. En caso contrario aparecen el sufrimiento, la tristeza y el dolor.

Si somos conscientes de estos lenguajes cognitivos, podremos reconducirlos y neutralizarlos por otros que se ajusten más a la realidad personal.

LAS OBSESIONES ESTÉTICAS

En los últimos años se ha producido una exaltación de la imagen y de la figura corporal como no había sucedido a lo largo de la historia de la humanidad. También la estética y el cuerpo pueden analizarse a través del microscopio psicológico, porque estos aspectos son parte del ser humano. Pero no es fácil acercarse a su análisis en la era de la imagen.

Morselli fue el primero que habló de ello utilizando la palabra «dismorfofobia», que significaba que el sujeto tenía una idea fija, una preocupación muy acentuada por una anomalía física, a la que daba importancia excesiva, pese a estar en los límites de la normalidad. La palabra fobia estaba mal empleada[1], aunque hizo fortuna.

[1] La definición exacta de fobia es miedo enorme, terrible, de extraordinaria intensidad, que le supera a uno y que se refiere a una cosa, persona o situación, y que conduce a evitar y/o aplazar aquello que produce esa experiencia.

Cada uno habita en un cuerpo. Somos nuestro cuerpo y tenemos nuestro cuerpo. Y, a su vez, podemos decir que el cuerpo nos tiene a nosotros. Los antiguos decían *soma* y *sema,* cuerpo y cárcel, es decir, el cuerpo como cárcel del alma. Cada uno tiene una percepción concreta de su cuerpo, pero es una forma de interpretar la realidad. Con frecuencia oímos frases como «sácame el lado bueno en la foto», «me veo fea», «me estoy haciendo mayor», «mi nariz no es bonita»...

Personalidad y cuerpo, forma de ser y apariencia externa, las dos notas más características del ser humano, tienen una relación compleja. Cuando los dos se llevan bien y aceptan sus posibilidades y limitaciones se convierte en una relación madura.

Si no se produce esa aceptación, aparece el concepto de obsesión estética, que es el sentimiento subjetivo de fealdad o defectivo físico, que da lugar a un malestar muy acusado y que conduce a un deterioro en las relaciones con uno mismo, con los demás e incluso en el ámbito profesional.

La obsesión estética es una auténtica obsesión en el sentido psiquiátrico del término: idea fija, quieta, detenida en el espacio mental, que, como decía Kurt Schneider, «domina sin fundamento». La obsesión es tiranía del pensamiento, por eso recordar sus etimologías es muy ilustrativo[2].

[2] El término latino *obsidere* significa cercar, rodear, asediar, encerrar. *Sedere* es sentar. El latín jurídico utilizó la palabra *compellere* en el sentido de verse forzado a declarar en un juicio lo que uno no quiere.

En griego, la palabra originaria es *ananke,* que quiere decir pegajoso, adherente, fatal.

En alemán, se manejó *zwang*, por obligación, coacción. Kraft-Ebing acuñó *zwangsvorstellung*, que significa representación forzada.

En inglés, el sustantivo es *obsession* y el verbo es *to obsess,* con las connotaciones antes apuntadas.

También es una idea sobrevalorada: pensamiento o grupo de pensamientos que tiene un gran predominio y se le da una importancia extraordinaria, todo ello enmarcado en una tonalidad afectiva fuerte, apasionada y con poco sentido crítico. Se descubre en comentarios como: «lo peor es quedarte calvo cuando eres joven», «tener los ojos salidos es muy feo», «si sudas mucho, todo el mundo te mira», «tener tanto pecho es como un insulto», «una mujer plana llama la atención»... De un concepto del propio cuerpo, que se percibe como negativo, se hace la bandera de la exclusión y el rechazo por parte de los demás.

En algunas ocasiones, la obsesión estética es una vivencia delirante: idea, absurda o con escasa base real, que atrapa a la persona y que es irrebatible a la argumentación lógica que puedan hacerle familia, amigos o, en el mejor de los casos, el psiquiatra. En el siglo XX se le llamó hipocondría circunscrita y delirio dismófrico: el paciente no acepta que se critique su actitud.

Esto conduce a cierta fobia social, es decir, al miedo a la gente, a relacionarse... Es el temor a no ser aceptado, al rechazo, al desprecio, a la risa abierta o camuflada, a hacer el ridículo o a la humillación clara y rotunda.

Hay casos reales que pueden clarificar el tema. A mi consulta llegó un chico de veintidós años, estudiante universitario, que ha tenido un intento de suicidio. «Estoy muy decaído y me he tomado esas pastillas porque quería morirme, no puedo vivir así. Se me cae el pelo, me estoy quedando calvo, y además tengo mucho pecho y eso me hunde. A mi edad no tener pelo es muy duro. Siempre que veo a una persona, lo primero que hago es ver cómo está de pelo. Además, yo me veo con pecho, como si fuera una chica. En verano me baño con camiseta para que la gente no me vea.

Estoy muy triste por eso. Y casi no salgo, sólo estudio. Mi vida es estudiar y examinarme, y nada más. No me relaciono con nadie en clase y rehúyo conversaciones y contacto... pienso que mis compañeros saben lo mío, a veces noto miradas y caras sospechosas... ¡Qué sufrimiento!»

La terapia para corregir las obsesiones estéticas es una tarea artesanal, lenta pero firme que, si se aplica adecuadamente, tiene efectos positivos. En este caso, la solución fue hacerle ver que esto era una enfermedad y que tuviera conciencia de su mal y trabajar su personalidad.

Generalmente las obsesiones estéticas sumergen en una trama de alteraciones psicológicas en donde asoma lo fóbico y, de forma intermitente, hace acto de presencia una rica patología de la personalidad. Además, la ansiedad es una constante, que adopta ropajes distintos según el momento y la circunstancia.

Muchas fobias sociales son secundarias a obsesiones estéticas con una mínima base real o sin ella. Los deseos de tener una imagen facial mejor deben ser estudiados por un psicólogo o un psiquiatra antes de cualquier intervención.

X. Las alteraciones de los deseos amorosos

LOS AMORES EÓLICOS

La historia del comportamiento refleja las maneras de actuación que se han ido dando a lo largo del tiempo. Siendo el amor uno de los temas centrales de la vida humana, también éste ha ido recorriendo diferentes travesías, modas, lances y modos de presentación.

Las tres grandes figuras del pensamiento griego —Sócrates, Platón y Aristóteles— se ocupan del amor con una riqueza que llega firme hasta nuestros días. En Platón, su esencia reside en el bien y la belleza. En Aristóteles, el amor establece una tensión entre el mundo afectivo y el deseo: nadie es invadido por el amor si antes no ha recibido el dardo incitador que procede de fuera. Al principio se encuentra ligado al placer, pero con la maduración y el paso de los años, asciende al grado de amistad.

El pensamiento cristiano aspira a una pureza mayor: la entrega y donación de uno mismo, sin condiciones. San Pablo culmina su célebre texto de la *Epístola a los Corintios* diciendo: «El amor es paciente, es bondadoso, no tiene envidia, no es jactancioso, no es engreído, no es indecoroso, no lleva cuenta del mal, no se alegra de la injusticia, se alegra de la verdad...»

A través de las épocas. A lo largo de la Edad Media han circulado distintas corrientes, desde el amor cortés de la época de los trovadores, pasando por el mester de clerecía y de juglaría, hasta el amor caballeresco o el burgués o el platónico. A lo largo de todos y cada uno de ellos, con los matices propios de la adjetivación específica que acompaña al sustantivo amor, la mujer es exaltada, venerada, señora del corazón del hombre, que aviva sus andanzas y es centro sustancial de su conducta. Pero también, es la mujer en la distancia. Se escamotea así la dimensión de la convivencia, que es una de las vertientes más difíciles de la realidad humana.

Es la idealización, el despliegue de los sueños. Los antecedentes están en *El arte de amar,* de Ovidio, y en el *Fedro* y *El banquete,* de Platón. Ambos se abren paso con el amor udrí de los caballeros árabes de la Edad Media y la mística sufí. Un gran libro de ese tiempo pone de relieve esto: *El collar de la paloma,* de Ibn Hazm de Córdoba, publicado en el siglo XI, que no es otra cosa sino un tratado sobre el amor y los amantes en la civilización musulmana. No es un sentimiento de renuncia lo que anida en sus conceptos, antes bien, desea todo lo que el amor puede dar... pero desde lejos. Habría que decir que así como la auténtica sensualidad es más hija de la distancia que de la cercanía, la mujer vestida es más atractiva que la desnuda. La envoltura de misterio sirve de imán y convoca llama.

El amor renacentista toma como modelo la antigüedad clásica greco-latina y brota de aquella hermosa ciudad que fue la Florencia del Quatrocento, al amparo de los Médicis y la burguesía negociante, la grandeza de Leonardo da Vinci, la gesta de Galileo inventando el telescopio, Maquiavelo separando la moral política y Miguel Ángel reinventando la arquitectura y sus formas. Se entremezclan aquí el humanismo, el clasicismo, el paganismo y ese dejarse seducir por la magia del arte innovador. El amor es aventura, ruptura con las formas anteriores del medioevo. El sentido de *La Celestina* planea y orienta lo que es el amor, así como el texto de León Hebreo *Dialoghi d'amore*... esto culminará en el final del siglo XVI con *Romeo y Julieta*.

Amores barrocos. Corre el siglo XVII y el amor barroco es recargado, complejo, retorcido, como esas columnas salomónicas que adornan las entradas de las catedrales. Descartes publica su libro *Les passions de l'âme*, a instancias de la princesa Isabel de Bohemia, en donde aparece esta definición: «Percepciones o emociones del alma, que se refieren particularmente a ella y que son causadas, sostenidas y fortificadas por algún movimiento de los espíritus, disponen a la persona para querer y preparan la voluntad». Para el pensamiento cartesiano, las principales pasiones son: la admiración, el amor y el odio, el deseo y la alegría y la tristeza. Pascal, en su *Discours sur les passions de l'amour*, dice aquello que se ha convertido en una sentencia célebre: «El corazón tiene razones que la razón desconoce». Y establece su distinción entre *l'esprit géométrique* por un lado y *l'esprit de finesse* por otro.

El amor ilustrado entroniza la razón y la convierte en eje diamantino de la conducta. Hay una ciencia de los sentimientos vertebrada sobre la lógica: Diderot, D'Alembert, Holbach, Voltaire, Rousseau... van abriendo camino en ese siglo sin poesía. *La nueva Eloísa* de Rousseau es el libro más emblemático en Francia en esta época.

Durante parte del siglo XIX reaparece el amor romántico: vuelta a los sentimientos apasionados, exaltación de las pasiones, dilatación inefable de la vida afectiva. Stendhal nos muestra unas lecciones magistrales en su libro *Sobre el amor* y su teoría sobre la cristalización del enamoramiento.

El siglo xx merece una mención aparte, que abordaré en otro momento. Los amores eólicos se inspiran en Eolo, dios del viento en la mitología griega, que guardaba sus tumultuosos elementos encerrados en una caverna. Cuando Zeus se lo ordenaba, se liberaban los vientos y desencadenaban tempestades, remolinos, naufragios, combinaciones inéditas, sorprendentes y variopintas. Estos amores están emergiendo en los últimos años en nuestra cultura. Voy a adentrarme en sus entresijos.

El mito es un fenómeno cultural que influye directamente sobre el pensamiento del hombre. Podemos definirlo así como la consecuencia de una serie de operaciones simples que configuran un concepto que señala los hechos de la experiencia. El mito es una leyenda simbólica que encierra una narración clásica cuyo fin es explicar alguna faceta de la realidad humana, dando respuesta a cuestiones profundas: su destino, sus amores, luchas y dificultades, derrotas y grandes alegrías e ilusiones.

Eolo es el dios de los vientos. Vive en una isla y en sus palacios habitan sus hijas. Celebra banquetes y se interesa por todos los detalles de la guerra de Troya. Antes de irse a ésta, encierra en odres todos los vientos. Recibió a Ulises y le dio las vasijas que estaban bajo su custodia. Sólo una de ellas contenía la ráfaga que debía llevar al héroe directamente a su país. Pero en alta mar, los compañeros de Ulises abrieron todos los recipientes y, con este gesto desafortunado e irresponsable, provocaron grandes tormentas que hicieron zozobrar el navío.

Los amores eólicos brotan de vientos afectivos incontrolados, emergentes, que nacen sin gobierno y traen una nota fresca y novedosa, como una ventana de aire limpio que entra en una estancia cargada. Hay en ellos exploración, atrevimiento, capricho, deseo de conocer los entresijos de esa otra persona que circula por las cercanías y que invita a bucear en sus aguas, sin más limitación que las que imponga el guión sobre la marcha.

Estos afectos traen céfiros de brisa, bocanadas juveniles, torbellinos que ascienden a vendavales y que, en ocasiones, se elevan a tornados que lo mueven todo de su sitio y desencadenan verdaderas tormentas meteorológicas de los sentimientos. Todo es posible cuando uno deja de gobernar la vida afectiva. ¿Qué está ocurriendo hoy, qué broma es ésta de que cualquier relación amorosa es cambiable, como las tarjetas de crédito que caducan periódicamente y hay que sustituirlas por otras? La estabilidad de la pareja está atravesando una profunda crisis, capilar y contagiosa, que amenaza con llevárselo todo por delante.

Para mí la respuesta hay que buscarla a través de los siguientes motivos:

— Esto traduce una profunda crisis de desorientación en el terreno de la afectividad. Estar desorientado quiere decir no saber a qué atenerse, no hacer pie y andar extraviado, perdido... en una terna tan decisivo, ya que la afectividad sirve de eje diamantino y centro de referencia.
— Refleja este comportamiento una cierta socialización de la inmadurez. Una sociedad finalmente convertida en adolescente. Movida, regida y vertebrada sobre la filosofía del me apetece. No hay reglas fijas. Lo importante es hacer lo que te pide el cuerpo y atreverse a ir más lejos de lo que nunca uno llegó a pensar. Exploración zigzagueante de las pasiones. Volar, ir y venir, diluir cualquier compromiso en la salsa de la permisividad y el divertimiento. Igual que el adolescente cambia de pareja después de

un amor de verano, el hombre de edad quiere recuperar una cierta juventud perdida saliéndose de la pista con una mujer mucho más joven que le descubre el paisaje de unos alisios boreales equívocos ponientes. Todo junto y a la vez. La novedad servida en bandeja.

— Todo descansa sobre un concepto emergente: la autenticidad. Hacer aquello que uno percibe y que va floreciendo, dejando de lado compromisos, deberes y obligaciones, palabras que suenan a rancias y cuyo moho produce un repelús que hace saltar los vínculos endebles y las relaciones vulnerables. Ceremonia de la confusión de lo que realmente deben ser los hechos.

Ser auténtico es ser coherente, procurar que entre lo que uno dice y lo que uno hace, exista una estrecha y adecuada relación. Auténtica es una persona insobornable, verdadera, que es realmente lo que aparenta, que tiene una línea de conducta legítima, que es legal consigo misma y con los demás. Pero aquí el término es tomado de forma confusa, como alguien capaz de dar entrada a ingredientes inéditos por el solo hecho de que piden paso y llaman a la puerta e insisten con su presión. La personalidad se vuelve así cambiante, tornadiza, inestable, sin asidero, dispuesta siempre a abrirse a los vientos exteriores que reclaman pasillo. La plasticidad es amebiásica, diluyente, dispersadora, sin remitente y sin referente. Siempre dispuesta a una nueva aventura que refrigere el clima interior con una innovación aventurera.

Ya hemos dicho que la estabilidad de la pareja está atravesando una profunda crisis, que amenaza con llevárselo todo por delante. He aquí el cuarto punto que nos quedó pendiente:

— Individualismo atroz. Es la ética indolora, incolora e insípida. Como dice Gilles Lipovetsky, estamos en la era del vacío. Época de las ideologías proteiformes. Todo es subjetivismo puro. Hay una distinción que quiero poner sobre la mesa y que me parece que abre una brecha precisa en el magma de este asunto: el hombre no es individuo, sino persona; son términos esencialmente distintos: si el primero se cierra sobre sí mismo en un rodeo solipsista, que da vueltas circulares, el segundo es la interioridad, la realidad primaria y última, pero abierta a los demás en un doble juego de donación y recepción. Por eso el individualismo se aleja del auténtico amor y levanta un monumento a la emancipación posmoderna, tejida de indiferencia, consumismo e hipertrofia del yo.

El nacimiento de los amores eólicos

Los amores eólicos nacen de la entrada de vientos inesperados, en donde el carácter de novedad que rompe la monotonía tiene un punto fuerte basado en dos notas del pensamiento light: la permisividad y el relativismo, que conduce a alardes laberínticos llenos de sorpresas en donde las contradicciones mandan. Se produce una especie de «panoramización», de zoom consumista de parejas intercambiables, en donde parece que asoma el listón del más difícil todavía. Los cuentos y andanzas[1]

[1] El hombre de Occidente se ha vuelto menos maduro en la afectividad que la mujer y de ahí que sus relaciones sentimentales puedan romperse más fácilmente: *al hombre le pierde la vanidad y a la mujer, la afectividad.* El hombre cae por el halago y la valoración de otra persona. La mujer, por la necesidad de ser querida, considerada y tratada con verdadero afecto. *La mujer, fingiendo sexo, lo que busca es amor; el hombre, fingiendo amor, lo que realmente busca es sexo.* Esta diferencia aclara muchas cosas.

que nos traen las revistas del corazón y sus adláteres, siempre nos sorprenden con sus vaivenes y entretienen ratos libres de muchas personas sin inquietudes. Leer para pasar el rato. Pero esas publicaciones se van colando, infiltrándose entre los entresijos del comportamiento social, y su efecto va siendo nefasto, disolvente, banalizando todo lo que encuentra a su paso.

Amores transparentes y frágiles como el cristal veneciano, que se roza enseguida y está pronto a resquebrajarse. Las negociaciones de la pareja eólica tienen un subsuelo: todo está preparado para la ruptura y, a su vez, no pasa nada si esto se produce, porque lo importante es hacer lo que te gusta y te parece bien y punto. Esto es lo que hay para muchas relaciones conyugales en Occidente.

Algunos amores eólicos están hechos con materiales de derribo. Son relaciones sin pretensiones, hasta que duren, pero que hacen mejorar por la erosión que producen y el efecto demoledor sobre la biografía... aunque al no haber análisis, ni síntesis, ni densidad de ideas afectivas, todo queda diluido en una visión relativista, que escamotea bucear en los sentimientos y que centra todo en el trabajo, que se convierte así en omnipresente.

Ha aparecido hace poco una recopilación de conferencias de Theodor Adorno titulada *Educación para la emancipación.* Para él, la pregunta ¿para qué la educación? se responde del siguiente modo: para conseguir una conciencia cabal, verdadera, que acerque a una mayor autonomía, en una sociedad tan plural, heteróclita y satisfecha de sí misma y claramente neurótica, en donde las contradicciones están a la orden del día.

Educar sentimentalmente es enseñar cómo conseguir una mayor armonía entre la inteligencia, la afectividad y la motivación. Buscar la cuadratura del círculo emocional, para no naufragar en una cuestión tan decisiva como ésta. Los sucedáneos del amor vienen como consecuencia de la endeblez de ideas sobre lo que es este mundo oceanográfico de la pareja. Educar es convertir a alguien en persona, hacerlo libre, independiente, con criterio, para que sepa a qué atenerse y sea capaz de anunciar lo mejor en su propia vida y renunciar a todo aquello que brilla por un instante, pero que a la larga deja huérfano de humanismo y coherencia.

Por otra parte, los avances médicos e higiénicos de los últimos tiempos han facilitando un envejecimiento generalizado de la población, lo que ha provocado la aparición de nuevos problemas. Las personas ancianas, muchas veces con sus capacidades físicas y psíquicas limitadas, son atendidas, en la mayoría de los casos, en la propia vivienda familiar. Al margen de los cuidados profesionales, las atenciones del día a día suelen recaer en la madre, la esposa o las hijas. Obviamente, la dedicación continuada a estas personas puede pasar factura a la propia mujer, en forma de desgaste psicológico o corporal.

Uno de los problemas más graves es la atención familiar, sin contar con la ayuda permanente de un especialista, de aquellas personas que sufren demencia senil. Según un estudio realizado por Castellote, se calcula que en España hay casi medio millón de individuos afectados por este proceso degenerativo y, como ya se ha señalado, en la gran mayoría de los casos la atención llega de la propia familia, especialmente de la mujer. Se estima, además que el 40 por ciento de ellos no cuenta con ningún tipo de ayuda.

Para terminar, según lo dicho, existen múltiples campos por explorar, estudiar, investigar y educar, sobre importancia y protagonismo de la mente en la salud. El mencionado seminario será una excelente iniciativa y una buena forma de encarar este asunto.

Educar es cautivar con lo mejor por ejemplaridad, visión de futuro y sentido de la vida. Educar es seducir con la razón, dar argumentos lógicos, haciendo atractivo el esfuerzo por ascender a las cimas más altas a las que puede aspirar el ser humano.

Una historia eólica

En los amores eólicos esa posible educación brilla por su ausencia. Y es sustituida por un cierto elogio de la inestabilidad; el tema afectivo y por ende, el familiar, siguen el rumbo del viento que corre por las cercanías de ese individuo, que cada vez es menos persona. Exaltación de la recomposición del círculo familiar A éste se le hace la cirugía estética una y otra vez, como si no pasara nada. Transformaciones, cambios, giros, salidas de la pista y entradas en otra demarcación... Es el vértigo de un tiempo en el que se infla-ma el instante presente, sin mirar ni hacia atrás ni hacia delante.

En la tragedia *Hipólito*, de Eurípides, los dioses dejan ciego a quien quieren destruir, para que no pueda captar la realidad. En los amores eólicos, al principio la visión de uno mismo es parpadeante, después viene un atasco de conceptos que embota y lleva a perder el norte y, más tarde, todo estalla por unas costuras demasiado zurcidas.

El drama está servido[2], por mucho que se quiera desdra-

[2] Los amores eólicos conducen a un drama afectivo, a una pieza psicológica rasgada por las heridas de unas relaciones sentimentales egoístas. Todo se convierte al final en patético, trágico y rocambolesco. Desde fuera, puede resultar curioso, y para un comentador de las revistas del corazón, convertirse en noticia y divertimento.

matizar. En los países del norte de Europa empieza a ser muy difícil encontrar primeras parejas, casi todas son segundas y terceras. Y los hijos fuera de una pareja estable son más del 60 por ciento. En Estados Unidos, el país más importante del mundo por distintos conceptos, entre el 30 y el 40 por ciento de las parejas son ya segundas, terceras o incluso cuartas.

Viene así a este espectáculo afectivo la llamada ética del naufragio, cuyo lema esencial es: sálvese quien pueda. Los niños ping-pong van a tener una educación más difícil y un troquelado afectivo que va a necesitar de lecciones especiales. Niños, muchas veces desorientados, que cojean de una pedagogía correcta y que van a ser propensos a presentar trastornos psicológicos de diversa índole. Comprender tarde es muchas veces no comprender. Saber y conocer lo que es la vida conyugal me parece primordial. No hacerlo es frivolidad, inconsecuencia, una de las más graves carencias que se pueden tener y que va a ir bajando por la baliza de una conducta voluble, trivial, ligera, vana, cambiante, sujeta a la versatilidad del momento.

Éste es un buen ejemplo. Hablamos de un hombre de setenta y dos años, de muy buena posición económica, que ha triunfado en lo profesional y que acaba de entrar en su tercera pareja. Nos dice la primera mujer (él se casó a los treinta años), con la que ha tenido cuatro hijos, lo siguiente: «Mi marido es una persona inteligente, trabajadora, con mucha visión para los negocios, soberbio, vanidoso, engreído; él sabe más que nadie y se cree el centro de todo su entorno social. Desde hace ya tiempo me he enterado de que me ha sido infiel. Viajaba mucho por sus negocios y cuando alguna vez yo le he dicho algo en ese sentido, él lo ha negado con rotundidad, incluso reaccionando con agresividad».

Nos va relatando cómo ha sido su matrimonio y los avatares que ha tenido: «No he sido feliz porque él va a lo suyo; a veces ha sido afectuoso, pero pocas. Me despachaba con algún regalo y ahora me doy cuenta de que era una forma de tenerme más o menos contenta. A los veinticuatro años de matrimonio decidí yo separarme, porque tuvo dos amigas sucesivas y lo de la última fue muy escandaloso... yo me enteré tarde y porque una amiga me puso al corriente de todo. Le tuve que poner un detective y todo quedó confirmado.

»En el curso de la separación me insultó y dijo que yo estaba loca y que tenía un delirio de celos. Mis hijos me han apoyado totalmente y ellos han sufrido las consecuencias de eso. Dos de ellos se han separado, y es que su padre les ha inculcado una conducta muy ligera, y en el tema de las mujeres, han visto su ejemplo».

Con la segunda mujer ha vivido una relación buena en los primeros dos años y tortuosa en el resto. Ella tenía tres hijos de dos relaciones anteriores. Me dice él: «Yo seguí con mis amistades femeninas, a las que veía con frecuencia, y con una de ellas, una chica sudamericana de veintisiete años, tuve una historia muy bonita, aunque me costó seguirla, pues tuve que hacer grandes esfuerzos para que mi nueva mujer no lo supiera. Ha sido algo lleno de pasión, pero que me ha llevado a tener ansiedad y por eso he necesitado ir al psiquiatra, pues el tema me desbordó». Simultaneó durante más de seis años las dos relaciones, teniendo un hijo con la sudamericana, lo que le ató más a ella... y por ahí empezó a romperse la otra relación, que aun así duró doce años, hasta que se produjo la nueva ruptura.

Nos lo relata el propio interesado: «No podía seguir con esas dos mujeres y el deterioro me llevó a mentir con frecuencia y tener mucho cuidado adónde iba y con quién me encontraba. Un buen día mi mujer [la segunda] se enteró de todo: hizo un intento de suicidio y fueron unos momentos terribles, con chantajes de ella para que volviera, pero todo ya estaba roto».

Dejó a esta segunda mujer y se unió más a la sudamericana, yéndose a vivir con ella, pero la diferencia social y cultural era muy grande y eso no funcionó: «Esa relación marchó bien mientras yo iba a verla y quedábamos; hubo más sexo que otra cosa, aunque le cogí cariño por la entrega que tuvo conmigo. Mas a los pocos meses de estar bajo el mismo techo, yo me aburría, no tenía conversación, y en lo sexual, empezó a dejar de atraerme. Fue duro dejarla, sobre todo teniendo un hijo. Por otra parte tuve muchas tensiones con los hijos de mi primera mujer y con alguno de ellos dejé de hablarme».

Le pregunto cómo definiría su personalidad: «Yo soy abierto, me encanta la gente, divertido, me gusta la caza y mi debilidad han sido las mujeres; me di cuenta desde joven que tenía gancho y que era atractivo y he sabido explotarlo. He sido mujeriego y he tenido amigos en la misma línea».

Le pregunto por sus aficiones: «La caza, las copas, viajar y me considero un hombre de negocios... todo lo relacionado con mi trabajo se ha convertido en afición para mí; nunca he sido aficionado a la lectura, sólo periódicos y revistas económicas, en mi familia se ha leído siempre muy poco».

A mi interrogación ¿eres creyente?, me responde: «Fui de pequeño a un colegio religioso, pero en mi casa esos temas tenían poca cabida; mi primera mujer sí lo era, yo poco y me fui enfriando en ese tema, y luego al llevar ese tipo de vida del que hemos hablado, la cosa no cuadraba».

Y continúa: «He pasado después de esta segunda/tercera separación una racha muy mala, preguntándome muchas cosas de la vida y el significado de todo lo que a mí me ha ido sucediendo. Me refugié en el alcohol y en el campo y pasé un año casi sin ver a nadie. He tenido dos o tres enganches con chicas de alrededor de treinta años, pero todas querían casarse y yo sólo busco ya divertirme, pasarlo bien y algo de sexo».

Hace un año ha conocido a una chica de treinta y siete años, separada y con un buen trabajo profesional. La conoció en el curso de un vuelo de muchas horas a América y hubo un buen contacto inicial: «Me gustó mucho porque era muy guapa, segura, atractiva psicológicamente, y no sé qué me fue pasando que me enamoré de ella. Una de las cosas que más me impactó fue el poco caso que me hizo cuando la llamé por teléfono y el decirme que era demasiado mayor para ella. Fue un reto para mí. Me lo propuse como objetivo y creo que tengo buenas dotes para la conquista, y al final, la he conseguido».

Quiero saber qué opina sobre su trayectoria afectiva: «No sé que decirte, la vida es así, hasta que te centras en lo que realmente quieres, tardas mucho tiempo. Me da pena el daño que he hecho a unas y otras, pero yo soy así, es mi forma de ser y creo que no es fácil que cambie. Me hubiera gustado tener una pareja estable, pero no ha podido ser... Muchas veces he pensado que yo no era un hombre para estar casado, ni sujeto a nadie».

Esta historia de amores eólicos es muy expresiva y ofrece varias consideraciones: uno, estamos ante una persona muy superficial en sus relaciones afectivas, a la que el éxito profesional lleva a un tipo de vida frívola; dos, tiene poca formación humana, que termina por ser casi nula, al imponerse unos hábitos de vida muy negativos: mujeres, relaciones de amistad poco consistentes, estar muy centrado en el dinero; tres, posee poco sentido de lo que es la relación conyugal y el tema de la familia; y cuatro, su vida afectiva recuerda a la de un adolescente, que va y que viene, saliendo y entrando, pero sin mucho fondo.

EL SÍNDROME DEL PENÚLTIMO TREN

La pleamar del estío y las vacaciones a la vuelta de la esquina me llevaron a reflexionar sobre una serie de manifestaciones psicológicas, relativamente frecuentes y que me gustaría tipificar.

El amor es el principal argumento de la vida. Todo se estructura en torno a él. La riqueza, variedades, matices, planos y dimensiones nos hablan de un mar sin orillas. Al adentrarnos en su frondosidad nos abrimos paso entre masas de ideas y pensamientos, buscando cuáles son sus principales claves, para comprender todo lo que se hospeda en su interior. Las relaciones entre el hombre y la mujer son cualquier cosa menos fáciles. Qué fácil es enamorarse y qué difícil mantenerse enamorado. Y lo es, porque no hay nada tan difícil y complejo como la convivencia.

Todo arranca de la vivencia del enamoramiento. Hay una primera etapa, muy interesante psicológicamente, que consiste en dos experiencias notables: tener hipotecada la cabeza (Don Quijote decía de Dulcinea: «la dama de mis pensamientos») y querer a alguien con exclusividad. Donde más se retrata el ser humano es en la elección amorosa, ya que al preferir a alguien en concreto, se hace una selección en la que influyen muchos factores: desde el momento y la circunstancia en que esto se produce, la edad, las condiciones, el modelo de persona que se anuncia en ese encuentro y lo que Stendhal llamaba la cristalización, la tendencia a idealizar y a poner en esa persona más ingredientes positivos de los que realmente tiene. Gómez de la Serna lo decía en una certera greguería: «Amor es el deseo de hacer eterno lo pasajero». Dante, en su *Vita nuova,* dice que la mujer se convierte en educadora del hombre. Es ella un ideal, que va desde la belleza a la psicología, pasando por lo que anuncia y lo que esconde.

Quisiera hacer una observación llegados a este punto. En el mundo occidental, el hombre se enamora sobre todo por la vista y la mujer por el oído. Cuando al hombre se le pregunta por ella suele decir: es guapa, tiene un gran tipo, llama la atención la belleza que tiene. La mujer tiene una respuesta distinta de él: es inteligente, vale mucho, es una gran persona. En esas afirmaciones se esconde un subsuelo que explica lo que antes comentaba. En el hombre, la belleza de la mujer actúa como un reclamo; en la mujer, la calidad humana y la belleza interior suelen tener un tirón más fuerte. Esto es para mí una cierta regla general, aunque, todo hay que decirlo, los tiempos están cambiando y asistimos ahora a sus nuevas manifestaciones.

Hay una serie de errores básicos acerca del amor[3], que sólo quiero mencionar de pasada y que son muy frecuentes: equivocarse en las expectativas, divinizar el amor, hacer de la otra persona un absoluto, pensar que para que una relación funcione es suficiente con estar enamorado e ignorar

[3] Creo que merece la pena subrayar los errores más comunes de los que se embarcan en la vida conyugal: no idealizar a la otra persona, poniéndole mas atributos positivos de los que tiene; pensar que con estar enamorado es suficiente para que eso funcione; desconocer la alquimia del amor: es fácil enamorarse y difícil mantenerse enamorado; no tener claro que la mejor relación se deteriora si no se la cuida con esmero de artesano.

que antes o después vendrán crisis a las que habrá que hacer frente. Estas cinco equivocaciones tienen muchos matices, ángulos y segmentos que nos llevarían a salirnos del tema.

¿En qué consiste el síndrome del penúltimo tren? Se da en un 90 por ciento de los casos en el hombre que se mueve aproximadamente entre los 40 y los 65 años. Él es portador del siguiente discurso hacia su mujer: «Te quiero mucho, pero no estoy enamorado de ti; vales mucho, pero yo ya necesito otra cosa, sé que eres buena, pero para mí no eres divertida; eres buena madre, pero a mí me cansas; no quiero hacerte daño, pero tengo que ser sincero contigo y decirte que ya no te necesito y me he dado cuenta de que lo que yo busco es una ventana de aire fresco en mi vida afectiva... y creo que aún estoy en el mercado». A veces se añaden otros aditamentos a esta disertación: «Soy tan auténtico que yo no puedo estar con alguien de quien no esté enamorado, para mí es un problema de sinceridad, de decir la verdad de lo que pienso; en los sentimientos no se puede mandar, van y vienen[4]». A esta alocución pueden añadirse elementos que adornan y enriquecen la oratoria florentina, que deja en la mujer una reacción de perplejidad, sorpresa, desconcierto.

¿Qué se esconde debajo de esta disertación, qué hay más allá de esas palabras medidas y pensadas y alineadas, qué psicología nos traen, qué significan? Voy a espigar las vertientes que me parecen más sugerentes del caso:

[4] Todo ese lenguaje florentino muestra un universo afectivo frágil y un compromiso conyugal en vías de extinción. Se aligeran los conceptos y se adelgaza la doctrina. Todo el discurso es un fragmento insolente, en donde hay descaro y liviandad. Los matices son claves para escarbar debajo de la expresión hablada.

1. Algunos capítulos de textos clásicos sobre el mundo sentimental hablan de un tema que podría titularse de la siguiente manera: los afectos desordenados. Hay algunos manuales ya clásicos que merece la pena dejar sobre la mesa, en donde estas ideas son expuestas, como *Esencia y formas de la simpatía,* de Max Scheler, *Sobre el amor,* de Stendhal, *Amor y enamoramiento,* de Francesco Alberoni, *El amor en Occidente,* de Rougemont, *El amor,* de Joseph Pieper, *Los sentimientos,* de Maisonneuve, pasando por dos clásicos españoles: *Estudios sobre el amor,* de Ortega, y *La educación sentimental,* de Julián Marías. Todos ellos y otros muchos que he dejado en el tintero ponen de relieve que mantener el amor es una tarea compleja y que, entre otras cosas, debe evitarse la posibilidad de estar abiertos a otros vientos exteriores emocionales, porque una vez iniciado ese derrotero puede ser difícil echar marcha atrás. Esto va en contra de los aires posmodernos, que han dejado un perdigón permisivo y relativista en el ala, lo que conduce al «todo vale», «haz lo que quieras», «déjate llevar de los sentimientos nuevos que brotan en ti» y cosas parecidas.
2. Detrás de esa explicación hay un fondo maniqueo y cínico. Lo primero significa que las cosas son buenas o malas, positivas o negativas y no hay más; lo cual tiene un equipamiento lógico mínimo, la estructura del razonamiento salta por sus costuras. Y cínico quiere decir que esa persona defiende en la práctica y la teoría algo denigrante sin ocultarse, sin pudor y a la vez intentando dar lecciones de coherencia; esto es lo notable del cinismo posmoderno, el pretender dar una cierta clase de ética sin sentir vergüenza de ello.
3. Cualquier tentación de separar la forma del contenido

conduce al error, porque la forma es parte del contenido. Aquí se juega con las palabras, buscadas, medidas y sospechadas, para que den una impresión bien hilvanada. Cualquier hecho puede ser interpretado de muchas maneras, pero debe buscarse siempre lo objetivo, la certeza de los hechos. El portador del penúltimo tren lanza su soflama con la bandera de la subjetividad, saltando las opiniones desde un punto de vista muy particular, que hace poco accesible el diálogo.

4. Todo esto se da dentro de una sociedad sin vínculos afectivos, en donde todo es transitorio, efímero, pasajero, con fecha de caducidad. Cualquier compromiso es vivido como prisión y entonces lo mejor es hacer cada uno lo que quiera, sin hacer daño físico al otro, ya que el daño psicológico es tan etéreo que nadie puede valorarlo. El mundo de los sentimientos está entonces repleto de fragilidad y pronto a romperse, para volver al individualismo atroz y al hedonismo particular de la urna de marfil.
5. La nueva conquista afectiva debe tener muchos años menos y es presentada a los demás como un trofeo y un gol por la escuadra en tiempo de descuento. Se mezcla la crisis de los cincuenta y la cultura light y el contagio psicológico de piruetas parecidas en personajes que suenan. Todo eso forma un cóctel que opera dentro de estos individuos.
6. Las consideraciones éticas y morales verdaderas han desaparecido y la pareja es pasto de la llamas. Hay una visión plana de la vida (natural), pero falla la vertiente sobrenatural. Es más, el sujeto que tiene este síndrome, defiende que él es auténtico, volviendo otra vez la malversación de las palabras, al utilizar una lexico-

grafía que se vuelve divertida y atroz, de revista del corazón para pasar una tarde aburrida y llena de sufrimiento.

7. Auténtica es aquella persona que es coherente, es decir, que hay una buena relación entre la teoría y la práctica en su forma de funcionar. Que entre lo que piensa y lo que hace hay una correcta proporción, sin contradicciones. Hay una cierta aspiración a la excelencia y a lo noble, a aquello que hace digna a la persona, uno es consecuente, acorde con sus ideas. Auténtico es el hombre verdadero.
8. Yo no creo en el amor eterno, creo en aquel que se trabaja día a día, como una tarea de orfebrería psicológica. El amor maduro es alquimia y magia y códigos secretos y complicidad. Química y hechicería. Física y metafísica. Ciencia y arte. Corazón y cabeza. Cuando el corazón y la cabeza se contradicen, el ser humano se siente interiormente desgarrado y termina por ser una especie de veleta arrastrada por sus deseos.
9. En Occidente, la mujer sabe bastante más de los sentimientos que el hombre, le da ciento y raya por el momento. Un ejemplo de muestra: el hombre finge amor para encontrar sexo; la mujer finge sexo, para buscar amor.
10. El pronóstico del *penúltimo tren* no es bueno. Por lo menos, es reservado. El glosario de argumentos zigzagueantes e inciertos construye una sinfonía desigual y paradójica. Y no son otra cosa que crisis de la identidad personal.

    El amor verdadero está hilvanado de corazón, cabeza y cultura; sentimientos, razones y espiritualidad. El pensamiento coherente robado a la coreografía.

EL SÍNDROME DE AMARO

He escogido este nombre porque coincide bastante con lo que quiero explicar. El amaro es una planta de la familia de las labiadas, con muchas ramas, de hojas grandes, recortadas por el margen y que tienen en su parte más inferior una especie de corazón, con flores blancas con un friso morado y de un olor nauseabundo. Y ahora viene el añadido: se usan para curar las úlceras, aplicándolas en pomada.

Me voy a referir aquí a la pasión que despierta hoy la vida sentimental de los personajes conocidos o que suenan socialmente, siempre que ésta se haya roto, esté partida, fragmentada, que haya saltado por los aires y que cada segmento de ella pueda ser visto, analizado, estudiado y seguido con la minuciosidad de un entomólogo que se ha especializado en un tipo concreto de insecto.

Voy con la definición: el síndrome de amaro consiste en la tendencia enfermiza a convertir la vida privada rota en espectáculo para distraerse o pasar el tiempo o matar los ratos muertos. En medicina se habla de síndrome como conjunto de síntomas. Es decir, dentro de él se dan una serie de manifestaciones. Pensemos que se han puesto de moda en medio mundo las denominadas «revistas del corazón», que no sólo se ofrecen como magazines, sino también tienen un formato televisivo[5]. Hay que saber lo que vale un minuto en televisión y darse cuenta de lo que esto significa.

[5] Hoy, en la televisión en España, tanto en las cadenas públicas como en las privadas hay casi cuatro horas diarias dedicadas a ello. Hay mercado, y este constituye hoy un filón para muchas cadenas, que tratan de captar audiencia ofreciendo el último escándalo, servido con todo lujo de detalles. Algo bastante parecido está sucediendo en otros países de la Unión Europea, como Francia, Inglaterra e Italia.

El amaro como planta tiene unas hojas como labios. Ahí viene el primer síntoma: ¿sabes quién se acaba de separar?, esa pregunta produce una reacción inmediata de deseo malsano de saber quién ha roto su vida conyugal. El concepto de deseo tiene aquí todas sus notas claras, fuertes y rotundas. Entramos así en una conversación malvada, terrible, demoledora, que es pasatiempo curioso y relajante, desenfadado, que invita a hacer una especie de patio de vecindad, en donde salen y se exponen los hechos, sus diatribas y añadidos. Esto tiene un efecto cautivante, que hace que ese grupo de personas centralicen su charla sobre ese acontecimiento. Unos se ponen a favor, otros en contra y algunos aportan novedades y matices a lo sucedido. Hay un escarceo entrometido y pertinaz que conduce a poner al personaje abierto de par en par en la mesa de disección.

Hay también un nombre que podría encuadrarse bien en este contexto: neolatría sentimental, que puede ser definida como idolatría por las novedades afectivas de los personajes conocidos, o que suenan, o que se han hecho famosos[6] y sobre

[6] Vuelve la distinción entre *fama* y *prestigio*. En la primera lo importante es sonar y esto se debe a la aparición en los medios de comunicación social con enorme frecuencia y se da casi exclusivamente en futbolistas, cantantes, gente del espectáculo y en menor medida en los políticos en el tiempo que dura su paso por la vida pública. Fuera de ellos, es poco frecuente que la tengan un ingeniero, un abogado, un médico, etc. En la fama hay una opinión común de que ese sujeto es muy conocido, es un centro de atención, muchas veces al margen de su valía real. Lo segundo, el *prestigio*, consiste en el reconocimiento social por haber alcanzado un cierta excelencia en algún ámbito de la vida, es mucho más privado que público, hay ascendencia, influencia en positivo, resonancia, celebridad, respeto, reputación por lo que es y representa su figura, hay una consideración a la valía que le da a esa persona autoridad y crédito.

Las diferencias son claras y van de superficie y extensión a profundidad e intención.

los que se fija la atención como distracción, entretenimiento y espacio común en donde es fácil que todos participen y den su opinión. El término «idolatría» tiene todo su significado preciso: se fanatiza el interés por unos sujetos, que son ídolos o puntos de referencia, aunque sean negativos en su trayectoria, significan un mecanismo de compensación ante los fracasos personales, que estos individuos de alguna manera neutralizan, al comparar nuestra vida con la de ellos. Por eso he insistido al principio en que aunque esa flor huele mal y produce rechazo, sirve para curar úlceras con su uso tópico. Lo que en otros es una seria desgracia, a mí me ayuda, me saca del ostracismo o de la sordidez de mi vida y a la vez, me hace participar en una especie de familia común, con ese grupo de personas con las que me identifico o me proyecto o critico o me comparo.

El concierto mediático está en la UVI, en la unidad de vigilancia intensiva. Se mezclan aquí el principio del placer y el principio de la realidad, que estudiara con detalle el mismísimo Freud. Las noticias matrimoniales son partes de guerra. Las bajas están a la vuelta de la esquina, pero mucho más en los famosos, que al carecer de formación, sólo tienen fachada, apariencia, externidad. Las bajas en combate —¡cuantas tragedias hay detrás de ello!— sirven de divertimento a las tardes largas y huecas de muchos, que matan el tiempo entrando y saliendo de esas vidas privadas troceadas, en donde la cultura brilla por su ausencia y todo entra en un cotilleo de verduleras, sorprendente, que saca del aburrimiento y de la monotonía de días y semanas demasiado iguales.

Las revistas del corazón son los dibujos animados de las personas mayores. Llenan vacíos, alimentan con su contenido a gentes que se relajan de ese modo, viviendo esos conflictos como cambio de tecla de las preocupaciones personales. La evasión es otro ingrediente esencial: uno se escapa de sus problemas y se sumerge en esos otros para distraerse y no pensar. Igual que la planta del amaro, que es de olor muy negativo, produce un efecto curativo como pomada en algunas enfermedades de la piel. Lo que unos viven como tragedia, sirve a otros como alivio, recreo y olvido transitorio de las dificultades personales.

Se esconde, además, la tendencia a comercializar la vida privada: la información se convierte en espectáculo y el espectáculo es información. Escarbar en la intimidad de los famosos, que los convierte a la vez en víctimas y en modelos de identidad. Hay voyeurismo y exhibicionismo. El primero, mira de reojo lo que sucede en lo más privado de esos personajillos; el segundo, abre las puertas de su cuarto de máquinas y cuenta de forma minuciosa qué ha ido ocurriendo dentro de ella. Ambos mecanismos se entrelazan.

Los consumidores de revistas del corazón, tanto en publicaciones escritas como en televisión, quieren cada vez más. Se rastrea la identidad de unos y otros y el fisgoneo informativo es galopante. Los que aparecen en ellas buscan el salto a la fama rápido, hay un ansia de ser célebre y sonar. Me decía una persona que asoma con mucha frecuencia en esos medios y que llevaba una larga temporada sin aparecer ahí: «Si al salir de casa me entero de que están hablando de mi vida íntima, sería para mí un sueño dorado, significaría que vuelvo a estar en la palestra y mi vida interesa».

Como psiquiatra, pienso que en las grandes ciudades, al perderse la relación más o menos íntima con los vecinos, estos hechos sustituyen a una cierta soledad. Esos personajes son los nuevos inquilinos del barrio. No olvidemos que desde que existe la televisión de 24 horas y tantísimos canales, es muy difícil sentirse solo.

La vida ajena como sucedáneo de la amistad

Para el público consumidor de todo esto, los personajes de las revistas son una especie de segunda familia. Se siguen sus vericuetos y pasos zigzagueantes. Qué ha ocurrido con los hijos cuando el matrimonio se ha separado, qué han dicho cada uno, cómo se ha vivido la ruptura, cuál ha sido el principal desencadenante (la infidelidad suele estar servida con todos sus detalles) y las reacciones y comentarios.

Las revistas del corazón son el mínimo común de la cultura de masas, ya que todos tienen acceso a él. La gente sueña con las andanzas de los otros y se convierte en amigo y familiar y conocido. Estas revistas no te exigen nada, ni te obligan a preguntarte nada. En las publicaciones escritas el 90% son fotos y sólo un 10% es de texto, lo cual ya da una idea de lo que es su contenido. En las que se sirven en televisión, suele haber una serie de contertulios, maestros en el arte de chismes y cotilleos, que ofrecen noticias verdaderas, falsas o deformadas, que son trivialidades de mujeres sin cultura, que hoy han hecho fortuna y enganchan con sus garras y producen una especie de encantamiento. El aire pesa inmóvil y el auditorio queda atrapado en unas sutiles redes de afirmaciones y confirmaciones, trasegando retazos de vidas huecas y sin brújula.

A los que llevan una vida gris, les ayuda a participar en la vida de «la gente importante» y codearse con ellos. Son sueños y fantasías que necesitan tener un final triste, para que el formato de entrega sea completo. ¿Por qué interesa tanto esto, qué carga curiosa tiene ese hurgar en parejas rotas? Interesa la vida afectiva ajena siempre que exista ruptura, desunión, escándalo. ¿Por qué tiene que ser de ese modo? Interesa lo morboso, arrastra, empuja a una curiosidad dañina, que tira de nosotros y nos traslada a una escena romántica con todos sus ingredientes. Vida sentimental expuesta con amplitud, rotura de sus hilos principales y drama con todos sus ingredientes.

Muchas cosas de la vida se mueven como un juego de contrastes. Para ver las cosas claras es menester haberlas visto antes muy oscuras. Sólo apreciamos la salud después de una enfermedad. La felicidad es mayor después de una prueba dolorosa y humillante que ha sido superada. El amor que se ha roto llegó con ceguedad y se fue dejando lucidez. Los consumidores de este género disfrutan con las historias que se cuentan y es fácil verse cogido en ellas. ¿Por qué? Hay un fenómeno contagioso, que conduce a influir en la forma de pensar de la gente del pueblo, que va aceptando gradualmente los cambios en los modos de pensar y de vivir los sentimientos. Esto me parece de una importancia evidente. En una sociedad que lee poco, por falta de hábito y por la explosión de televisión, vídeos y cine, ello comporta un influjo enorme de esos programas y magazines.

La prensa del corazón es una subcultura a base del *striptease* sentimental de los famosos. No llega a cultura porque no enriquece, ni hace mejor al que se adentra por esos bosques, ni le lleva a madurar más, sino que deja una secuela agridulce, que se diluye hasta la siguiente noticia... produciéndose de ese modo una necesidad de sorpresas permanentes, una montaña rusa que va idolatrando esos sucesos inéditos sobre quién ha sido el último en romper su vida conyugal: hay en esa pasión sorpresa y frases que se hacen coloquiales: «qué me estas diciendo, quién podía imaginarlo, parecían un matrimonio bastante unido, ya se comentó hace tiempo, ella no le aguantaba a él, se veía venir, a mí él nunca me gustó» y un largo etcétera lleno de frases estelares.

Idolatría neurótica y enfermiza por conocer los trozos rotos y sus porqués de las vidas sentimentales que han saltado por los aires. Hay detrás de ello cansancio del propio horizonte, la necesidad de satisfacer unos ratos viendo todo eso para neutralizar la vida personal más o menos anodina o también, contrapesar y nivelar las desgracias de uno con esos dibujos desdibujados[7].

¿Qué significan las revistas del corazón?

Cada uno es buscador de respuestas convincentes a los grandes interrogantes. Una de las metas más importantes de la vida es llegar uno a entenderse a sí mismo en el anchuroso mar de los sentimientos. Cartografía afectiva esencial. Mapa del mundo personal que busca los mejores itinerarios para acceder a la piedra filosofal de este concepto. Mapamundi y manual de supervivencia. Aprendizaje de caminos y quebradas que hay que sortear para alcanzar la meta propuesta.

Las revistas del corazón nos ponen cada semana (las escritas) o cada día (en la televisión y en la radio) al corriente de lo último. La vida privada puesta sobre el tapete y analizada milimétricamente. Sus usuarios reclaman más noticias, aclaraciones, matices, antecedentes y consecuentes de la ruptura que en ese momento está en el candelero, mensajes, avisos, advertencias y por supuesto, fotos. Es como una avidez tonta y epidérmica que no es fácil parar y que produce una dependencia como en las drogas. Es irracional si se mira con una lógica estricta, pero parece que es como un bebedizo, un licor engañoso que calienta la boca y le deja a uno anestesiado al traer estas aventurillas a la mente, transitando por ella como un viento de verano que mueve las hojas de nuestro calendario personal.

[7] Parecen querer decir esas personas: no quiero leer nada serio, estoy cansada, quiero la dosis de papilla (como si se tratara de un niño pequeño) que toma todo el mundo.

¿Por qué esta fiebre de conocer los mundos sentimentales partidos de cuajo y troceados en forma de tragedia de usar y tirar? El fenómeno es complejo y ofrece muchas vertientes. Voy a ir penetrando en su frondosidad, buscando los motivos que justifican esta onda expansiva, que constituye un entretenimiento social que ha ido coleccionándose en forma de epidemia. Socialización de los rupturas conyugales y pasión por conocerlas y distraerse con ellas. Así de simple y de terrible. Las desgracias de otros sirven de comidilla a unos que no tienen otras cosas en las que pensar o que teniéndolas, éstas producen un tono liviano, ingrávido, voluble, trivial, intrascendente, que invita a entronizar la superficialidad.

El ser humano tiene dos segmentos personales: uno público y otro, privado. El primero puede verse desde fuera y ofrece todo tipo de interpretaciones. Pero los hechos están patentes. El segundo, es interior y remite a un estudio subterráneo, que requiere sacar a la superficie lo que ocurre dentro. Las vertientes pública y privada tienen una estrecha relación[8]. Aquí la faceta pública es sometida a inspección y los llamados asesores de imagen venden y compran sus contenidos.

En algunas de las entrevistas que allí aparecen, esos personajes abren las puertas de su casa. Uno puede ver cómo es ésta, la decoración, cómo vive y qué cuenta de su vida privada, afectiva. Hay en todo eso un mecanismo de proyección por parte de los que las leen. Unos entran en esa casa de ese único modo, ya que por otro conducto sería inviable. Otros ven la decoración, el gusto concreto de esas personas y cómo aparecen vestidas. Hay toda una puesta en escena. Todo ese lujo

[8] Aquí se puede decir lo mismo de la estrecha relación que debe haber entre *forma* y *contenido*, en la vida humana y en el conocimiento de algo. Cuando ambos van disparejos, es que algo va mal y no concuerda.

que suele verse, se compensa muy bien con la vida rota. Es un doble juego: apariencia e intimidad, lujo y ruptura, dinero y dificultad para tener una familia estable. Ida y vuelta. Esto y casi lo contrario. Mezclado según el arte de cada revista.

Son personajes de actualidad. Que durante un cierto tiempo suenan y su vida desplaza a otras que han ido perdiendo vigencia, porque con el paso del tiempo hay que renovar el cartel de las nuevas rupturas y uniones, para que a los consumidores no les falte esa distracción. La vida humana sigue siendo la gran cuestión. Y los modos de vivir y las razones para hacerlo de un modo y no de otro. Así sabemos qué hacen ellos con su vida y la comparamos con la nuestra. Nos vemos en el espejo de los demás. Análisis comparativo. Función de cotejar travesías e historias personales.

Como los que en ellas aparecen son de niveles socioeconómicos altos, uno se mezcla con ellos, se codea y llegan a ser cercanos, familiares, teniendo uno la sensación de que forman parte del entorno propio. La nota de disfrute o goce o distracción o pasatiempo no es baladí[9], no debe menos-

[9] Igual que en el circo romano los asistentes disfrutaban viendo cómo los cristianos eran devorados por las fieras, hoy, veinte siglos después, el tema es más suave y sofisticado y el circo social vibra y se enardece viendo y contando lo que les sucede a esos que son famosos y están en el candelero.

Esto esconde, como he indicado en este capítulo, la fuerte carga neurótica que tiene todo esto, cuyo efecto es demoledor, penoso, muy triste, pero contagioso y alimento de muchos.

Sus consumidores —sobre todo si son hombres— niegan en público que las leen, porque eso descalifica, andar metido en esas historietas da una imagen muy pobre y superficial. Las mujeres lo reconocen casi de inmediato, aunque restan importancia a su lectura y lo justifican una y otra vez con mensajes difusos y de poca consistencia: *es por pasar el rato, no significan nada para mi, lo hago en la peluquería pero casi sin prestar atención, para mí no tienen casi interés, etc.*

preciarse. Se comprueba que «los ricos también lloran» y que tienen las mismas dificultades, fracasos, tristezas y reveses que cualquier ser humano.

Psicología y psicopatología de las revistas del corazón

Llegados a este momento de nuestro recorrido y análisis, estamos ya en condiciones de ir dando unas pinceladas para destacar los principales aspectos de todo esto. Y quiero hacerlo subrayando una serie de puntos:

1. No es lo mismo las revistas del corazón propiamente dichas, que las que utilizan la televisión y, en menor medida de importancia, la radio. Las primeras tienen más vigencia y se alargan en el tiempo: durante una o dos semanas son leídas en peluquerías, salas de espera y lugares más o menos sabidos en donde son un medio socorrido para pasar el tiempo. Se pueden coleccionar y ser leídas sin la actualidad del momento. Por ello su tiempo de exposición es mucho mayor y uno puede detenerse en las fotos o en el pequeño texto con más parsimonia. En cambio, en la televisión el primer impacto es mayor, aunque también más pasajero. Ya en la radio, el tema baja unos enteros en cantidad y calidad, aunque se saborean las noticias de otro modo.
   El creciente ascenso de la vulgaridad en la televisión ha producido un vértigo flaubertiano de una ordinariez chillona, complaciente, hortera y aldeana. Sus consecuencias no se han hecho esperar: mucha gente imitando modelos rotos y sin mensaje. Se ha rehabilitado lo chabacano, admitiendo la turbia seducción agreste y zafia. Se trata, además, de encontrar nuevas fuentes de sorpre-

sa, en las que el telespectador queda presa de un asombro, de un atrevimiento soez que va alcanzando cotas de ordinariez chapucera que no tienen fin. Atrae y produce rechazo. Esa es la paradoja. Casi todos lo critican y es mayoría la que lo ve y lo comenta.

Una sociedad que exalta unos modelos, que a su vez derriba. Endiosa y desprecia. Vuelve la paradoja de unos tiempos en donde los modos de vida fragmentados tienen tirón y sirven de esquema y a la vez, compensan las frustraciones de muchos.

2. Hay en esa actividad evasión y deseos de pasar el rato[10]. Para los que no tienen mucho que hacer o carecen de inquietudes culturales, las revistas sirven para tener temas de conversación y «estar al día de lo que está pasando». Uno puede huir de su vida adentrándose en otra, siempre que esta no sea redonda, exitosa, bien configurada y con un fondo ejemplar. Huida de uno mismo, aunque sea momentánea. Se fuga uno de sus problemas y frustraciones: se escapa y zambulle en otra realidad y se ausenta con estas curiosidades frívolas de su hoy y ahora.
3. Este modo de escapar traduce un cierto vacío de intereses sólidos. Zafarse de los avatares cotidianos y eludir la cultura porque tiene una entrada espesa, áspera, costosa, para la que no se está entrenado. La posibilidad de cultivar alguna afición más creativa no suele ser fácil en estos sujetos, en su gran mayoría mujeres, y, aunque sea de refilón, lo que allí se dice y comenta se cuela en su interior y va creando un estilo, aunque

[10] Las revistas del corazón son el nuevo opio del pueblo. En la televisión tienen un fondo cruel, que recuerda de alguna manera al circo romano donde los cristianos morían devorados por los leones.

se niegue su influencia y se le quite importancia a su consumo.

4. La televisión se ha vuelto un medio bastante desprestigiado y, aunque siga mirándose, le interesa lo que gane audiencia: los dramas de las guerras expuestos con un realismo enorme y, en el otro extremo, el divertimento de las relaciones sentimentales rotas y rehechas y vueltas a rehacer. Esa es otra observación del neuroticismo de los medios o de la pleitesía de ganar audiencia a costa de lo que sea. Del drama a la frívolo. Se necesitan cosas fuertes y es bueno empezar un telediario con escenas de guerra a lo vivo y terminar con alguna historieta del corazón para desengrasar.
5. El deseo morboso más o menos difuso de ver y oír la parcela más triste y negativa de la vida, es lo que se esconde detrás de este comportamiento. Es una especie de regusto no confesable al contemplar las desgracias ajenas. Eso va a ser fuente de comentario de cómo está la sociedad o de lo que está pasando en la actualidad, sin darnos cuenta de que se trata de un grupúsculo pequeño, que sirve de vehículo de comunicación y a veces de enriquecimiento económico personal[11]. Poliedro de hechos e intenciones.

   Las conversaciones sobre todo esto dan lugar a versiones y relatos, que se alinean y arremolinan en torno a estas vidas. La información genera más noticias y se produce un círculo vicioso cada vez más cutre, chato y

[11] Algunos venden la boda y el escándalo por sorpresa y la posible separación y sus derivaciones. Hay un mercado detrás que alimenta todo. Las ramificaciones del tema son amplias y conviene estar advertido de su influencia y tentáculos.

pobretón. Se borran las distancias y las jerarquías en este patio de vecindad común en donde todo se sabe y se comenta. Se ve la vida ajena y se pone enfrente de la propia, por eso es importante que los personajes estén rotos.

6. Asistimos así a lo que yo denominaría un romanticismo light, aunque con ribetes muy distintos de lo que sucedió durante el siglo XIX. Interesa todo lo sentimental, pero desgraciado, convertido en tragedia, que no ha podido funcionar bien. Se abre la compuerta de los afectos pero de un modo errático: parejas de hecho cambiantes, relaciones epidérmicas prontas a truncarse, relaciones sucesivas como estrellas fugaces, conocimientos sexuales antes que personales, manifestaciones sentimentales que dejan poca huella porque nacen heridas o con poca base. Lo he dicho en otros momentos, se ha ido instalando en nuestro medio una socialización de la inmadurez, que está de moda, llegando a resultar sospechoso que una pareja se mantenga unida por muchos años, ya que lo normal va siendo una cierta sucesión de rupturas, en donde los hijos van asumiendo ese trasiego generalizado de idas y venidas. Son relaciones amorosas frágiles, en personas que lo tienen casi todo para ser felices y sin embargo no lo son. Su fuerza es su tragedia.

   Son muchos los matices que asoman en todo este proceso. Pero el amor se ha convertido en la ilusión máxima. Funcione o no funcione. Es como una aspiración que ilumina el panorama personal y que en la inmadurez afectiva reinante, es el sueño casi imposible de conseguir. Una sociedad que busca el bienestar, la comodidad y el nivel de vida como exponentes primordiales y a la vez, flota en el ambiente esa especie de idolatría afectiva rota. El amor desgraciado interesa y subyuga.

XI. Los deseos sexuales desorientados

PORNOGRAFÍA

En una sociedad del deseo sin amor, la pornografía se ha convertido en un sucedáneo de ese mismo amor para muchas personas. Vivimos en un entorno erotizado en el que la oferta de material de consumo sexual es uno de los negocios más lucrativos. Hay de todo, dirigido principalmente al hombre, aunque también se busca abrir un segmento de mercado dirigido a la mujer, hasta el momento menos receptiva a este tipo de cosas.

Los «clubes» y prostíbulos se multiplican, al igual que la prostitución callejera; hay cada vez más locales destinados a la venta de artículos eróticos, así como bares que completan su oferta de bebidas con espectáculos subidos de tono; los quioscos y ciertas tiendas despliegan una panoplia abrumadora de revistas y películas que tratan todo tipo de facetas de la sexualidad humana, desde las más normales hasta las aberrantes; proliferan los números de teléfono con contenido erótico[1] y las nuevas tecnologías no se quedan atrás, pues

[1] El fenómeno de los teléfonos eróticos internacionales ha crecido recientemente, como una nueva forma de degradación: conversaciones calientes (*pornofonía*), excitantes, cargadas de imaginaciones sexuales, en

Internet es hoy, en gran medida, un inmenso mercado de la pornografía.

Es el buque insignia de una sociedad hedonista que, no sólo en el aspecto sexual, ofrece a los consumidores todo tipo de propuestas para olvidar los problemas durante un rato. Es bueno divertirse. El fallo está en que esta inmensa batería de diversiones se centra en la satisfacción inmediata de las pasiones, de los impulsos elementales, exacerbando a menudo los fantasmas y perversiones de la mente, y olvidando todo contenido más allá de la diversión en estado puro.

Diversión es distracción, es decir, quedar fuera de la realidad, engañarse a uno mismo. En esto la pornografía es maestra, pues ofrece una imagen de la sexualidad totalmente fantástica e irreal, a menudo delirante y hasta absurda. Sin embargo, es fácil de consumir: no exige reflexión ni pensamiento. También produce una fácil adicción, y cada vez más personas acaban enganchadas a ella, atrapadas por una obsesión sexual[2] muy perniciosa, que deja sus vidas sin contenido y las entrega a un tipo de hedonismo particularmente agotador. Con incapacidad para descubrir la sexualidad conectada a un amor comprometido, duradero y maduro.

Todo esto es fruto no sólo de la permisividad característica

donde el resultado final es la masturbación. Autosexualidad que se origina en la audición de mensajes susurrados al oído del interlocutor, con una suavidad instrumentalizada, en donde los sujetos quedan atrapados en esa tupida red de imaginaciones obsesivas muy poco humanas.

[2] Me recuerda mucho la pornografía a los anuncios de coches en televisión: el vehículo está recién estrenado, el día es maravilloso y no hay tráfico, por arte de magia los colapsos circulatorios han desaparecido. Se ofrece una sexualidad sin problemas, sin encuentro personal, con estímulos fáciles y las fantasías planeando por la cabeza sin ningún tipo de cortapisas.

de la sociedad de consumo, sino también de la evolución equivocada del concepto de amor (y sexo) que definimos en un epígrafe anterior. Es la sociedad del «todo vale», ese confuso concepto de libertad que se basa en actuar de modo irracional, sin pararse a pensar en las consecuencias y sin tener en cuenta ni a uno mismo ni a los demás, pensando sólo en la satisfacción rápida de los deseos. Ya hemos comentado en otro lugar que nada hay más lejano a la libertad que esto, pues la persona que vive atrapada en este laberinto no es libre en absoluto.

El hombre prisionero en las redes de la pornografía (recordemos: una faceta característica del hedonismo moderno, aunque no la única) es infeliz y sufre. Vive como un adicto, sabedor de su problema, pero no sabe cómo superarlo y si es bueno que lo consiga, y cuando por fin descubre la realidad, sus intentos de liberación chocan con un «síndrome de abstinencia» que adopta la forma de todo tipo de trastornos, principalmente de carácter neurótico.

La oferta pornográfica es enorme, pero hay un tipo de producto especialmente destacable y que revela como ningún otro la verdadera esencia de la pornografía en nuestra cultura actual. Se trata del teléfono erótico. Hablaremos extensamente de él en un próximo apartado, pero queremos adelantar algunos puntos. Es un logro de los expertos de la mercadotecnia sexual. El teléfono erótico es anónimo, prefabricado, inmediato y a la carta. Se marca un número y una voz sugerente cuenta una historia erótica que, a través del oído, estimula la imaginación del oyente. La satisfacción sexual es relativamente rápida y, sobre todo, descomprometida. Al acabar, la persona se siente mal y vacía, incluso culpable, pero pronto se recuperará y, presa de la adicción, volverá a marcar un número de teléfono.

Se entra a través del teléfono erótico, como a través de cualquier otra forma de pornografía, en un ciclo neurótico de impulso–satisfacción rápida del deseo–malestar–nuevo impulso, que lleva a un muy notable estado de infelicidad, aburrimiento y vacío interior.

El verdadero amor, incluso la verdadera sexualidad, es algo muy diferente de todo esto. *El amor abarca todos los sentidos, precisa del contacto no sólo físico, sino mental y espiritual, y requiere esfuerzo, inteligencia, voluntad y deseo: el deseo de conocer la interioridad del otro.*

Una cultura centrada en el cuerpo

Lo hemos apuntado ya y podemos verlo cada día: en la sociedad moderna el cuerpo (y todo lo relacionado con él) ha cobrado una importancia enorme, desproporcionada. Esto ha producido desde trastornos como la anorexia nerviosa hasta la obsesión por la cirugía plástica. Se ha producido una socialización positiva de la imagen física y se trata de conseguir la mejoría de ésta por el medio que sea, incluidas las intervenciones quirúrgicas. Las dietas para adelgazar son otro fenómeno moderno, pletórico de engaños y fraudes, origen de diversas enfermedades, y paradójico en un mundo en el que buena parte de la población se muere de hambre.

Vivimos en la era de la imagen. El cuerpo es exaltado al máximo. Se considera algo positivo, fruto de la denominada *revolución sexual*[3] iniciada en los años sesenta, y que consis-

[3] Los saldos de la revolución sexual están ya aquí, podemos verlos con todas sus dimensiones. Las predicciones se han cumplido y los resultados nos ponen de relieve un sexo frío, una instrumentalización de las relaciones interpersonales, un mayor consumo de sexo neurótico, promiscuidad,

tió en romper todas las ataduras sexuales existentes, unas provenientes de la sociedad y otras de la moral clásica. Se llegó así a una sexualidad desaforada y salvaje, basada sólo en la diversión, sin trabas ni ataduras ni compromiso. No había normas ni puntos de referencia. El fondo hedonista tuvo una enorme influencia, pues sólo se buscaba el placer sexual, sin amor auténtico. Había que disfrutar del cuerpo propio con otro ajeno, buscar experiencias apasionantes, nuevas, sin barreras.

Así, *durante la segunda mitad del siglo XX la sexualidad se convirtió en una especie de religión. Pero, paradójicamente, era a la vez una cosa banal.* El sexo, de usar y tirar, se había convertido también en el primer objetivo de la vida, junto al dinero, y uno y otro envueltos por la aureola del bienestar.

Posteriormente se empezó a establecer una diferencia entre erotismo y pornografía[4]. La primera es más indirecta, la

la orientación sexual se convierte en un carrusel giratorio de permisividad ilimitada. *La revolución sexual prometía sexo sin traumas ni cortapisas, un gozo ilimitado y a la carta que nos ponía en las puertas de la felicidad.* En aquel tiempo implicaba riesgo y ruptura frente a los convencionalismos del momento, trayendo un aire fresco de novedades jugosas. Pero lo que entonces fue transgresión es hoy una enorme industria que enriquece el bolsillo de unos cuantos. Hoy lo audaz es vivir y defender una sexualidad humana.

[4] *Erotismo* significa pasión exacerbada por lo sexual, pero con unas notas psicológicas, en donde se insinúan matices no sólo físicos, sino de otras parcelas del ser humano. Se muestra una sexualidad morbosa que incita a desear y lleva a almacenar imágenes sexuales que empujan solapadamente a pensar en lo sexual y comportan una excitación evidente. Hay un fondo levemente poético que envuelve el producto. *Pornografía* es mostrar el sexo de forma obscena, clara, rotunda, con el objetivo de provocar una práctica sexual con uno mismo (onanismo) o con otro cuerpo (sexo anónimo). Aquí desaparece ese mínimo toque poético y el ser humano queda rebajado a objeto de placer. Sexo cuerpo a cuerpo. Reduce a la persona a la genitalidad, a ser un sujeto anónimo portador de instintos animales, que ofrece su cuerpo como producto. Va contra lo más elemental de la dignidad humana.

segunda ofrece su reclamo sexual de modo directo, claro y fuerte. *En el erotismo el sexo se camufla y se disfraza bajo una apariencia artística, folclórica o cultural: hay un cierto tono humano desdibujado.*

La pornografía ofrece sexo explícito, sin el menor contenido más allá de lo genital. La comercialización de los diferentes productos pornográficos (películas, revistas, teléfonos eróticos, etc.) lleva implícitos en su interior ingredientes de violencia, de ataque a la intimidad de otras personas que van a ser vistas sólo como objetos de placer.

La pornografía es perniciosa, pues deshumaniza y transmite una enseñanza negativa. Los niños y los adolescentes son particularmente vulnerables a ella. No olvidemos que *la pornografía pervierte las relaciones humanas,* destruye la parte afectiva y la entrega que debe haber en el acto sexual como parte de la relación de pareja. El efecto nocivo de la pornografía ha sido muy estudiado por los psiquiatras, tanto a nivel individual como social. Es como una droga, produce obsesión. De hecho es una adicción que impide al afectado vivir más allá de las exigencias impulsivas del cuerpo. En un momento dado ya no se distingue la fantasía de la realidad. Además se produce un cierto fenómeno de tolerancia, por lo que se necesita una «dosis» cada vez mayor. Esas personas no tienen problemas: la oferta pornográfica es abrumadora y no hay perversión, por aberrante que sea, que no esté sobradamente documentada y comercializada. Es una nueva libertad a la inversa. La esclavitud parece libertad. Las paradojas se suceden y es menester aplicar la pupila crítica para diseccionar los planos, pues uno puede perderse fácilmente, porque el sexo a todos nos empuja y nos atrae.

La pornografía hace que se pierda el respeto por la inti-

midad del otro, que se convierte en un artículo de consumo, de uso fácil y descomprometido. Es un producto que entierra el sentido moral de los actos humanos y reduce la sensibilidad en el trato personal. Los sentimientos y la dignidad pasan a un segundo plano, o incluso desaparecen por completo.

La pornografía es un grave obstáculo para el desarrollo personal. En el niño y el adolescente, altera la personalidad; en el adulto, interfiere en su relación de pareja y puede llegar a destruir su proyecto familiar. Se produce un deseo descontrolado de sexo, pero no como expresión de un amor maduro y compartido, sino como una pasión enfermiza y cada vez más incontrolable. Es un fenómeno privado, que afecta sobre todo a los hombres, pero actúa a nivel social y termina contaminando todo el entorno personal del protagonista.

Resulta curioso que en una sociedad de hedonismo tan feroz, que fomenta el culto al cuerpo y donde la pornografía se ofrece en todas partes (librerías, quioscos, Internet, televisión), la adicción a esta nueva droga sea, sin embargo, algo mal visto socialmente. Siempre que se convierte en adicción, es absolutamente privada, pues el que la tiene, queda mal parado en su imagen si la comenta. Puede ser un resquicio de antiguas censuras o un ejemplo más de la moralina superficial que ha sustituido a los verdaderos valores: no importa que uno consuma pornografía, mientras lo haga en la intimidad. En efecto, nadie o casi nadie presume de ser adicto a la pornografía, y esta especie de represión social hace que, por si fuera poco, el problema se agrave con sentimientos de culpa. El afectado no comparte sus sentimientos, por lo que la «cura» es más difícil, ya que ni siquiera se reconoce el trastorno.

La marea negra de la pornografía

En la sociedad de consumo cualquier objeto puede comprarse y venderse. Sólo hay que estar dispuesto a pagar el precio. En cualquier periódico podemos ver una amplia zona dedicada a anuncios de contactos sexuales. Bajo nombres como masajes, relax, saunas o teléfonos eróticos (pornofonía), lo que se ofrece es lisa y llanamente prostitución. En las calles de la ciudad, en los clubes de alterne y en ciertos locales, las mujeres (la prostitución es abrumadoramente femenina, aunque hay un porcentaje de hombres) son ofrecidas como una mercancía. Hay un escaparate —una multitud de ellos— en el que se ofrece sexo sin compromiso a cambio de un precio. Todas las desviaciones sexuales se ponen a la venta en un espectáculo de explotación y degradación. La mujer–objeto se convierte en producto mercantil para que un hombre deshumanizado se divierta sin obstáculos[5].

Los problemas derivados del auge de la prostitución son enormes, y van en auge. No se trata sólo de problemas personales, sino de verdaderas catástrofes sociales. Mujeres forzadas a prostituirse, esclavitud sexual y, lo peor de todo, la prostitución infantil, que se centra sobre todo en países como Tailandia. En un rizar el rizo del mercantilismo sexual, se ha creado el término «turismo sexual»: se ofrece un viaje a un destino exótico en el que el entretenimiento sexual, del tipo que sea, está asegurado, va incluido en el paquete que adquiere el cliente.

[5] Estas formas degeneradas de la relación humana tienen tres notas descriptivas de entrada, que se observan bastante en los jóvenes sin criterio: individualismo, emotivismo y moda; egolatría, sentimientos superficiales y lo que se lleva socialmente.

Es terrible el drama de los miles y miles, probablemente millones de personas que en todo el mundo se ven obligadas a prostituirse, bien forzadas por mafias, bien empujadas por la miseria. Pero no es menos dura la situación de los consumidores de prostitución, seres carentes de humanidad que han descendido al escalón más bajo de su trayectoria, perdidos en la búsqueda de excitaciones físicas discontinuas, que calman la sed de sexo hasta el siguiente consumo.

La sexualidad es el medio natural para expresar un amor comprometido. Debe servir a un propósito: el encuentro con la persona amada. En la pornografía el sexo se mercantiliza y, por tanto, se degrada. *La pornografía es hoy una poderosa industria, que tiene en la venta de sexo su principal activo.*

La adición al sexo es considerada hoy día como un grave problema psicológico de tipo obsesivo. La pornografía fomenta un tipo de conductas patológicas y es fuente de muchos trastornos que no esconden sino un serio desajuste de la personalidad. Puede ser raíz y/o consecuencia de un trastorno de la personalidad.

Es necesario estar alerta, pues la pornografía es hoy absolutamente accesible. No hace falta ir a locales especializados: la televisión e Internet nos ofrecen una catarata de escenas pornográficas que, en la misma intimidad del hogar, están al alcance incluso de los niños pequeños. El sexo excita la curiosidad infantil, produce sorpresa y tiene un componente de misterio que siempre resulta atractivo. Es responsabilidad de los padres estar alerta y prevenir males mayores, pues educar es una de las funciones más importantes que desempeñan los progenitores. *Educar es seducir con lo valioso*, no lo olvidemos, y *el eje básico de la educación se encuentra en el entorno familiar.*

Esto incluye la educación sexual[6]: los padres deben orientar a sus hijos, desde la infancia, para que sepan asumir la sexualidad como algo natural, hermoso y sin aberraciones. Es una parte más del amor, el choque íntimo entre dos personas que se quieren. No es el culmen de la vida ni el objetivo único: sólo una faceta más que debe asimilarse con inteligencia y naturalidad.

El teléfono erótico

Aunque la oferta pornográfica es muy variada y se apoya en todos los medios posibles, voy a hacer hincapié en uno que se viene imponiendo con fuerza creciente en los últimos años y que resulta especialmente dañino, por sus particulares características.

Simplemente haciendo una llamada telefónica se accede a una cinta grabada (a veces a una locutora real) que cuenta una historia tórrida, cargada de sexualidad vacía. Es una forma de pornografía auditiva que desvela en toda su crudeza la esencia del mundo consumista moderno. Es un fenómeno poliédrico, con muchos ángulos psicológicos.

Tenemos, ante todo, el anonimato de ambas partes, lo cual anula todo compromiso o valor moral. La relación que se produce está vacía de sentido, incluso si el interlocutor es humano, y no un sonido previamente grabado. El profesional interpreta un papel teatral a cambio de dinero. No hay

[6] Debe ser integral, lo que quiere decir que *integra* a la vez todos sus componentes, sin omitir ninguno: lo físico, lo psicológico, lo cultural, lo espiritual y el compromiso con el otro. Si la relación es auténtica, esas cinco notas ascienden y se muestran en la sinfonía sexual, con todas sus consecuencias.

verdadero diálogo. Por supuesto, la situación llega al culmen de la deshumanización cuando la llamada se hace a un operador automatizado: ni siquiera se busca el mínimo calor que pueda haber en una voz real, por más que esté interpretando; sólo se desea escuchar un relato erótico y acabar cuanto antes. Se evita el contacto y la aproximación, el mirarse a la cara, descubrir la naturaleza del otro. Nada de eso tiene importancia.

El teléfono erótico es un elemento más en la estrategia que va creando una potente *idolatría del sexo*. Es el sexo como valor supremo —ya lo hemos indicado—, tal y como viene proponiéndose desde la década de 1960. Se busca en la actividad exclusivamente biológica una vía de escape a la rutina diaria, al aburrimiento, a las frustraciones... Por supuesto, se fracasa en el empeño. En primer lugar, porque el producto que se ofrece no es satisfactorio (si lo fuera, se acabaría rápidamente el negocio); y en segundo lugar, y por encima de todo, porque el espíritu se resiente de este comercio absurdo y deshumanizador. La persona enganchada a esta adicción, en su búsqueda de una vía de escape, sólo encuentra nuevos y mayores sufrimientos.

La verdadera felicidad radica en tener aspiraciones superiores y un proyecto de vida. La pornografía, sobre todo el teléfono erótico, no ofrece nada de esto. Todo lo contrario, lleva al hombre por la vía más alejada de la verdadera realización. La persona madura vuela alto; el adicto a la pornografía, que sólo busca pasar el rato, distraerse, olvidarse de sí mismo, apenas se arrastra por el suelo.

El problema se agrava si, además, comienzan a producirse comportamientos patológicos, lo que es muy frecuente. Obsesiones y neurosis son frecuentes en los adictos a la pornografía. En los casos más graves se llega a situaciones extremas, como el maltrato familiar o la violación. Se pasa así al estadio máximo de la degradación, con consecuencias penales incluidas. En el fondo de todo, el fracaso de una vida, un ser que se convierte en un *animal erótico,* que sólo piensa en la sexualidad y no conoce nada más.

Es difícil salir de este torbellino una vez que se ha entrado en él, pero se puede. Requiere voluntad y esfuerzo. Veamos al menos un lado positivo: *el que sabe reconocer sus errores puede corregirlos y escapar de ellos.* Si una sola persona consigue liberarse del descontrol de los propios deseos, habrá dado un paso importante hacia delante, y dispondrá de la capacidad para rehacer su proyecto de vida. *Nunca es demasiado tarde.*

LA MASTURBACIÓN

El origen de la palabra procede del latín *mas:* órgano sexual masculino, y *turbatio:* excitación, y según otros de *manu* y *strupatio:* seducción por la mano. Excitación manual del sexo. Inicialmente se la llamó en la Biblia onanismo, en referencia a Onán[7] (Génesis, 38,1). La masturbación es un fenómeno asociado a la pornografía, aunque puede ir separado de ella. Su uso aparece por primera vez, con este nombre, en el año 40 a. C., utilizado por Marcial, poeta hispano-romano nacido en Aragón. En cualquier caso ese esperma no es utilizado

[7] Segundo hijo de Judá, el cual en virtud de la ley de los levitas, fue obligado por su padre a casarse con la viuda de su hermano, Tamar, y así tendría su hermano descendencia; él prefirió tener con ella relaciones sexuales incompletas y derramar el semen por el suelo.

para la fecundación, por eso con frecuencia se emplean casi simultáneamente los términos masturbación y coito interrumpido. Más recientemente la ganado puntos la expresión autoerotismo. La fantasía proporciona imágenes. La vista se sirve de la pornografía. La realidad contempla escenas de desnudos que actúan, unas y otras, como desencadenantes. Sexualidad fantaseada. Se prescinde del otro y se evita la relación humana, con sus limitaciones y conflictos. Es la búsqueda del orgasmo por el orgasmo, por el mero placer, al margen del amor sexuado y compartido. Se busca una satisfacción rápida, inmediata, sin contenido afectivo alguno. La imaginación toma el mando, recurriendo a contenidos presentes que son visualizados, o pasados, que están archivados y la mente los actualiza, sirviendo de excitante.

La masturbación del hombre es muy diferente de la de la mujer, aunque, igual que en ella y sin adentrarnos de momento en otras posibilidades, supone una forma de placer sexual solitario, que se consigue sin el concurso de otra persona. En el hombre la excitación necesaria se alcanza por medio de diferentes estímulos: a través del tacto, la vista o la imaginación. *El deseo masculino de masturbación es más apremiante que en la mujer,* más impulsivo y rápido, y en esto se diferenciará de ella toda la vida, ya que la sexualidad masculina presenta rasgos de mayor inmediatez en todas sus etapas. Por este motivo, la pornografía hace presa más fácil en el hombre que en la mujer: está hecha a la medida de sus inclinaciones instintivas.

La masturbación aparece en las fases tempranas de la sexualidad masculina, como una forma de autoerotismo con carácter de fase, que se da en casi todos los hombres. Hemos dicho que la masturbación es la sexualidad en la que sólo participa uno mismo, aunque es una definición incompleta, ya que en realidad es posible masturbar a otra persona o ser masturbado por ella. De hecho, en muchas ocasiones el hombre descubre la masturbación en un ambiente de juegos con sus amigos de la infancia o de la pubertad. Otras veces es un hallazgo solitario, resultado de la autoexploración típica de la pubertad. En cualquier caso, muchos hombres se sienten avergonzados o culpables, particularmente cuando empiezan a descubrir su sexualidad, a menudo porque esta práctica les genera dudas sobre su condición sexual. Sin embargo, *la masturbación en las fases finales de la infancia, junto a los amigos, no es indicativo de homosexualidad,* sino una conducta de imitación e integración en el grupo, que se supera al cabo de un tiempo. Tiene escaso valor psicológico y son los padres los primeros que deben ayudar a sus hijos en esa etapa, desdramatizando y, a la vez, explicándoles que en esos momentos la sexualidad está muy viva y es fácil que se dispare.

Aunque la sexualidad acompaña al ser humano desde su nacimiento, es en el momento de la pubertad —hacia los doce años, en los momentos previos a la adolescencia— cuando se pone en marcha el proceso de maduración. Es una época de descubrimientos en la que, si todo se desarrolla con normalidad, el hombre llega a su plenitud física y reproductiva. Superada esa fase de «juegos» y exploración del propio cuerpo en la pubertad, comenzará a sentirse atraído por personas de sexo contrario. En este periodo la masturbación ocasional es algo normal, y la preocupación sólo debe *surgir* si se dan conductas patológicas o anormales. Al principio de la niñez y luego en la pubertad, la sexualidad es polivalente y está desparramada por toda la geografía corporal. Ya en la adolescencia se concentra en los órganos genitales, adquiriendo éstos la representación de su yo. Ahí comienza la fase onanista. La fuerza de la libido pide paso y con el descubrimiento de uno mismo y la afirmación de la propia forma de ser, se entra a su vez en una fase de un narcisismo natural; en esos momentos es cuando empieza a fraguarse su orientación sexual, en una línea divisoria sinuosa que puede dirigirse hacia lo que es natural, la heterosexualidad, o escoger el camino contrario, el de la homosexualidad[8]. En el ecuador de la adolescencia la tarea educativa es primordial: la ausencia del padre tiene aquí efectos muy nocivos, pues el adolescente no encuentra la figura de un adulto sano que le enseñe cuestiones básicas sobre su cuerpo, y en consecuencia se ve perdido, solo, aproximándose a su cuerpo y a su psicología, que bullen y saltan y se expanden, sin un maestro o un profesor o un compañero positivo.

El adolescente acaricia sus genitales y descubre sus cambios y asiste a ellos. Para Freud el placer sexual era lo máximo, pero dijo que la masturbación crónica solía conducir a las llamadas neurosis actuales. Pero hay muchos placeres en la vida, que se van descubriendo con el paso del tiempo. El niño disfruta moviéndose, viendo hasta dónde es capaz de llegar con su cuerpo, y ese lujo de movimientos es un conjunto de experiencias que el niño explora, saborea y con el

[8] *La plasticidad sexual es tal, que si no se la conduce puede inclinarse hacia la homosexualidad o incluso a la bisexualidad.* Esto quiere decir que la vida sexual no es algo terminado, definitivo, sino que muestra una permeabilidad que es necesario dominar. Lo mismo que la vida humana: no está ni determinada ni completamente hecha; por eso es naturaleza e historia. La vida es abierta, incompleta, provisional, interminable, siempre por hacer... por eso tiene un fondo dramático. Esa es la grandeza de la libertad, que al hacer un mal uso de ella, uno se extravía. Debajo de esta idea que ahora subrayo se esconde una parte del misterio de la sexualidad.

paso de los meses y los años, selecciona y fija. El impulso a la actividad tiene una enorme fuerza[9]. La tendencia a chuparse el dedo pulgar está de algún modo en esta dirección, aunque las mucosas bucales tienen una sensibilidad especialmente rica y en el niño de meses o pocos años son decisivas[10]. En el adulto sucede lo contrario, va asomando el impulso a una cierta pasividad (que es una mezcla de paz y serenidad).

Uno de los problemas es que la masturbación se convierta en un hábito, que puede llegar a alcanzar niveles de adicción cuando el joven es incapaz de dominar su impulso autoerótico. En algunos casos se puede hablar de verdadera compulsión masturbatoria. Asimismo, *la masturbación masculina varía de contenido según la edad:* en los púberes puede considerarse algo normal; en la adolescencia también es frecuente, aunque debe ser controlada; a partir de los veinticinco años, ya en plena edad adulta, la masturbación es un síntoma de inmadurez que se agrava a medida que la persona crece. El adolescente se encuentra en proceso de formación, está descubriendo cosas y aprende poco a poco. Es el momento de recibir una educación sexual apropiada, que encauce sus impulsos y le convierta en una persona plena. Sin embargo, el adulto que sigue masturbándose demuestra escasa fuerza de voluntad y nulo control sobre sus deseos, y las consecuencias psicológicas pueden llegar a ser graves, ya que esa per-

[9] Cruchet describió la *petiomanía*, que es la tendencia que tiene el niño a acariciar y entretenerse con los salientes de su cuerpo. Es como si explorara sus dimensiones.

[10] El niño se lleva el mundo a la boca, para conocerlo directamente, tocándolo con la parte más sensible de su cuerpo. La boca es su primera herramienta de conocimiento. Después vendrán la manos, el balbuceo del hablar y, más tarde, el andar y poder desplazarse libremente (a gatas y después en la posición erguida).

sona no dirige su vida, sino que se encuentra bajo el dominio de sus pasiones, que en este terreno pueden llegar a ser difíciles de dominar. Serio problema cuando se ha convertido en un hábito, en algo crónico, rutinario, en práctica frecuente a veces como mecanismo de compensación ante frustraciones, dificultades o vivencias negativas. Es un recurso rápido, como un capricho, que deja una secuela agridulce.

No se trata de pensar, como antaño se creía, que la masturbación es fuente de todo tipo de males (acné, calvicie, escoliosis o epilepsia, por ejemplo), pero lo cierto es que se trata de un síntoma muy negativo de falta de plenitud, revelador de carencias internas que impiden a la persona realizarse por completo. Y no sólo es esto: hay toda una patología de tipo psicológico asociada a la masturbación adulta, sobre todo sentimientos de culpa e inferioridad.

En lo que se refiere a la educación del deseo, el control del impulso masturbatorio es fundamental. Masturbarse sin control supone una entrega a todos los aspectos negativos que ya hemos comentado en capítulos anteriores, y en particular al hedonismo egoísta. *No olvidemos que el amor es todo lo contrario: entrega al otro.*

Formas de masturbación

Existen varias formas de masturbación, dependiendo de la edad, la situación y el carácter de la persona. Veremos a continuación algunas de las más habituales.

La más corriente es la que comienza a manifestarse *durante la pubertad*. Forma parte del descubrimiento del propio cuerpo, pero hay que evitar que se convierta en un hábito negativo. La masturbación puede volverse *habitual* en hombres tímidos o que tienen dificultades para relacionarse con mujeres. Es una situación problemática, no por la masturbación en sí, sino porque esa dificultad para el trato con personas de sexo contrario puede ser síntoma de diversos trastornos.

Si el hábito persiste, puede convertirse en lo que se denomina *masturbación impulsiva,* que se produce en cualquier momento, sin control y con anulación de la voluntad. También produce fuertes sentimientos de culpa y vergüenza. Es algo diferente de la *masturbación compulsiva*[11], en la que media un proceso previo de duda. Se quiere evitar la masturbación, pero no se puede y los resultados psicológicos son aún peores.

La masturbación es a veces esporádica, y se da, por ejemplo, en personas agobiadas por los problemas. Se habla en tal caso de una *masturbación liberadora de tensiones.* En otros casos se trata de *compensar frustraciones y decepciones.* Cumple la masturbación, en estos casos, una función compensadora, aunque no por ello deja de ser un síntoma de inmadurez.

Por último, algunos hombres presentan una libido muy elevada. Ya hemos indicado que la masturbación no es necesariamente solitaria, y de hecho en algunos hombres hipersexuales se observa una conducta masturbatoria incluso cuando mantienen una relación de pareja. En general es una

[11] Suele ser una manifestación más del trastorno obsesivo-compulsivo, en el cual la repetición de actos se torna sin control. Esto va desde lavarse las manos muchas veces, a comprobar las llaves del gas o la puerta o si las luces están encendidas o apagadas o el onanismo repetido. El tratamiento debe seguir las pautas de lo obsesivo, con indicaciones farmacológicas concretas.

manifestación que no es positiva, que muestra a una persona excesivamente centrada en la sexualidad hedonista[12]. Las personas de este tipo suelen ser infieles y tener varias parejas, y su vida carece de valores éticos, culturales o psicológicos, por lo que su capacidad para amar de verdad es muy reducida.

Todos los tipos descritos son genéricos, pues cada una de estas actitudes puede aparecer combinada con otras en una misma persona. A veces, a lo largo de la vida, se manifiestan diferentes patrones de masturbación, dependiendo de las circunstancias.

¿Se puede superar la masturbación?

La historia de las actitudes ante la masturbación ha seguido tres etapas: una, que ha durado hasta mediados del siglo XVIII, que se centraba esencialmente en el tema moral y religioso, placer centrado en uno mismo, desprovisto de otras personas y de trascendencia. Una segunda, que se inicia tras la publicación del libro *Disertación de las enfermedades producidas por la masturbación*, del médico inglés Becker: «Deseca el cerebro, produce locura, parálisis, epilepsia, ceguera, chapetas en los pómulos, agotamiento, delgadez, esterilidad, frigidez e impotencia». Algunas de esas ideas variopintas han estado presentes durante muchas décadas. Más tarde, otro médico, el suizo Tissot, escribió otro libro en términos parecidos, que tuvo bastante resonancia.

[12] El consumo de sexo en sus distintas versiones tiene como furgón de cola la masturbación. Todo lo que es pornografía y sus añadidos, en el sujeto solitario, aterriza en el onanismo. Se puede decir que el que busca sexo, no necesita a otra persona.

La tercera etapa arranca de la publicación en 1905 del libro de Freud *Tres ensayos sobre la teoría de la sexualidad*, siendo la primera vez que se estudia este tema con cierto rigor psicológico, viendo en él una etapa para la maduración psicológica.

La sociedad moderna, caracterizada por el hedonismo y la permisividad, ni siquiera se plantearía una pregunta de esta índole. Sin embargo, es necesario hacerlo, ya que la masturbación, que es normal hasta cierto punto en las primeras fases de la adolescencia, representa en la edad adulta un claro signo de inmadurez y carencia de valores interiores. Claro que, antes de preguntar si se puede superar, habría que cuestionarse por qué es necesario superar la masturbación. La respuesta sólo puede ser una: *es necesario superar la masturbación porque este tipo de placer egoísta hace infeliz al que lo practica,* en tanto que anula su voluntad, le impide liberarse y, sobre todo, dificulta cualquier proyecto de relación con otra persona.

Sabido esto, ¿puede un hombre superar su impulso masturbatorio? La respuesta es afirmativa, pero se requiere, en primer lugar, hacer uso decidido de la principal herramienta para la educación del deseo: la inteligencia. La reflexión sirve para darse cuenta, en primer lugar, de que existe el problema. Una vez se es consciente de esto, se pueden poner los medios para solucionarlo. Para superar el impulso masturbatorio en las personas que padecen adicción en mayor o menor grado a esta práctica, hay dos líneas básicas de actuación, dependiendo de la edad del individuo.

Así, *en los jóvenes es fundamental la colaboración de su entorno,* sobre todo de sus padres, pero también de los educadores y, si es posible, de los amigos. Hay que conocer el origen del problema, sus posibles causas, y ofrecer alternativas. Resulta muy positivo animar al joven a practicar deporte o a colaborar con instituciones altruistas.

Por otra parte, es necesario saber hablar al joven con sinceridad, dándole a conocer los riesgos potenciales que corre y animándole a variar su conducta como forma de conseguir una vida más plena y satisfactoria. Plantearle el tema como un desafío a vencer puede darle ánimos para emprender el camino, sobre todo si le hacemos comprender que la superación de sus impulsos representará una victoria de su inteligencia, conseguida a través de su propia fuerza interior. Esto *le permitirá, en una edad en la que se encuentra en pleno desarrollo, definir y robustecer su personalidad.*

Por último, una educación sexual adecuada, con un contenido moral, es imprescindible. La educación sexual no debe ser sólo informativa, sino formativa, es decir, que además de datos proporcione enseñanzas útiles, como ya hemos visto. No hay que reprimir, sino enseñar al joven a autocontrolarse. Es importante mantenerlo alejado de ciertos estímulos negativos, como los materiales con contenido pornográfico, que estimulan su imaginación. Mason Cooley, en sus *Aforismos*, indicaba que «la fantasía es el espejo del deseo. La imaginación le da nueva forma». En el onanismo, el sujeto se desvincula de la realidad y omite el encuentro personal, básico para las relaciones íntimas.

En los adultos la situación es completamente distinta. Para empezar hay que analizar si la masturbación se produce de forma esporádica o, por el contrario, es muy frecuente. Es necesario hacer una indagación, que no es otra cosa que la historia clínica que hacemos los médicos, para saber cómo se ha ido instalando ese hecho en la conducta y cuáles son los factores que lo ponen en marcha y aquellos otros que pueden convertirlo en crónico. En el primer caso, el impulso masturbatorio puede tener una causa bien definida, como un problema temporal. Con algo de ayuda y esfuerzo puede superarse, ya que no se ha entrado en la fase de hábito, y en cualquier caso es muy probable que la conducta desaparezca una vez resuelto el problema que la causó.

En el caso de masturbación habitual, la cosa cambia. Puede ser una conducta heredada de la edad juvenil o bien aparecer de nuevo en la edad adulta por la razón que sea. Recordemos que, en ambos casos, *es síntoma de inmadurez y egoísmo,* y a menudo tiene difícil tratamiento, ya que las personas entregadas a este tipo de prácticas suelen vivir en la filosofía hedonista del «lo hago porque me apetece» y no sólo no quieren acabar con el problema, sino que ni siquiera reconocen tenerlo. En otras, el hábito es tan fuerte, que puede resultar difícil corregirlo, salvo que exista una motivación clara de querer esforzarse por superar esta práctica.

La masturbación masculina en el adulto es más grave si mantiene una relación de pareja, ya que interfiere con ésta y tiende a deteriorarla. En ese caso es importante el diálogo conyugal, que puede poner de relieve un distanciamiento entre ambos en general o un enfriamiento en lo sexual, en particular. Si la relación sexual hedonista resulta negativa para el verdadero amor, ¿cómo no habría de serlo una práctica sexual que deja de lado a la pareja?

En ambos casos, jóvenes o adultos, existe un factor más importante: la educación permanente en los verdaderos valores humanos. *Si una persona, independientemente de su edad, reconoce la importancia de la voluntad, la reflexión racional, el compromiso o la responsabilidad, estará en el buen camino para conseguir una vida plena.*

No olvidemos, en ningún caso, que la masturbación es un acto carente de auténtica humanidad y, por ello, degradante.

Genera infelicidad y sentimientos de humillación y culpa. La psicoterapia es una buena ayuda para superar problemas interiores, y no lo es menos en el caso de la masturbación habitual. Actúa directamente sobre las causas internas que dan lugar a una conducta y es capaz de encauzar la inteligencia del hombre hacia campos más productivos. El psiquiatra o el psicólogo son, en este caso, consejeros experimentados que pueden guiar al individuo hacia la consecución de una sexualidad plena, placentera y verdaderamente humana.

LA PERMANENTE INVITACIÓN AL SEXO EN LOS MEDIOS DE COMUNICACIÓN

Yo veo poco la televisión, por falta de tiempo, pero sobre todo por lo mala que es. Por supuesto, siempre hay excepciones que nos reconcilian con el medio. En cualquier país se reciben casi un centenar de canales, hay muchas imitaciones entre los productores de televisión y se ha popularizado lo de poca calidad, buscando ganar audiencia en la gente menos cultivada. El fenómeno es una onda expansiva atroz, que ha desprestigiado el medio, aunque siga viéndose. En este apartado voy a ocuparme brevemente del tratamiento que da la televisión al tema del sexo. No es necesario profundizar mucho para darnos cuenta de que la televisión es uno de los ejes fundamentales de *la idolatría sexual*. Desde las pantallas se nos incita una y otra vez al consumo animal de sexo, sea en debates, películas o hasta en los anuncios publicitarios.

Es el síntoma de la decadencia de una civilización que utiliza para difundir sus antivalores unos medios inusualmente potentes, como nunca antes se habían conocido. La televisión, el medio de comunicación más universal y popular, se centra en un puñado de temas, puros artículos de consumo que considero particularmente dañinos: la violencia, los concursos triviales, los *reality shows* y, por encima de todo, como envoltorio y contenido a la vez, el sexo. En su más puro sentido biológico. Es una pésima fuente de información, totalmente contraria a lo que debería ser la verdadera educación.

Hemos hablado de la televisión en un capítulo anterior, pero podemos hacer aquí un pequeño resumen de lo que este medio significa en relación a la sexualidad. ¿Por qué es negativa y degradante la sexualidad que vemos en la televisión? Porque *presenta el sexo como un artículo de consumo*. También hemos hablado de esto en el apartado sobre pornografía. Sólo se pretende aquí recalcar la importancia de una actitud atenta, para impedir que este medio omnipresente y poderoso cuele, en la misma intimidad del hogar, mensajes negativos y deshumanizados: se mezcla un tono divertido, simpático, juguetón, de insinuaciones y conquistas, cortando de raíz cualquier atisbo de amor y compromiso.

XII. Medios para educar el deseo

EL VALOR DE LA EDUCACIÓN

La vida es un proceso de formación constante. Lo que nos diferencia de los animales es nuestra capacidad de aprendizaje. La mayor parte de los seres vivientes se mueven guiados sólo por el instinto. Algunos animales pueden aprender, con mayor o menor fortuna, ciertas habilidades, pero *sólo el ser humano es capaz de aprender en el sentido estricto del término*.

La educación no sirve sólo para transmitir conocimientos, sino para enseñar valores, para desarrollar en su sentido más amplio la inteligencia y alcanzar la plena expresión de la personalidad. Hemos usado la palabra «formación» al comienzo del capítulo (y lo hemos anticipado en otras partes de este libro), entendido este término como uno de los dos elementos que forman el binomio educativo: información (datos, conocimientos teóricos) y formación (estímulo, aplicación práctica, desafío, transmisión de valores). En suma, educar es hacer de alguien una persona. Sin educación, el ser humano se encuentra perdido, carente de la libertad que da el pleno uso de nuestra más excepcional capacidad: el raciocinio.

La educación comprende diferentes aspectos. Es como el

esqueleto sobre el que se apoya un entramado de cultura y conocimientos. El uso de todo ello, junto a otras capacidades interiores como la imaginación, la intuición y la memoria da lugar a ese milagro que conocemos como inteligencia racional. Cada «sección» representa una faceta de nuestra interioridad, y la educación es el proceso externo por medio del cual nuestras potencialidades son capaces de trabajar en armonía para conseguir una total plenitud en los diferentes planos: espiritual, intelectual y cultural.

El deseo forma parte de ese entramado interno. El impulso, sea instintivo, sea volitivo, es uno de los motores de la inteligencia, y por lo tanto es lógico suponer que precisa también de una educación. De hecho, sobre la educación del deseo se apoya en gran medida el edificio de la personalidad madura y libre.

Hemos visto que buena parte de los deseos proceden de estímulos exteriores, mientras que otros se generan en nuestro interior. Ambos tipos de impulso, sin embargo, son procesados internamente. La educación adecuada, la que se basa en la enseñanza de verdaderos valores humanos, permite encauzar esos impulsos y mantenerlos bajo control. Sin esa guía, el deseo se impone sobre la voluntad y la persona experimenta la más amarga de las derrotas.

En el ámbito de los deseos son importantes los factores temporales. El impulso nace de experiencias pasadas, se manifiesta en el presente y se proyecta hacia el futuro. La persona que no controla sus deseos vive en estado de ansiedad, buscando esa inmediatez que es norma en la sociedad consumista moderna. El que gobierna sus impulsos, por el contrario, el que hace uso de esa virtud tan poco valorada que es la paciencia, fortalece su voluntad y aprende a encaminar su vida hacia proyectos de futuro. No debemos olvidar nunca que la educación es una cuestión de tiempo. La vida es la gran maestra: la actividad cotidiana enseña más que muchos libros.

El ser educado, formado, es libre porque puede elegir. La persona hedonista carece de libertad, pues no sabe resistir, se somete al dictado del instinto. Elección y renuncia son palabras que no existen en su particular diccionario, y es incapaz de planificar su vida hacia el porvenir sencillamente porque vive atrapada en el presente.

Hay que comprender que *la conducta puede modelarse*, transformarse y dirigirse, y que esto es así en cualquier momento de la vida. Por razones obvias, el proceso educativo es más eficaz si comienza desde el mismo momento del nacimiento, pero no olvidemos algo que ya hemos apuntado antes: que la educación dura siempre. No hay que perder la esperanza: incluso en edades adultas, una actitud despreocupada, irresponsable o hedonista puede corregirse. Es posible superar los problemas con voluntad y esfuerzo.

El deseo nos mueve hacia aquello que nos interesa. Una buena forma para empezar a caminar por la ruta correcta consiste, precisamente, en desearlo. Si somos conscientes de que algo va mal, de que la vida nos parece vacía, si sentimos una insatisfacción permanente, ¿qué podemos hacer? En primer lugar, *desear* el cambio, *querer* el cambio. Alcanzar el dominio de nuestro propio ser es una meta elevada y de enorme valor, y podemos proyectar hacia este objetivo nuestros intereses. La educación del deseo puede corregir una ruta desviada, pero para ello hace falta saber que la ruta es incorrecta, y desear sinceramente cambiarla.

Por supuesto, no es fácil. Los deseos impulsivos tratarán de distraer a la persona, de empujarla fuera del camino. Por eso una educación adecuada debe ser, en primer lugar, concreta, no dispersa. Los fines deben ser claros. Hay que saber lo que se quiere, y saberlo sin el menor género de dudas. Se debe prescindir de todo lo secundario para perseguir sin desmayo la meta principal.

Hemos aprendido que la educación consta de dos ingredientes fundamentales:

- *El contenido*. Es decir, el tema de la educación. Esto permite distinguir tipos, y así no es lo mismo la educación física que la sexual o que el aprendizaje de matemáticas o arte. En el campo de la educación del deseo, lo más importante son los valores que se transmitan. No hay verdadero progreso humano si no va acompañado de un contenido moral.
- *El educador*. Su importancia es incalculable. Un buen maestro tiene que saber motivar a sus alumnos, interesarles por la materia que imparte. También debe saber transmitir una combinación equilibrada de teoría y práctica, hacer que la educación sea completa, no una mera transmisión de datos. Por último, debe dar al alumno un conocimiento equilibrado de sí mismo y de la realidad que le rodea.

El camino es arduo, pero la recompensa es enorme. La educación del deseo es algo más allá de sacar una buena nota: es alcanzar la plenitud del espíritu humano, y llegados a este punto, todo resulta más fácil. Los deseos que tal vez nos acosaron una vez se vuelven vacíos y fútiles una vez que la inteligencia se erige como guía supremo de nuestros actos.

En esta sociedad moderna, en crisis perenne pero cuya exaltación de los «anti-valores» más mediocres sigue en vigor, debe cobrar nuevo relieve la figura del educador, el guía que nos ayuda a mantenernos en el buen camino. No es éste, desde luego, el mundo de la información–espectáculo, saturado de noticias sensacionalistas o de crónicas «rosa» que sacan a relucir lo peor del género humano. El educador competente es aquel que basa sus enseñanzas en los valores clásicos: el amor, el bien, la verdad... *La educación debe tener un carácter positivo, ordenado y jerárquico.* Debe ser interesante, sorprendente a veces, y que suponga un desafío: nada resulta más atractivo para la persona que aprende que enfrentarse a un reto y superarlo.

No se debe pensar en la educación limitándola sólo a los hechos académicos. La educación es algo más que ir al colegio, al instituto o a la universidad a seguir un temario. Hemos indicado que la educación es un proceso permanente, y esto quiere decir que dura toda la vida, durante cada instante de la vida. Aprendemos en el colegio, jugando con los amigos, en la relación con nuestros familiares, al cruzar una calle o al abrir una cerradura. Nuestros sentidos permanecen siempre activos, y *prácticamente de cada acto de la vida recibimos una enseñanza.* El aprendizaje a veces es exitoso y positivo, pero otras veces cometemos errores. No hay que preocuparse por ello: errar es humano, y normalmente se aprende más de un error que de un acierto.

Educación de la voluntad

La voluntad es, ya lo hemos dicho, la fuerza superior de la mente que nos hace libres y nos permite ejercer en toda su capacidad las facultades racionales. Ahora bien, *la voluntad también precisa de una educación*, de un entrenamiento.

La voluntad es un elemento que nos empuja a alcanzar un objetivo, pero no de manera impulsiva, sino cerebral, sabiendo calcular las propias posibilidades y, sobre todo, aplicando la necesaria dosis de paciencia que nos permita esperar el resultado sin que éste tenga que ser inmediato. La voluntad es tesón y determinación, no tozudez o cabezonería. La persona inteligente y voluntariosa sabe cuando desistir, pues para ella la consecución de los deseos no es el objetivo supremo y es consciente, además, de que siempre puede haber otra oportunidad.

La voluntad se educa entrenándola día a día, aprendiendo que no se puede tener todo, y que en la vida hay una escala de prioridades. La voluntad nos permite poner orden en nuestros fines, y al establecer un escalafón jerárquico facilita la consecución de estos, a diferencia de la persona dominada por los impulsos, que lo desea todo a la vez y por ello con frecuencia no culmina nada.

La persona que asume los verdaderos valores desarrolla su voluntad, y ve cumplidos sus deseos, entre otras razones porque sabe elegir aquellos que de verdad importan y que se encuentran dentro de sus posibilidades. *La persona completa no desea tanto bienes materiales como espirituales y mentales.* Mientras aquéllos dependen de la fortuna, siempre azarosa, los segundos se mueven en un ámbito que, si bien resulta inasequible al ser hedonista y apresurado, son fáciles de adquirir para aquel que ha desarrollado una visión clara. Fáciles relativamente, y sólo una vez que se ha llegado a la plena comprensión de la auténtica naturaleza humana. Este camino es, como ya hemos señalado en otros capítulos, duro y laborioso al principio.

Para educar la voluntad es por tanto necesario, en primer lugar, ser una persona ordenada. El orden se genera en el interior creando claridad de ideas y una jerarquía de proyectos, pero se manifiesta en el exterior de muchas maneras. La persona voluntariosa tiene su espacio vital o de trabajo ordenado, limpio, y esas mismas cualidades las aplica a toda su persona, a sus planes y quehaceres.

Sabe también que *el desaliento o la desesperanza no tienen cabida.* Se puede sufrir una derrota momentánea, pero es consciente de que el fracaso nunca es definitivo. Las dificultades, antes que un obstáculo, suponen un acicate, un estímulo para superarlas y seguir adelante. *El ser voluntarioso es insistente, firme y perseverante, y su voluntad se robustece con cada nuevo problema.*

La voluntad motivada que nos conduce a la meta suprema de la plenitud humana —que en el campo de los deseos se expresa en el control de estos y en la búsqueda del amor— es uno de los rasgos más valiosos de la personalidad.

Educación de los sentimientos

El siguiente campo de actuación en el proceso de educación del deseo es el de los sentimientos. Los afectos forman parte capital de la existencia humana. Hay quien considera que son un elemento natural, instintivo, pero si fuera así todas las personas tendríamos un contenido sentimental parecido. Las diferencias son, sin embargo, notables entre unos y otros, y esto es así porque los sentimientos surgen también del aprendizaje, de la experiencia vital, del contacto con nuestros semejantes y, en definitiva, de nuestros sentidos interiores.

A lo largo de la historia los sentimientos han sido una materia de estudio muy tratada por todo tipo de estudiosos. La pregunta clave ha sido siempre: «¿Qué son los sentimientos?». A partir de aquí se ha tratado de analizar su funcionamiento y su contenido. No ha sido una tarea fácil, y en realidad la cuestión sigue sin respuesta. ¿Por qué nos enamoramos? ¿Qué hace que unas personas nos resulten simpáticas y otras no? ¿Por qué unos lloran viendo una película y otros, sin embargo, permanecen impasibles ante las mayores tragedias?

¿Qué razón explica la entrega suprema de unas personas y el odio absoluto de otras?

No hay respuestas definitivas, y no trataremos de darlas aquí. Sin embargo, podemos exponer nuestra opinión y, sobre todo, establecer que los sentimientos también pueden educarse. *Como el deseo, como la inteligencia y la voluntad, el contenido sentimental de nuestro espíritu puede encauzarse y ser puesto bajo la guía correcta, para que los sentimientos participen, junto a nuestras demás características, del proceso general de desarrollo humano.*

Hay muchos tipos de sentimiento, pero entre ellos el más importante, aquel en el que nos hemos centrado en este libro, es el amor. El amor es un sentimiento intenso, pero nunca debe ser descontrolado o ciego (por más que la imagen clásica presente a Cupido con los ojos vendados). El amor parte de la inteligencia y, como todos los sentimientos, establece un nexo entre ésta y los deseos. Es falsa la imagen moderna del amor como una marea ardiente que actúa por sí misma y anula la voluntad humana. Ese tipo de amor, tan propio de la sociedad hedonista y consumista, es una pasión incontrolada que priva al ser humano de su libertad y le convierte en un títere de sus impulsos. Esto es lo contrario del verdadero amor, esa fuerza afectiva que sirve para que dos personas, hombre y mujer, establezcan un contacto íntimo a todos los niveles. Es el amor auténtico el que permite formar una familia sólida con un proyecto de vida. El otro amor sólo conduce a la disolución característica de la sociedad de la prisa y el placer compulsivo.

Educación sexual

La educación de los sentimientos se basa en la inteligencia y la voluntad. Dentro de este camino es muy importante una correcta educación sexual, sobre todo en las edades tempranas.

La escuela moderna ofrece un tipo de educación sexual que se centra en la información técnica, pero no transmite valores ni promueve actitudes correctas. El educador en materia sexual debe proporcionar a los más jóvenes una serie de datos, pero también un marco de actuación para que toda esa teoría les sirva de algo. Una educación sexual correcta debería incluir valores humanos y espirituales, una correcta dirección de los impulsos y el fortalecimiento de la voluntad. Al mismo tiempo tendría que apartar a los educandos de estímulos incorrectos, como la pornografía o el hedonismo. La educación sexual correcta da conocimientos técnicos acerca de la realidad del encuentro físico entre el hombre y la mujer, pero al mismo tiempo advierte de la dimensión interior de este acto, que va más allá del placer del orgasmo. El educador tiene que dar a conocer la verdadera función de la sexualidad humana como factor de fusión entre dos seres que se aman, que se expresan su afecto y que, más allá de lo físico, alcanzan una profunda comunión mental, cultural y espiritual. No hay que ocultar la verdad, ni falsearla. *La visión de la sexualidad que padres y educadores proporcionen al joven debe ser natural y clara, sin tapujos ni falsas morales.* Esto hará que el adolescente comprenda que el sexo es algo natural y digno si se encuentra asociado a todos los demás valores que completan al ser humano.

Todo ello resultaría una herramienta de primer orden para el desarrollo de la personalidad y para conseguir, en definitiva, una sociedad de seres responsables, inteligentes y libres. La educación sexual no es un simple catálogo de técnicas o posturas. Por el contrario, debe hablar del amor, por más que esta palabra les resulte a muchos cursi o incluso vacía de significado.

La educación sexual es responsabilidad conjunta de padres y educadores. Para complementarla se pueden utilizar libros sobre el tema, pero hay que saber elegir esas lecturas. Las publicaciones sobre educación sexual son numerosísimas, pero en muchos casos se trata de obras carentes de capacidad formativa. Libros así resultan tan ineficaces como la misma asignatura de educación sexual, masificada y hueca, que se imparte en algunos colegios. La sexualidad es algo más que anatomía. A menudo, además, los textos se encuentran cargados de ideología, de cualquier tipo de ideología. Hay libros de sexualidad marxistas, liberales, conductistas, freudianos, mojigatos, feministas, de exaltación de la homosexualidad o catálogos de todo tipo de aberraciones... Esto es inevitable, pues el sexo es una fortísima pulsión del ser humano y no puede dejar de reflejarse en la forma de pensar de cada uno.

El truco está en saber elegir, sabiendo que la mayor parte de estas obras no ofrece una verdadera educación sexual. Cada cual desde su punto de vista se limita a convertir el sexo en un elemento fortalecedor de su doctrina, y deja vacío de contenido el acto sexual, que es en realidad un acto de entrega y amor a la pareja. El objetivo del amor es sacar al exterior lo mejor de cada uno, pero no de una manera aislada, sino en el ámbito de la familia formada por un hombre y una mujer con un proyecto de vida en común. *El amor —y el sexo es parte del amor— debería ser el argumento básico de una correcta educación sexual.*

Como en todo proceso educativo, en el aspecto sexual la educación tiene que proporcionar conocimientos que tengan aplicación práctica con un objetivo benemérito, en este caso la plena formación de la persona. Es un devenir paulatino, constante, que dura en realidad toda la vida aunque debe empezar en la infancia.

En resumen: *la educación sexual se basa en el uso de la inteligencia y el desarrollo de la voluntad.* Control es de nuevo el término a aplicar: control y no represión, pero tampoco materialismo desbocado, recordando que la sexualidad tiene unos objetivos muy vinculados con la plenitud de la personalidad humana y el logro de la felicidad.

Educación de la inteligencia

Dejamos para el final la inteligencia, aunque es, de hecho, la columna maestra de todo el edificio humano. La inteligencia es la suma de sentidos y capacidades de nuestra mente y nuestro espíritu que, mediante el raciocinio, nos permite ser libres, conscientes de nuestra propia existencia y directores de nuestra trayectoria vital.

La inteligencia también se educa. Parte de ella surge de nuestro contenido genético. Desde que nacemos la mente humana dispone de las potencialidades para alcanzar una inteligencia plena y desarrollada. Sin embargo, es el aprendizaje el que pone en marcha el proceso intelectivo. *Cuanto mejor es la educación, más inteligente es la persona.*

La inteligencia es un cuerpo multidimensional. Puede ser práctica, teórica, analítica, sintética, social, emocional, creativa... Unos manifiestan una facilidad innata para la música, mientras otros son superdotados para las ciencias. En general es preferible un equilibrio entre los diferentes tipos de inteligencia, lo que se consigue mediante una educación adecuada y completa, aunque no se puede evitar que siempre predominen unas formas sobre otras. Lo importante es evitar que una inteligencia determinada se hipertrofie hasta el punto de agostar sus otros terrenos de actuación. Es poco deseable la figura —algo tópica, pero real— del genio científico que, sin embargo, es incapaz de orientarse en el metro; o del artista de sensibilidad sublime que, por otra parte, no sabe cómo relacionarse con los demás.

La educación de la inteligencia facilita el desarrollo completo de la persona, actuando sobre todas sus facetas: voluntad, capacidad de razonamiento, control del deseo, establecimiento de jerarquías y prioridades, orden interior, valores y moral, sentimientos... En este capítulo hemos hecho un desglose de la educación del deseo en varios apartados, pero en realidad la educación es sólo una: un proceso global que abarca todos los campos de la actividad humana. En el Libro de los Proverbios (19:2) ya se advierte: «El deseo sin conocimiento no es bueno, y aquel que va demasiado deprisa yerra el camino».

La persona es polifacética, como las gemas, y como éstas deben ser pulidas con esmero todas sus caras, para mostrar al exterior el brillo interno.

LA PERSONALIDAD MADURA

El equilibrio de la personalidad lleva a la madurez. Ahora bien, ¿qué es exactamente una personalidad madura? La definición de este concepto, como ocurre con tantos otros tratados en este libro, es difícil, por cuanto atañe a aspectos de la interioridad humana muy complejos, polifacéticos y no sujetos a medida científica.

Podemos emplear analogías o considerar que una personalidad está madura cuando la persona, hombre o mujer, ha llegado a un grado de desarrollo completo, con todas sus potencialidades y capacidades a pleno funcionamiento. En todas las culturas se considera que la madurez es un estado de plenitud al que se llega poco a poco, tras recorrer un camino de perfeccionamiento constante. La perseverancia es quizá una de las grandes virtudes que necesita la persona que aspira a ser verdaderamente madura. Del mismo modo podemos definir la madurez como el *punto de fusión correcta de los planos físico, mental, espiritual y cultural para que trabajen juntos y en armonía.*

El punto de maduración varía en cada caso, y nunca se llega a un culmen, pues como vimos en el capítulo de la educación, la formación es un proceso que dura toda la vida. Un *ser maduro siempre puede aspirar a más, a mejorar, a llegar más lejos y más alto.* La inteligencia, la voluntad y la libertad personal siempre pueden crecer. El ser humano se hace en el día a día, siempre, sin paradas.

La madurez puede evolucionar, pero también involucionar. *No es un punto de destino final.* Todo lo que atañe a nuestra personalidad, a nuestros sentidos interiores, está sujeto a mutación, y no necesariamente para bien. El que ha llegado a un cierto punto de maduración, o el que ha alcanzado un determinado nivel formativo, no debería conformarse: el desarrollo, como la educación, es constante, no se para, y si se para, es para retroceder. No extrañará saber, por lo tanto, que la madurez presenta una jerarquía, una suerte de escalafón que puede dividirse en grados, ya que no se trata de un concepto estático.

Sin embargo, medir la madurez es tarea tan difícil como definir el mismo concepto. No siempre resulta evidente el nivel de madurez de alguien, ni podemos decir con plena seguridad: «Este es más maduro que aquel», entre otros motivos porque la madurez presenta diferentes planos, y a veces el que es maduro para una actividad concreta, no lo es tanto para otra. Por eso para estimar el grado de madurez de una personalidad utilizamos ciertas apreciaciones indirectas a las que denominamos «indicadores».

LOS INDICADORES DE LA PERSONALIDAD SANA

Denominamos indicadores de la personalidad a ciertos aspectos relacionados con el grado de desarrollo de ésta. Sirven, entre otras cosas, para indicar el nivel de madurez de una persona, y por ello suelen ordenarse de modo jerárquico. En total son quince: modelo de identidad, autoconocimiento, identidad personal, equilibrio psicológico, proyecto de vida, filosofía de vida, naturalidad, autocontrol, temporalidad sana, responsabilidad, sexualidad, convivencia adecuada, saber disfrutar de la vida, sentido del humor y salud física. Los analizaremos a continuación uno por uno.

El *modelo de identidad* sirve para dar forma a la personalidad. Ésta, como ya hemos visto, se va forjando a lo largo de la vida, sobre todo en sus fases tempranas, por medio de la educación. Lo ideal es alcanzar un modelo positivo que sirva de ejemplo a imitar para los demás.

En cuanto a *conocerse a uno mismo*, es una de las máximas de la civilización occidental desde los tiempos de la antigua Grecia. Todos creemos conocernos, pero en realidad no es tarea sencilla penetrar en la propia interioridad. Esto es algo que sabemos bien los profesionales de la psiquiatría y la psicología, y las personas a menudo se sorprenden con aquello que encuentran oculto en su interior. Conocernos a nosotros mismos nos hace comprender nuestras capacidades y limitaciones, lo que nos coloca en un plano de realidad.

La *identidad personal* es fruto de todo lo anterior. Alcanzado el desarrollo correcto de la personalidad, el ser se acepta tal cual es y vive instalado de forma satisfactoria en la realidad. Es decir, se define uno mismo como individuo, lo que no implica egoísmo, sino todo lo contrario.

El *equilibrio psicológico* se establece entre la inteligencia y los afectos. Es fundamental para lograr una personalidad plenamente desarrollada. Hay que evitar los altibajos emocionales, para saber encontrar el justo medio entre la pasión desbordada y la frialdad. La persona equilibrada es comprensiva, justa, sensata y, sobre todo, sabe amar.

Ya hemos visto en otras partes de este libro la importancia de tener un *proyecto de vida*. Es algo verdaderamente fundamental en el camino hacia la plenitud y la felicidad. La personalidad y el carácter de cada cual definen el proyecto, pero sin duda no ha de ser un objetivo simplista e individual, sino más bien algo compartido. El más elevado proyecto en común es el de formar una familia, lo que se consigue a través del amor a otra persona. El proyecto vital es uno de los indicadores más complejos, ya que la vida es larga y llena de situaciones inesperadas, unas favorables, otras no tanto. Al establecer el proyecto de vida hay que tener claras las metas y actuar con determinación para aprovechar las oportunidades y superar los obstáculos.

La *filosofía de vida* influye de modo decisivo en el camino a seguir. Es un compendio de creencias, valores, actitudes e ideas que, activadas por la voluntad y organizadas mediante la inteligencia, definen nuestras reacciones, nuestro modo de actuar. Hay quien llama «moral» a este indicador. En cualquier caso, la correcta filosofía de vida es aquella que empuja a la persona hacia la colaboración con los demás en favor del bien común.

La personalidad se compone de varias facetas, y una de ellas es la *naturalidad*, que podemos definir de modo genérico como sencillez al actuar, un tema que trataremos con mayor profundidad al final de este capítulo. No se encuentra muy valorada en los tiempos modernos y, sin embargo, es una de las características más importantes de la forma de ser, pues nos permite afrontar los problemas sin enredarnos en consideraciones inútiles y sin perdernos en un laberinto de prejuicios, ideas equivocadas, etc. Es, en suma, una capacidad que permite eliminar lo superfluo y resolver así los problemas con mayores garantías de éxito.

La cualidad anterior se complementa con el *autocontrol*. El ser humano plenamente formado es el que sabe gobernarse a sí mismo. Esto requiere autoconocimiento, inteligencia, fuerza de voluntad y un gran esfuerzo: no es un trabajo fácil saber dominarse. Sin embargo, la base de la educación del deseo es saber controlar los impulsos de forma que no nos dominen. El control de uno mismo es la mayor garantía de libertad personal, pues asegura la capacidad de elegir. La persona autocontrolada dispone de albedrío, es un verdadero individuo, y no una máquina humana agobiada por la presión de sus impulsos. La sociedad moderna es muy contradictoria en esto, pues teniendo la libertad como divisa, se centra en una permisividad compulsiva que es todo lo contrario de la verdadera libertad.

La *temporalidad sana* es un concepto menos conocido, aunque de fácil comprensión. Se trata de tener una concepción adecuada del tiempo, de saber que todos los actos vitales se proyectan del pasado hacia el futuro, atravesando el presente. El pasado reúne toda nuestra experiencia acumulada, y es en el presente cuando actuamos. Sin embargo, la dimensión importante es la futura, ya que hacia ella se proyectan nuestros planes y esperanzas. La persona que asume el concepto de temporalidad sabe cómo aprovechar sus conocimientos y anticipa —dentro de cierta medida— el porvenir. De esa manera su vida —su presente— se desarrolla de forma provechosa.

Hemos hablado ya de la importancia de la *responsabilidad* en la educación del deseo y en el gobierno de uno mismo. La necesidad de ser responsable, es decir, de responder de los propios actos, es tan evidente que no haría falta siquiera reseñarla si no fuera porque en la sociedad moderna, dominada por la permisividad, ser responsable no parece tener ningún valor. La persona responsable es consciente de lo que hace, y por ello está dispuesta a asumir los resultados de sus actos. No tira la piedra y esconde la mano: siempre da la cara, para bien o para mal. Nadie está libre de cometer errores, pero la persona responsable tiende a equivocarse menos, entre otras razones porque si actúa de modo inteligente, con voluntad y sencillez, es menos probable que tome decisiones erróneas: actúa con firmeza y decisión, con fidelidad y compromiso. El ser humano consciente de su responsabilidad es capaz de elegir, y por ello es más libre. De hecho, la responsabilidad y la libertad son compañeros inseparables. El irresponsable no elige, no tiene esa capacidad.

Llegados a este punto es imprescindible hablar de uno de los grandes indicadores de la personalidad, como es la *capacidad de situar la sexualidad en su plano justo*. Un ser humano desarrollado da importancia al sexo, pero no lo convierte en el centro de su vida. La sexualidad, como parte de la naturaleza humana e ingrediente fundamental del ámbito de los deseos, debe ocupar un nivel secundario, no primordial, de nuestros intereses vitales. El control adecuado del impulso sexual es el indicador más claro de que una personalidad se encuentra plenamente desarrollada. No es fácil dominar el deseo, pero cuando se consigue, la persona demuestra su autogobierno, su voluntad y su inteligencia. Hoy en día no resulta muy corriente que las personas traten de controlar sus deseos sexuales situándolos en su punto de referencia correcto. Por el contrario, se tiende al hedonismo más desenfrenado. Como dijo Nietzsche en su obra *Más allá del bien y del mal,* «al final amamos nuestro deseo, y no lo que deseamos». Sin embargo, controlar el deseo es muy importante, porque es lo que da al individuo libertad y le convierte en un ser completo, capaz de comprometerse y de elaborar un proyecto vital. En suma, es esa libertad y dominio de uno mismo lo que nos hace personas y nos permite dedicar nuestros esfuerzos al bien propio y al común.

La persona que controla su sexualidad no la reprime ni la trivializa: la sitúa en su contexto apropiado, más allá de lo meramente físico. Para lograr esto es necesario, como ya vimos en otros capítulos, una correcta educación sexual que incluya valores y afectos.

El siguiente indicador, obviamente, es la *capacidad para establecer una relación de convivencia.* Se habla a menudo de las dificultades de la pareja moderna para convivir. Efectivamente, hay dificultades que se manifiestan en forma de conflictos, discusiones y rupturas, pero esto ocurre porque a falta de verdadera madurez y compromiso, la convivencia no es tal. La pareja moderna es más bien una unión de dos individualidades herméticas, sin fusión ni contacto íntimo más allá del plano físico. Una relación así está abocada al fracaso, pues carece de interioridad y de un verdadero proyecto mutuo. Para convivir, para formar una familia unida, es de nuevo necesario un elevado nivel de inteligencia. Tiene que haber un contenido, unas ideas y unos objetivos. La mera unión de un hombre y una mujer no forma una pareja: hace falta algo más: respeto, afecto, proyecto de vida, comprensión y comunicación profundas. En suma, eso que en otras partes de este libro hemos definido como amor, algo de lo que se habla mucho pero de lo que hay muy poco.

La madurez de la personalidad permite, realmente, *disfrutar de la vida*. Y al mismo tiempo este disfrute es un indicador de madurez. Como todos los aspectos del devenir humano, el disfrute vital es algo que se aprende: se puede educar. Hay quien cree que disfrutar es sólo sentir placer, pero eso es hedonismo hueco, una actitud que a la larga conduce a la infelicidad. El verdadero disfrutar de la vida parte de la consciencia racional, y hace que el ser humano encuentre la satisfacción en todos los actos de la vida, y en todos los planos de la existencia: físico, mental, espiritual y cultural.

Disfrutar de la vida es esencial, pues constituye el eje necesario para lograr la felicidad. El camino para conseguir este objetivo es complejo y esforzado, pues todo lo que es verdaderamente bueno requiere trabajo. Hay que saber ver, en primer lugar, lo que tenemos alrededor, y aprender a distinguir lo bueno de lo malo. Es necesario afrontar la vida con una actitud positiva y optimista, incluso ante la adversidad. Y, muy importante, es preciso comprender que lo que está por encima de todo es el *ser*, no el *tener*. La felicidad no consiste en la posesión de las cosas, sino en gozar de la consciencia del ser.

La persona feliz posee *sentido de humor*. El humor es un claro indicador de personalidad madura, una fuente de felicidad y, además, una herramienta muy útil frente a los problemas. No hablamos aquí de humor chabacano, irónico o amargado, sino del humor positivo que va más allá de contar chistes o hacer gracias. Es difícil definir el humor, pero se trata, sobre todo, de una actitud, de una conducta cotidiana. Es la esencia del optimista, que se enfrenta a los problemas con el ánimo elevado y con decisión. En suma: con gracia. La persona con sentido del humor es más feliz, y hace felices con su simpatía a los que le rodean. La ansiedad, la depresión o el desánimo no tienen cabida en él. Por el contrario, carecer de sentido del humor hace que hasta el más mínimo problema tome tintes terribles. El pesimista se desmoraliza y deprime, es incapaz de esforzarse, su voluntad se anula y se rinde a la menor dificultad.

El último indicador de la personalidad es relativo, y se trata del estado de *salud física*. En general, una persona madura se encuentra sana, con un correcto equilibrio entre cuerpo y mente. Por supuesto, no siempre es así, y cualquiera, incluso el ser humano más maduro, puede padecer una enfermedad. Sin embargo, es corriente que las personas con una personalidad inmadura o incompleta presenten trastornos internos que pueden llegar a transformarse en síntomas físicos. En cualquier caso, el cuidado de la salud y la práctica deportiva resultan muy positivos, ya que con un buen estado físico la mente armoniza más fácilmente con el cuerpo.

Los quince indicadores que hemos descrito en estas páginas son muy genéricos, y se trata de lo que denominamos *signos positivos de madurez*. No presentar alguno de estos rasgos no indica obligatoriamente inmadurez. Se trata, simplemente, de señales, de rasgos que avisan —de un modo impreciso— del nivel de maduración de cada uno. Por eso se llaman indicadores: no son reglas de medida fija.

Hay que tener en cuenta que *la maduración es un proceso permanente*. El ser humano se hace día a día, durante toda la vida, y por eso la personalidad es un ente evolutivo, cuya maduración presenta grados. En una fase de la vida podemos ofrecer indicadores positivos muy marcados, mientras otros están ausentes. Lo importante es alcanzar plena consciencia de uno mismo y saber que no hay un grado último de perfección, que siempre podemos mejorarnos.

La vida debe tener un contenido, una dirección y una unidad de acción. Estas tres directrices orientan el camino de la maduración. Hay que recordarlo siempre.

ELOGIO DE LA SENCILLEZ Y LA ARMONÍA

En un mundo cada vez más sofisticado y complejo la sencillez debe ser recuperada y valorada como una virtud fundamental. Parte del contenido de la inteligencia consiste precisamente en saber discernir lo que es necesario, en tener la capacidad de establecer una jerarquía de las necesidades. En suma, de saber simplificar y hacer que lo complejo se haga sencillo.

La sencillez elimina lo artificioso y tiende hacia la naturalidad. Se evita así la doblez y la mentira que acompañan, casi de forma inevitable, a la complicación. Es un valor puro, muy raro en nuestros días, en los que la sencillez es a menudo confundida con la simplicidad o incluso la estupidez. Sin embargo, el afán por complicar las cosas es lo que verdaderamente denota falta de inteligencia.

La riqueza interior de la persona sencilla es capaz de penetrar en los aspectos más esenciales de las cosas, y puede resolver los problemas más arduos sin esfuerzo aparente. Por supuesto, no es tan fácil como parece, pues alcanzar la verdadera sencillez forma parte del camino de perfeccionamiento que hemos ido describiendo en este libro, algo que requiere inteligencia, voluntad, esfuerzo y decisión. Casi nada.

Utilizar la sencillez como herramienta es un poderoso estímulo para la inteligencia, y nos allana el camino hacia la armonía, tanto interior como con nuestros semejantes y con nuestro entorno social. Como en una máquina, a mayor sencillez, menor posibilidad de avería. A medida que un ingenio se complica, las posibilidades de fallo aumentan, tendiendo de modo creciente hacia la certeza de que el error se producirá.

Sencillez es claridad, buen juicio, paciencia y raciocinio. La complicación es enigmática, oscura e incomprensible. *La sencillez desvela la realidad, pues es la luz de la inteligencia.* Aparta de la mirada los velos y los obstáculos. Es también sinceridad, sosiego, paz interior y, en definitiva, puerta abierta hacia la felicidad.

La educación del deseo, como fundamento básico del verdadero amor, requiere de sencillez. El amor puro es sencillo, sin sofisticaciones. La comunicación entre dos mentes y dos espíritus prescinde de trabas y mentiras. De otra forma sólo se obtiene negatividad, dolor y tristeza.

El hombre sencillo es sabio y virtuoso. Sabe ver sus propios errores, lo que le permite afrontar los problemas y encontrar las soluciones adecuadas. No se pierde en laberintos ni se ahoga en un mar de dudas. La sabiduría le permite gobernarse y poner orden allí donde no lo había. Domina, en suma, el razonamiento equilibrado.

El hombre sabio y sencillo habla poco, pero dice mucho. Sus palabras están medidas, se expresa —ante los demás y ante sí mismo— con claridad meridiana. Sabe hacerse entender sin enredar el discurso. En el dédalo moderno de la «información sin formación», conoce el medio para separar el grano de la paja, aprovechar lo útil y alcanzar así la visión clara de la realidad que lleva al perfeccionamiento de uno mismo.

EPÍLOGO
LA EXPERIENCIA DE LA VIDA

La vida es personal e intransferible. Cada persona la inventa y la diseña según un programa propio que responde a satisfacciones y expectativas subjetivas. El *cuando yo sea mayor me gustaría ser...* resume muchos aspectos que se alojan en ese mirar hacia el futuro. Ilusión, entusiasmo, promesas de ir llegando a nuestro destino con el paso del tiempo. Es la figura de la vida por delante y por detrás, con su cara y su espalda. Cada uno es el que quiere ser, con un proyecto que cambia y se modifica según los avatares, previstos e imprevistos, de su deambular. Esta dialéctica entre lo que uno quería ser y lo que uno va siendo es la que soñaba Dilthey, pensador del siglo XIX, el que mejor habló *sobre la vida*. En su obra nos hemos inspirado muchos psiquiatras de mi generación. La biografía de cada uno consiste en lo que se ha ido haciendo con la vida, de acuerdo a un esquema previo.

Somos peregrinos de ilusiones, emigrantes hacia un mundo mejor. El porvenir es lo que más llena la vida personal, lo que esperamos que suceda, y eso siempre es positivo. El pesimista es un agorero de malos presagios, mientras que el realista tiene los pies en la tierra y la mirada puesta en la lejanía del paisaje. Posibilidades contra realidades. Ortega lo decía así: «El hombre no tiene naturaleza, sino que es historia».

En medio de su camino se cruza el azar, con su fortuna y su desventura, las cuales van tiñendo de color los pasadizos de la ciudadela interior. La historia de cada uno es ciencia sistemática de lo que hemos vivido, con su activo y su pasivo. El ser humano es temporal. Y el tiempo es regalo y tarea, don y quehacer.

¿Cómo inventa uno su vida? Ante todo con *modelos de identidad atractivos*. Vemos o leemos vidas fuertes, sólidas, imponentes, fascinantes, que nos enganchan porque admiramos a ese personaje que se vuelve hacia nosotros con su carisma, mostrándonos la belleza de una trayectoria de mérito, con los principales argumentos bien perfilados. Pasamos por donde él ha pasado y nos identificamos con sus luchas, sus éxitos, sus fracasos y sus superaciones. Cada uno necesita tener unos pocos modelos que sirvan de espejo y reflexión. Hay que buscar la afinidad.

Cada travesía biográfica debe articularse sobre la coherencia. Ese es su mejor señuelo. Al analizarla en su conjunto vemos sus segmentos (infancia, pubertad, adolescencia, primera juventud, madurez, la segunda madurez, la vejez) y sus argumentos (amor, trabajo, cultura, amistad, creencias, valores). Unos y otros pasan revista a sus resultados. Cada edad de la vida tiene sus preferencias. Cuando uno es joven está lleno de posibilidades e ilusiones. Cuando es mayor está lleno de realidades y resultados. La juventud es vitalidad, dinamismo y afán de novedades y emociones. La madurez es serenidad y benevolencia. Entre las dos épocas se engarzan hechos, vivencias, sorpresas, alegrías, decepciones y un abrir los ojos para captar la totalidad. Es una especie de ciencia y conocimiento, eso a lo que llamamos *la experiencia de la vida*.

Llegados a cierta altura en esa trayectoria vital, uno se da cuenta un buen día de que sabe y entiende *en qué con-*

siste vivir y haber vivido. Es un almacén de experiencias que se superponen a otras y dan lugar a un tejido de capas diversas. No son muchas ni pocas, sino un arsenal personal que ha ido dejando una huella, un modo de entender y una manera de reaccionar. Eso es la experiencia de la vida.

Las razones y la lógica *explican* el mundo, pero la psicología lo *comprende*. La vida es ciencia, arte, poesía, música y mucho más que todo eso. Es confesar que uno ha vivido, que se ha dejado empapar por todos los sabores que la existencia trae consigo. Muchas personas, en algún momento de la vida, han pensando que el sufrimiento era ya excesivo y que ante esa situación incomprensible sólo había una salida: el suicidio[1]. Es un error gravísimo. Saber resolver situaciones límite es clave. Si no, uno perece en la empresa compleja y sorprendente que es la vida personal.

El *modelo científico puro* desdeña toda una serie de elementos que ayudan a andar mejor por la vida. Por eso, los libros sobre dichos, proverbios, sentencias, moralejas, máximas y avisos para navegantes suenan a música celestial. Y es que además del modelo científico, que no es el único, existe el *modelo histórico*, que tiene otros presupuestos: busca relaciones de sentido para comprender los hechos y las vivencias. Frente a las reglas lógicas, las psicológicas. Frente a la certeza, la exactitud y la demostración empírica y objetiva. Así obtenemos una aproximación en términos de verdad,

[1] Yo hice mi tesis sobre este tema, estudiando una muestra de 213 sujetos que intentaron suicidarse. Medí una serie de variables como edad, sexo, estado civil, nivel sociocultural, tipo de diagnóstico clínico, técnica utilizada, etc. Véase mi libro *Estudios sobre el suicidio*, Salvat, Barcelona, 1984.

subjetividad e ingredientes interiores[2]. La pintura clásica, la de vanguardia, la novela, la poesía, la música clásica, la moderna o la folklórica, pueden ser estudiadas por las ciencias naturales (que *explican*) y por las ciencias histórico–culturales (que *comprenden*).

La vida tiene muchos sabores, pero tiene un temple, que es como una especie de conocimiento global, lo que Dilthey llamaba *lebensgefühle* y Heidegger *befindlichkeit:* realidad diversa y realidad multivariada. *La experiencia de la vida no es un estado de ánimo, sino un conocimiento vivido.* Y no tiene que ver con que alguien sea muy mayor de edad y tenga el peso de los años retratado en su cuerpo y su rostro surcado de arrugas, ya que la experiencia vital no es consustancial con la senectud. El hombre viejo, por el solo hecho de serlo, no tiene esa experiencia, que se adquiere de otra forma. El anciano puede tener respuestas concretas para aquello que ha vivido personalmente, pero eso no es propiamente experiencia de la vida. En el *Antiguo Testamento* se menciona con frecuencia a *los ancianos del pueblo,* el círculo de selectos que conocen la vida y sus misterios. Eran los que aconsejaban, juzgaban y daban orientaciones en las situaciones conflictivas. Pero en esos casos se trataba no sólo de personas mayores en edad, sino seleccionadas de acuerdo a ciertos criterios de sabiduría.

La palabra *experiencia* deriva del griego *empeiríaa.* Es el «saber hacer», que deriva también del latín *experientia.* En esta voz encontramos el vocablo *per,* que relaciona a esta palabra con la idea de peligro; y también con *porus y portus,*

[2] Los conductistas despreciaron la conciencia psicológica y la afectividad. La nueva psicología llamada cognitiva las valora como elementos importantes para entender el comportamiento.

que transmiten la idea de salida, de paso. Se resumen los conceptos del viaje y del riesgo de transitar por caminos inadecuados si no se elige bien la ruta. En alemán tenemos la palabra *erfahrung*, «experiencia, ensayo, prueba». Los franceses hablan de *experience vécue*. Los ingleses de *experience*. En italiano *esperienza*. Es un término que tiene distintos usos:

1. *Aprehensión de una realidad concreta*. Es un modo de hacer o de vivir. Como un médico con su oficio clínico, un abogado con su trabajo jurídico o unos padres con la educación de los hijos.
2. *Captación de acontecimientos externos:* viajar, amistades, negocios, política...
3. *Aprendizaje relacionado con la práctica*. Esta es la verdadera experiencia de la vida, conocimiento del universo personal y sus leyes. No es un término intelectual, sino *un saber vivido en primera persona*. Es una *apercepción*, es decir, la captación de la realidad, su sentido y sus conexiones. Hay una lógica y una visión psicológica que se entrecruzan: recordar, distinguir, matizar, identificar, inferir, tomar conciencia...
4. *Verificación de análisis y juicios*. Se confirma por medio de un conocimiento fundado en la validez contrastada de circunstancias pasadas, que han sido valoradas y de las que se ha extraído una reflexión y, después, un parecer. Es una construcción intelectual avalada por los años[3].
5. *Intimidad*. Alude, por tanto, a una parcela especialmen-

[3] Aristóteles llamaba a esto *las formas sustanciales*; Descartes, *las ideas simples*; Leibniz, los *principios de identidad*; en el Renacimiento se utilizaba la expresión *semina veritatum*; Ortega y Gasset hablaba de *razón vital*.

> te privada a la que no tiene acceso fácil cualquier otra persona. Es el paso de la vivencia a la lógica, mediante la cual se pueden establecer unas leyes concretas. Lo manifestamos así: «La experiencia me dice que si no preparas con antelación y orden ese examen, al final tendrás mucha ansiedad, te pondrás nervioso y no rendirás bien»; o «La experiencia me dice que la relación con ese chico no te conviene: es poco equilibrado, no tiene voluntad y vive sólo cara a la galería»; o «La experiencia me dice que si luchas por sacar la oposición que estás preparando, con orden y constancia, la sacarás».

Ya estamos en condiciones de adentrarnos más a fondo en este concepto. *La experiencia de la vida es un conocimiento acumulado que se hospeda en nuestro interior y que actúa sin que nosotros nos demos cuenta.* Está ahí, en los entresijos de tantas vivencias, sesteando o despertando, habitando siempre en nuestra mente. Tiene un carácter global, estructural, sintético. Nosotros no contamos con él, pero este saber aflora cuando hace falta, y en momentos estelares es un gran consejero.

Es una sabiduría callada, sigilosa, lacónica, reposada y, a la vez, elocuente, expresiva, convincente, que nos saca de momentos difíciles con su consejo atinado y su destreza de experto. Es veteranía y preparación, pericia y capacidad. Pero no todos la tienen. Muchos, inmersos en el torrente de la existencia, pocas veces se detienen a pensar y a hacerse preguntas. En estas personas todo va demasiado deprisa. No saben tomar distancia y preguntarse los porqués de tantas circunstancias.

Julián Marías, en su *Antropología metafísica* (Revista de Occidente, Madrid, 1973), describe los dos rasgos de la estructura de la vida: la instalación y el sentido vectorial. «La instalación aparece definida por una cierta estabilidad. Ese ahora no es instantáneo y puntual, no es simplemente vivir, sino estar viviendo: encontrarse. Yo me encuentro en el sentido de que al descubrirme estaba ya, estaba ya allí. [...] La estructura vectorial de la vida está en movimiento y es un sistema de proyecciones y tensiones de diferente dirección e intensidad [...] intensidad y dirección definen un vector». He hablado en otras partes de este libro de la importancia del *proyecto de vida*; ahora me refiero a un *haz de proyectos posibles* que se van espigando y saliendo hacia delante. Debe darse una conexión entre ellos, tiene que haber una relación con esos argumentos esenciales.

La vida debe de ser una tarea gustosa. *La vida se va haciendo cuando movemos con arte y oficio lo físico, lo psicológico, lo cultural y lo espiritual.* Esas cuatro parcelas exploradas se ponen en marcha y van dando lo que tienen. Pero no es cuestión de mantener una actitud pasiva: hay que actuar, darles la vuelta, verlas, no en sus negativos, sino en la foto revelada: *amor, trabajo y cultura* y, envolviéndolas a las tres, la *personalidad.* En una palabra, trabajo. Uno debe esforzarse en una operación unitaria por trabajar esos cuatro atributos: *la vida afectiva, la vida profesional, el plano cultural y la forma de ser.*

Uno se entera de lo que es la vida viviéndola. Me ocupo de mí mismo y lo primero es vivir, después filosofar. En el célebre libro de Valle-Inclán *Luces de Bohemia*, le dice don Latino de Hispalis a Max Estrella: «No has sabido vivir». Para un psiquiatra, como es mi caso, esta expresión tiene lecturas diversas y ricas. ¡Qué complejo es acertar en la vida y dar en la diana de sus grandes asuntos! La vida es tan larga, tiene tantos pliegues, que no es posible tenerlos previstos todos, ya que hay en el fondo de ella un tono imprevisible, lo que le da un carácter dramático. Luchamos a brazo partido por superar tantas adversidades que nos convertimos en maestros de la *poliorcética*, el arte de la fortificación en la guerra. Necesitamos acorazarnos, hacernos fuertes en la lucha, no derrumbarnos.

La mejor de las vidas está llena de heridas y sinsabores. La peor es un retablo de fracasos en los grandes guiones del libreto. La madurez es saber entender en qué consiste vivir, cuáles son las claves, qué hay que hacer para vivir y sobrevivir. Pensemos en un espacio de la experiencia vital al completo, la *vida profesional:* hay que tener un trabajo digno, sacarlo adelante de la mejor manera posible, saber qué es la competitividad y llevarla con estilo, como un ingrediente más de la profesión. ¡Qué faena siempre incompleta! Y no debe uno dormirse en los laureles ni recrearse excesivamente en los logros conseguidos.

Otro tanto sucede con la *vida afectiva,* hoy sometida a la demolición de una sociedad neurótica que tira por la borda el mundo sentimental bien trabajado y va fabricando parejas endebles y frágiles. *Amor y trabajo son dos ejes básicos de la vida*. Hay más, qué duda cabe, pero estos llevan la voz cantante. En el hombre posmoderno es frecuente que ambas dimensiones lleven direcciones contrapuestas: se afianza la actividad profesional y en lo afectivo se cae en la rutina, lo que lleva al desafecto y a la ruptura de relaciones emotivas de escasa madurez que nacen heridas[4]. En alguna hora paté-

[4] En otra parte de este libro hay un apartado con este título: «El síndrome del penúltimo tren». Esa es una muestra, entre muchas, de lo que quiero decir a este respecto. Una gran alegría es ser capaz de tener un amor auténtico y defenderlo a capa y espada, contra la presión social que nos asegura que romperlo es normal y que no sucede nada dramático si esto ocurre.

tica, uno se para al borde del camino y sin querer, sin conciencia de ello, hace un *balance existencial,* hace cuentas consigo mismo y el amor conyugal es un argumento que sale enseguida a la palestra para ser examinado. El amor es el primer ingrediente de la vida, pero no el único. El amor conyugal nos emancipa y nos hace cautivos, nos da alas y nos encadena a la vez. Esa es su condición.

La vida es también cultura, el cuidado por crecer interiormente en educación, formación y criterios. La persona dotada de un buen sustrato cultural puede recorrer con menos esfuerzo el camino vital, puede sortear dificultades, disfrutar con los logros y descubrir el pasado creativo del que puede echar mano una y otra vez.

Los argumentos de la vida son el tejido conjuntivo de ella. Retratan a quien los posee. Pero es menester que estos ingredientes estén relacionados, compenetrados, que se den en su interior el menor número posible de contradicciones, que no rocen unos con otros. *En la vida auténtica hay armonía, coherencia, equilibrio, buena compensación entre sus distintos componentes.* La vida auténtica no es una vida perfecta o una hoja de servicios biográficos sin ningún borrón, lo cual es una utopía si no se avala con una trayectoria en donde se pueda descubrir un fondo insobornable: el deseo de ser uno mismo y sacar de su persona lo mejor con nobleza, para intentar escalar la mejor cima posible[5]. En la profundidad se des-

[5] La inautenticidad es también una forma básica del ser, pero negativa, en donde de forma transitoria, frecuente o constante alguien dirige su vida. Los filósofocs existencialistas hablaron de ello, desde Heidegger a Max Scheller, pasando por Dilthey y Albert Camus. Los psiquiatras hablábamos hace unas décadas de un «desarrollo neurótico de la personalidad» o sencillamente de una «persona neurótica» Hoy, con los criterios de la

cubre una identidad propia; se trata de una persona verdadera, no falseada ni ambigua, ni con dobleces ni incoherente, teniendo en ella cada guión un diseño humano positivo. Al visualizar el proyecto personal podemos ver esa vida como en un esquema que se abre en sus componentes variados y deja cuenta del trayecto recorrido.

La vida no se improvisa, sino que se programa. Su diseño va necesitando retoques al compás de sus diversos tramos. Cada una de esas partes —amor, trabajo, cultura y la propia personalidad— necesitará cambios, modificaciones, apuntalamientos, añadidos[6]. Por eso la experiencia de la vida es más sabiduría que ciencia. *Sabiduría especial que es conciencia de sí misma y visión reposada de cómo debemos labrar los principales asuntos de la vida.* Es un conocimiento intelectual y afectivo a la vez. Racional y emocional. Su resultado: una lección abierta fijada a fuego en la intimidad. Sus luces y sombras sirven para entender los sabores de cualquier recorrido humano.

La experiencia de la vida es suma y compendio de acontecimientos que dejan una erudición íntima, un sedimento de hechos que ayuda a descifrar los principales secretos de la existencia y a ofrecer una respuesta cabal. Es una síntesis que traduce haber pasado por las más diversas circunstan-

American Psyquiatric Association, utilizamos el término de «trastorno de la personalidad», aludiendo a un desajuste de su sistema de integración, que puede dar lugar a diversas modalidades: K. Jaspers, en su *Psicopatología general* (Beta, Buenos Aires, 1950) y en *Psicología de las concepciones del mundo* (Gredos, Madrid, 1962) ya mencionó estas ideas. Ferrater Mora en su *Diccionario de filosofía* (Alianza Editorial, Madrid, 1987) menciona la expresión «identidad propia»: ser idéntico a sí mismo.

[6] Lo importante en la vida no es lograr lo que deseas sino valorar lo que has conseguido.

cias, las cuales han ido depositando capas de información que terminan en *un saber a qué atenerse,* es decir, en *tener criterio*. Ideas claras, jerarquías de valores y hechos, y ser capaz de resolver los problemas pequeños y grandes, los habituales y los nuevos e inesperados.

Bibliografía

AGUSTÍN, SAN, *Confesiones*, *Obra completa,* BAC, Madrid, 2001.

—*La ciudad de Dios*, *Obra completa,* BAC, Madrid, 2001.

ALIGHIERI, D., *La divina comedia,* Espasa-Calpe, Madrid, 1998.

ALLAN POE, E., «Descenso a Maelstrom», *Narraciones completas*, Aguilar, Madrid, 1964.

ARGYLE, M., *The Psichology of Happiness*, Mathuen, Londres, 1987.

ARISTÓTELES, *Ética a Nicómaco,* Espasa Calpe, Madrid, 1950.

—*Metafísica*, Gredos, Madrid, 1998.

ARNAIZ, R., *Pensamientos,* Regina, Barcelona, 2002.

—*Saber esperar*, El Perpetuo Socorro, Madrid, 1969.

—*Vida y escritos*, El Perpetuo Socorro, Madrid, 1984.

BEINART, H., *Los judíos en España,* Mapfre, Madrid, 1992.

BETTELHEIM, B., *Psicoanálisis de los cuentos de hadas,* Crítica, Barcelona, 2003.

BIBLIA (Edición de Colunga y Nácar), BAC, Madrid, 1969.

BOURDIEU, P., *Sobre la televisión*, Anagrama, Barcelona, 2003.

BRUCKNER, P., *La euforia perpetua*, Tusquets, Barcelona, 2001.

BRUCKNER, P. y FINKIELKRAUT, A., *El nuevo desorden amoroso,* Anagrama, Barcelona, 2003.

CANSINOS ASSENS, R., *Las bellezas del Talmud*, Edicomunicación, Barcelona, 1988.

CASARES, J., *Diccionario ideológico de la lengua española*, Gustavo Gili, Barcelona, 2001.

CASTILLA DEL PINO, C., *Teoría de los sentimientos*, Tusquets, Barcelona, 2002.

CERVANTES, M. DE, *El ingenioso hidalgo Don Quijote de la Mancha*, Alianza, Madrid, 1999.

CIANCO, C., *Metafísica del desiderio,* VP Universitá, Milán, 2003.

COMPTE-SPONVILLE, A., *Diccionario filosófico*, Paidós, Barcelona, 2003.

—*Le bonheur, désespérément,* Pleins Feux, Nantes, 2000.

CONFUCIO, *Aforismos de Confucio,* Temas de Hoy, Madrid, 1997.

COVARRUBIAS, S., *Tesoro de la lengua española*, Castalia, Madrid, 1995.

CULTER, H.G., *The Art of Happiness,* Riverhead, Nueva York, 1998.

DA RE, A., *L'etica tra felicitá e dovere,* EDB, Bolonia, 1986.

DEBORD, G., *Comentarios sobre la sociedad del espectáculo,* Anagrama, Barcelona, 1990.

DELGADO, J.M., *La felicidad*, Temas de Hoy, Madrid, 1986.

DESCARTES, *Pasiones del alma,* Tecnos, Madrid, 1998.

DOMÍNGUEZ, C., *Los registros del deseo*, Desclee de Brower, Bilbao, 2001.

EVANS, D., *Emotion. The Science of Sentiment*, Prentice Hall, Londres, 2001.

FERNÁNDEZ DE LA MORA, G., *Sobre la felicidad*, Nobel, Oviedo, 2001.

FERRATER MORA, J., *Diccionario de filosofía,* Alianza Editorial, Madrid, 1987.

FREUD, S., *Obras completas,* Biblioteca Nueva, Madrid, 1968.

FURET, F., *El hombre romántico*, Alianza Editorial, Madrid, 1997.

GIDE, A., *Los alimentos terrenales; Los nuevos alimentos,* Altaya, Barcelona, 1995.

GOETHE, J.W., *Las afinidades electivas,* Alianza Editorial, Madrid, 2000.

GUITTON, J., *Silencio sobre lo esencial*, Comercial Editora de Publicaciones, Valencia, 1988.

HEGEL, G., *Lecciones sobre la filosofía de la historia*, Círculo de Lectores, Barcelona, 1996.

IBN HAZM DE CÓRDOBA, *El collar de la paloma*, Alianza, Madrid, 1998.

JASPERS, K., *Psicopatología general,* Beta, Buenos Aires, 1950.

—*Psicología de las concepciones del mundo*, Gredos, Madrid, 1962.

JUAN DE LA CRUZ, SAN, *Dichos de luz y de amor, Obras Completas,* BAC, Madrid, 1973.

—*Monte de perfección, Obras Completas*, BAC, Madrid, 1973.

KAPLAN, A., *Sefer Yetzirah. El libro de la creación,* Mirach, Madrid, 1994.

LA ROCHEFOUCAULD, F. DE, *Máximas y reflexiones morales,* Eilibros, Tarragona, 2002.

LLANO, A., *La vida lograda*, Ariel, Barcelona, 2002.

MARCO AURELIO, *Meditaciones*, Cátedra, Madrid, 2001.

MARÍAS, J., *Antropología metafísica*, Revista de Occidente, Madrid, 1973.

—*La felicidad humana*, Alianza Editorial, Madrid, 1986.

MELENDO, T., ALVIRA, T., CLAVEL, L., *Metafísica*, Eunsa, Pamplona, 1984.

MILLÁN PUELLES, A., *Fundamentos de filosofía*, Rialp, Madrid, 2001.

MONTAIGNE, M. DE, *Ensayos completos*, Cátedra, Madrid, 2003.

MUÑOZ, J., *Filosofía de la felicidad*, Anagrama, Barcelona, 1977.

NGUYEN VAN THUAN, F., *Cinco panes y dos peces*, Ciudad Nueva, Madrid, 2000.

—*Testigos de esperanza*, Ciudad Nueva, Madrid, 2000.

NIETZSCHE, F., *Genealogía de la moral*, Alianza Editorial, Madrid, 2002.

—*Más allá del bien y del mal*, Alianza Editorial, Madrid, 1997.

NUSSBAUM, M., *La terapia del deseo*, Piados, Barcelona, 2003.

ORTEGA Y GASSET, J., *Obras completas*, Revista de Occidente, Madrid, 1946.

OVIDIO, P., *El arte de amar*, Alba, Madrid, 1998.

PASCAL, B., *Discurso sobre las pasiones del amor*, Renacimiento, Sevilla, 2003.

—*Pensamientos*, Cátedra, Madrid, 1998.

PLATÓN, *El banquete,* Aguilar, Madrid, 1989.

—*Diálogos*, Gredos, Madrid, 1999.

—*Fedro, o de la belleza,* Aguilar, Madrid, 1989.

REAL ACADEMIA ESPAÑOLA, *Diccionario de la lengua española,* 1984.

ROJAS, E., *Estudios sobre el suicidio*, Salvat, Barcelona, 1984.

ROUSSEAU, J. J. *La nuova Eloisa*, Edoardo Sourogno, Milán, 1885.

SARAMAGO, J., *Ensayo sobre la ceguera*, Alfaguara, Madrid, 2003.

SAVATER, F., *El contenido de la felicidad*, Aguilar, Madrid, 1986.

SELIGMAN, M., *Authentic Happiness*, Knopf, Nueva York, 1993.

SÉNECA, *Cartas morales a Lucilio*, Gredos, Madrid, 1999.

—*Sobre la felicidad*, Alianza, Madrid, 1999.

SPINOZA, B., *Ética*, RBA, Barcelona, 2002.

STENDHAL, *Sobre el amor,* Edaf, Madrid, 1994.

TALMUD, *Catalogue of the manuscripts in the Bodleian Library,* Oxford, 1916.

TERESA DE JESÚS, SANTA, *Camino de perfección*, Espasa-Calpe, Madrid, 1997.

THACKERAY, W., *El libro de los snobs*, Guadarrama, Madrid, 1976.

VALLE-INCLÁN, R. DEL, *Luces de Bohemia*, Espasa-Calpe, Madrid, 2002.

WEILER, J., *Una Europa cristiana*, Encuentro, Madrid, 2003.

YEPES, R., *Fundamentos de antropología,* Eunsa, Pamplona, 1996.

ZUBIRI, X., *Naturaleza, historia, Dios*, Alianza, Madrid, 1999.

—*Sobre el sentimiento y la volición*, Alianza, Madrid, 1992.

Tabla de materias

Índice onomástico